VERA F. BIRKENBIHL

Was Sie unbedingt über China/Asien wissen müssen

mvg Verlag

Bibliografische Information der Deutschen Nationalbibliothek

Die Deutsche Bibliothek verzeichnet diese Publikation in der Deutschen Nationalbibliografie.
Detaillierte bibliografische Daten sind im Internet über http://dnb.d-nb.de abrufbar.

Ein Unternehmen von Süddeutscher Verlag | Mediengruppe
www.mvg-verlag.de

Umschlagabbildung und -gestaltung: Atelier Seidel – Verlagsgrafik, Teising unter Verwendung eines Motives von istockphoto
Redaktion: Andreas Kobschätzky, Stoffen
Satz: JUNFERMANN Druck & Service, Paderborn
Druck: Himmer, Augsburg
Printed in Germany
ISBN 978-3-636-06349-6

Auf Wunsch der Autorin erscheint der vorliegende Text in der alten Rechtschreibung.

VERA F. BIRKENBIHL

Was Sie unbedingt über China/Asien wissen müssen

Inhalt

Teil II: MODULAR

Teil III: Merkblätter

Anhang

Hier geht's los

Beginnen wir mit vier kleinen Fragen. Bitte halten Sie kurz inne und versuchen Sie, sich zu erinnern, ehe Sie weiterlesen; es ist wichtig.

1. Wo waren Sie (bzw. Ihre Eltern, falls Sie zu jung sind) im Jahre **1979**?
2. Wo waren Sie (und/oder Ihre Eltern) anno **1989**? Was ist in den dazwischenliegenden zehn Jahren im Leben Ihrer Familie passiert? Ging es Ihnen (ihnen) besser als **1979**?
3. Wo waren Sie (und/oder Ihre Eltern) anno **1999**? Was ist zwischenzeitlich geschehen?
4. Wie ging die Entwicklung in Ihrem Leben (im Leben Ihrer Familie und der Leute, die Ihnen wichtig sind) bis **heute** weiter?

1979
1989
1999
heute

Wir sprechen von ca. drei Jahrzehnten, in denen Deutschland langsam, aber sicher begreifen mußte, daß die **Wirtschaftswunderjahre vorbei** waren. Jahre, in denen die Politiker fortfuhren, ständig Wahlgeschenke zu machen, die wir uns schon lange nicht mehr leisten konnten. Jahre, in denen eine Generation herangewachsen war, der man beigebracht hatte, daß (wie Thorwald DETLEFSON es einmal ausdrückte) **irgend jemand für uns verantwortlich sein muß**. Wenn die Eltern es nicht mehr sein können, dann eben „Vater Staat". Immer häufiger benahmen sich Menschen, als ob die Welt ihnen etwas schulde.

Und nun hören wir seit einigen Jahren, die **Entwicklung in China sei schuld** an unseren hohen Arbeitslosenzahlen seit Anfang der 1990er Jahre. Wir sehen, daß wir schon allein aus diesem Grund nach Asien blicken sollten. Auf der anderen Seite geht es mir **nicht vorrangig** darum, Ihnen diese ferne Welt nahezubringen (s. **Rand**), sondern um die Beziehungen zwischen Asien und unserer eigenen Welt. Inwieweit ist die Globalisierung „schuld" an unserem Alltag, bzw. kann sie eine Chance für uns darstellen? Welche Chance hat unser Land, haben einzelne Regionen bzw. einzelne Menschen in diesen Regionen?

Das tun einige hervorragende Bücher, die ich Ihnen gern empfehlen möchte: Erstens jene, die ich öfter zitieren werde, zweitens alle, die im Literaturverzeichnis mit einem Sternchen versehen sind.

Als ich den Vortrag (der dem Buch vorausging) vorbereitete, fiel mir in den Untertiteln einiger der vor mir benutzten Werke etwas auf. Diese Entdeckung führte zum roten Faden für die Abendveranstaltung (vgl. DVD-Live-Mitschnitt*). Der Untertitel des Buches von EDERER und FRANZEN („Der Sieg des himmlischen Kapitalismus") lautet: „Wie der Aufstieg Chinas **unsere Zukunft verändert**". Sehr ähnlich lautet die Warnung im Untertitel des Buches von Wolfgang HIRN („Herausforderung China"): „Wie der chinesische Aufstieg **unser Leben verändert**". Auch Frank SIEREN („Der China-Code") sendet uns diese Botschaft: „Wie das boomende Reich der Mitte **Deutschland verändert**". Und das Buch von Kurt SEINITZ verheißt im **Untertitel** ebenfalls: „Wie das Reich der Mitte unser Leben verändert", aber sein **Titel** ist noch deutlicher: „**Vorsicht China!**". Diese Warnungen spiegeln wider, was Fachleute uns schon seit längerem mitzuteilen versuchen. Dabei stelle ich seit Jahrzehnten fest, daß viele Menschen lieber den Kopf in den Sand stecken und hoffen: Wenn wir nicht hinschauen, passiert nichts. Die neuere Entwicklung in China begann **1979** und sie schreitet fort; die **Herausforderung** (vgl. Titel des Buches von Wolfgang HIRN) besteht. Die Frage lautet nur: Werden wir uns ihr stellen? Und was müssen wir wissen, um uns ihr intelligent stellen zu können?

Wer mein Wortspiel kennt, weiß, was **HERAUS-Forderung** für mich impliziert: Wir werden **aus alten Denk- oder Verhaltensrillen HERAUS**-gerissen (sonst hieße es ja **HINEIN-Forderung**).

In diesem Sinne sollten wir **Chinas Aufstieg** zuerst einmal zum Anlaß nehmen, **einige unserer alten Einstellungen in Frage zu stellen**. Deshalb warnte ich meine HörerInnen am Anfang des Vortrages: Falls sie ihre **gefühlte Sicherheit** nicht gefährden wollten, müßten sie den Raum rechtzeitig verlassen, weil wir uns an jenem

* Dieses Buch basiert auf dem gleichnamigen DVD-Mitschnitt; falls Sie also Leute kennen, die lieber hören als lesen, bitte weitersagen.

Abend mit Konsequenzen beschäftigen würden, mit denen sie sich freiwillig wahrscheinlich nicht auseinandersetzen würden.

Dasselbe gilt für dieses Buch: Wir können keinesfalls über das **boomende China** und **Asien** sprechen, ohne darüber nachzudenken, welche **Konsequenzen es für uns** haben wird. Die meisten Menschen lieben Veränderungen nicht, aber Fachleute erklären uns, daß es bereits zahlreiche Veränderungen bei uns gab und noch weitere geben wird – ob es uns paßt oder nicht.

So stellt ein weiterer Autor, den ich konsultieren durfte, Prof. MIEGEL (in „Epochenwende"), eine sehr interessante Frage. Nämlich: **„Gewinnt der Westen die Zukunft?"** Sie impliziert zweierlei. **Erstens: Wenn** man die Frage stellen **kann**, dann **könnte das Ergebnis fraglich sein**... **Zweitens: Der Westen kann die Zukunft nur gewinnen** bzw. eine akzeptable Zukunft schaffen, wenn wir **zukunftstauglich** werden. In meinen Management-Seminaren stelle ich immer wieder fest, wie wenig zukunftstauglich deutsche Entscheider sind. Kein Wunder, denn wer unser Schulsystem durchlaufen hat, beginnt das Arbeitsleben zwangsläufig **rückwärtsgewandt**. Unsere **Schulen** lehren **Geschichte*** (möglichst lange vorbei, alles tot), kaum etwas über die Gegenwart und **so gut wie nichts über die Zukunft bzw. gar über mögliche Zukünfte**.

Kann der WESTen die ZUKUNFT ge-WIN-nen?

Neulich fragte ich einen Lehrer: „Was erzählen Sie Ihren Schülern denn zum Thema **Zukunftstauglichkeit**?" – „Wie meinen Sie das?" – „Naja, wie helfen Sie Ihren SchülerInnen, sich auf die Zukunft auszurichten?" – „Ich verstehe die Frage nicht." – „Haben Sie schon einmal mit Ihren SchülerInnenn über das, was vor uns liegt (über die nächsten Jahre und Jahrzehnte) nachgedacht?" Hatte er nicht, er konnte die Frage noch immer nicht verstehen. **Befragen Sie einmal Ihren Freundeskreis, Sie finden in der Regel ein ähnliches**

---

* Und das meist ohne Hinweise, was man aus ihr lernen könnte...

Vakuum. Falls Ihre Freunde anders reagieren, gratuliere ich Ihnen. Klopfen Sie ihnen und sich selbst auf die Schulter, Sie sind abnormal!

> Die meisten Menschen drücken sich davor, sich über die Zukunft Gedanken zu machen und sich rechtzeitig zu kümmern, wie sie wohl aussehen mag.

In Zeiten, in denen patriarchalische oder staatliche Strukturen dafür sorgen, daß **wenige** die Entscheidungen für viele treffen, mag das ja noch angehen. Aber der amerikanische Zukunftsforscher Joel BARKER stellte bereits vor Jahrzehnten fest: Da wir den Rest unseres Lebens in der Zukunft verbringen werden, sollten wir lernen, frühzeitig über diese nachzudenken. Oder: **Der beste Weg, die Zukunft zu prognostizieren, ist, sie selbst zu schaffen.** Dies aber können nur jene, die **bewußt** in die Zukunft schreiten. Dabei möchte dieses Buch Ihnen, Ihren Familienmitgliedern, MitarbeiterInnenn, Auszubildenden oder Ihren SchülerInnen (Seminar-TeilnehmerInnen, KlientInnen) Schützenhilfe leisten...

Unsere Zukunft?

Als die wachsende **Arbeitslosigkeit in Deutschland** immer deutlicher wurde, blickte zunächst kaum jemand in Richtung China. Wenn ich dieses Manko im Seminar ansprach, erntete ich erstaunte Blicke: Was hat das Reich der Mitte mit unseren lokalen Problemen zu tun?

- **Ein Land**, dessen Bewohner (im 20. Jahrhundert) Jahrzehnte des Bürgerkriegs und der sogenannten Kulturrevolution erlitten hatten.
- **Ein Land**, dem man eine ganze Generation von DenkerInnen, LehrerInnen und ForscherInnen genommen hatte (die immer auch Ehemänner oder Ehefrauen, Brüder oder Schwestern, Söhne oder Töchter waren).
- **Ein Land**, dessen junge Leute man ihrer Bildungsmöglichkeiten beraubt hatte.

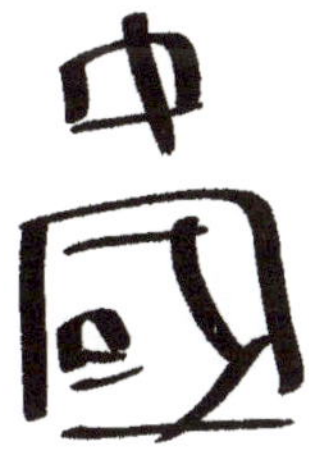

- **Ein Land**, das nach acht Jahrzehnten großen Leids mit dem Wandel in Form der **ersten** von vier geplanten Öffnungsphasen begann (ab sofort durften die **Bauern** anbauen, was sie wollten – solange sie einen kleinen Teil an den Staat verkauften).

So **endete die Stagnation** der Kolchosenzeit überraschend schnell. Eine Zeit, in der niemand direkt **Verantwortung** übernehmen durfte, weil die kommunistische Partei vorgegeben hatte, sie für alle tragen zu wollen. **Das aber macht aus Menschen unmündige Wesen**. Nimmt man ihnen die Möglichkeit der WAHL bzw. erlaubt man ihnen nicht, Verantwortung für ihr Leben zu übernehmen, beraubt man sie ihrer Menschenwürde.

In einer Zeit, in der mehr und mehr Chinesen die **Möglichkeit** erhielten, **ihr Leben selbstverantwortlich zu gestalten**, redeten wir in Deutschland immer häufiger von **Menschenwürde**. Aber wir **redeten nur davon** (während wir sie gleichzeitig in zunehmendem Maße verloren). Um nur ein Beispiel zu nennen: Jedes Jahr erschuf eine Armee von Bürokraten neue Gesetze, Regelungen und Verordnungen – teilweise so komplex, daß selbst die Fachleute nicht mehr durchblicken. Wenn die kleinste Firma einen Steuerberater braucht (der jedoch im Zweifelsfall nicht haftet), weil es zu kompliziert ist, die Steuererklärung selbst auszufüllen, dann werden Bürger **hilflos** gemacht.

Und wenn man Leuten ständig vorbetet, die Globalisierung sei an allem schuld, dann sollten diese ein wenig mehr darüber wissen. Es wird Sie nicht wundern, daß das häufigste Wort in den von mir für dieses Buch konsultieren Werken „Globalisierung" (bzw. „Weltwirtschaft") ist. Deshalb werden auch wir uns mit der Globalisierung und ihren Auswirkungen für den Westen befassen.

Über dieses Buch

Über-blick

Dieses Buch bietet sowohl einen (ersten) **Überblick** als auch einen Ansatz, der das Thema etwas anders angeht, als man es vielleicht erwarten würde. Falls Sie beim Lesen erkennen, daß es Sie Ihrer gefühlten Sicherheit beraubt, dann überlegen Sie: Welcher Ihrer Mitmenschen wagt es, **aus alten Denk- oder Verhaltensrillen auszusteigen**? Ihm könnten Sie das vorliegende Werk vielleicht schenken...

Dieses Buch bietet eine Reihe von **Zitaten**. Das hat fünf Gründe:

1. Ich selbst möchte mich nicht als großen **China-Experten** darstellen. Allerdings habe ich eine Menge Material gesichtet und mich tief genug in die Materie eingearbeitet, so daß ich heute entscheiden kann, welche **Experten**-Aussagen Ihnen besonders helfen können, bestimmte Aspekte zu verstehen.
2. Zum anderen sind Zitate hilfreich für alle, die **weiterforschen** wollen. Ich habe einige der wichtigsten Autoren (zu den verschiedensten Themenbereichen) nur „gefunden", weil andere Autoren sie zitierten und ich mich **aufgrund des Zitates** für sie zu interessieren begann...

Vgl. auch ABC-Modul QUELLEN-VERGLEICH, Seite 148 (Sie können diesen Beitrag gern sofort lesen).

3. Im übrigen halte ich es **nicht** für fair, wenn ich großartige Gedanken eines anderen ein wenig umformuliere (was durchaus üblich ist) und sie vortrage, als hätte ich mir all diese Weisheiten „aus den Fingern gesogen". Besonders wenn diese Ideen durch den Original-Autor bereits **hervorragend formuliert waren**.*
4. Ebenfalls wichtig ist die Tatsache, daß Ihnen **verschiedene Experten-Stimmen** ein weit besseres **Bild einer komplexen Situation** bieten als die einzelne Stimme eines Autors.
5. Letztlich beschäftige ich mich schon so lange mit dem Thema, daß einige der interessantesten Bücher inzwischen vergriffen sind. So kann ich Ihnen so manchen wichtigen Gedanken dieser vergriffe-

---

* Sie wissen ja: Wer Gedanken anderer ohne Quelle zitiert, ist ein Plagiator (Dieb geistigen Eigentums). Wer die Gedanken aber nur „least", indem er seine Quellen angibt, ist ein/e ForscherIn.

nen Titel „nahebringen“, die immer noch Gültigkeit haben, während andere Teile durch den Lauf der Ereignisse überholt wurden – weshalb eine Neuauflage nicht zu erwarten ist.

Überblick & Aufbau

- **Dieses Buch** ist teilweise **linear** aufgebaut, das heißt, wir schreiten systematisch von einem Gedanken zum nächsten fort. Sie erkennen **lineare Textteile** in meinen Büchern immer an dem Etikett **„KAPITEL“**. Dieses Buch enthält in **Teil I vier Kapitel**, die **chronologisch** zu lesen sind.

Teil I linear

- **Teil II** ist **modular** aufgebaut: Das **alphabetische Modul** hilft Ihnen, die in Teil I gewonnenen Grundlagen zu ver-BREIT-ern und zu ver-TIEF-en. Sie können die Stichworte in jeder gewünschten Reihenfolge angehen. Weitere kleine Module („Etwas Geschichte“ und „VERHÄLTNISSE – China und andere Länder“) bieten mehr in die Tiefe gehende Details zu einigen der Kernthemen, die das Bild abrunden.

Teil II modu-lar

- **In Teil III** finden Sie (wie immer) **MERKBLÄTTER**. Sie enthalten zusätzliche Infos, die man jedoch auch **auslassen** kann. In **Merkblättern** biete ich z.B. neuen LeserInnen etwas, das Stamm-LeserInnen schon kennen (hier die WQS-Technik, s. MERKBLATT NR. 1), oder die Auflösung einer Aufgabe bzw. Hintergrundwissen. Fühlen Sie sich frei, **Merkblätter** auszulassen, aber beschäftigen Sie sich bitte immer erst dann damit, wenn diese konkret angekündigt werden, damit Sie die Info zum **richtigen Zeitpunkt** erhalten (falls Sie sie haben wollen).

Teil III

- Im **Anhang** finden Sie schließlich notwendige Hilfen für **alle** LeserInnen: **Literatur-** und **Stichwortverzeichnis**.

+ Anhang

- **Einige meiner Bücher sind bewußt als BUCH-SEMINAR angelegt.** Wer die KAPITEL linear liest und die MODULE modular angeht sowie kleine didaktische Hinweise dieser Art respektiert, kann das Buch de facto als Seminar nutzen. Denn so, wie Sie um 9:30 Uhr auch noch nicht wissen, was der Referent Ihnen nach dem

Mittagessen präsentieren wird, kann ich durch den didaktischen Aufbau des Buches so manche Einsicht besser vorbereiten, wenn Sie die Vorteile des Seminar-Modus nutzen wollen.

- Es wird kleine inhaltliche Überschneidungen in den modularen Teilen geben, damit Sie an jeder Stelle die notwendige Info erhalten, egal in welcher Reihenfolge Sie lesen. Diese Überschneidungen umfassen aber jeweils nur einige wenige Zeilen.

Danksagung

Ich möchte einigen Menschen danken, deren Mitarbeit mir besonders geholfen hat: Herr Oliver BAILLIEU hat gebastelt und gerechnet, damit ich einige der Größenverhältnisse gehirn-gerecht darstellen konnte. Sowohl er als auch Herr Ludwig LINGG haben mir öfter „schnell mal" im Internet etwas gesucht und gefunden, insbesondere auf Sites, die mein uraltes Betriebs-System gern zu wüsten Zusammenbrüchen bringen, Danke! Ebenfalls danken möchte ich Herrn Markus EPPLE, der sich um die Landkarten gekümmert hat.

Außerdem möchte ich allen **„Versuchskaninchen"** danken: Einige haben mit viel Geduld diversen Vorübungen und „Generalproben" für den gleichnamigen Abend-Vortrag gelauscht (dessen DVD-Mitschnitt diesem Buch zugrunde liegt), anderen durfte ich Teile des Buchmanuskriptes in diversen Stadien (oft per Telefon) vorlesen (weil man viele Schwächen eines Textes erst durch lautes Lesen bemerkt):

Oliver BAILLIEU
Dr. Dieter BÖHM
Jürgen DIESSL
Monika HARDER
Ludwig LINGG
Barbara und Stefan MARQUARDT
Angela TOLLE
Frank WENIGER
Christine WESSOLECK
Rainer WINKELHAKE

Einstiegs-Quiz (Fragen 1 – 17)

Wir beginnen gleich mit 17 sogenannten WQS-Fragen (s. **MERKBLATT NR. 1: „Wissens-Quiz-Spiele (WQS)"**, Seite 222)

Bitte **Schreibzeug** griffbereit legen und bei allen Fragen kurz innehalten und antworten oder zumindest versuchen, eine Antwort zu geben. Das WESEN-tliche dabei ist weniger die Antwort als der **Denkprozeß**, also **öffnen** auch **unvollständige** Antworten oder ein „keine Ahnung" **den Geist für nachfolgende Informationen**! Es ist immer erlaubt, zu raten; es ist auch weit besser, „wild" zu raten, als gar nicht nachzudenken! Kleiner Test: Haben Sie am Anfang dieser Einleitung mitgemacht und nachgedacht, ehe Sie weitergelesen haben?

( ) klar

( ) beinahe

( ) nein, ich will keinesfalls beim Lesen denken

Die Auflösung erfolgt übrigens **nicht** unbedingt in derselben **Reihenfolge**. Die Chronologie im **Fragekomplex** gehorcht einer anderen Zielstellung als die der **Auflösung**, deshalb werden wir in **Kapitel 1** die Fragen 1 bis 5 beantworten, in **Kapitel 2** die Fragen 7 bis 16, während die Frage 6 das Hauptthema des **4. Kapitels** sein wird. Frage 17 wird in **Kapitel 3** aufgegriffen. Dabei können die Antworten sehr kurz sein oder sich über mehrere Seiten erstrecken.

WQS 1: Wieviele **direkte NACHBARN** hat China (gemeinsame Landesgrenze mit China)?

Anzahl: ______________________

WQS 2: **Welche** davon können Sie nennen?

____

____

____

____

WQS 3: CHINA – Land und Leute (drei Zahlen):

a) Wie viele **EINWOHNER** hat CHINA? ________

b) Wieviel Prozent der **WELTBEVÖLKERUNG** sind das? ________

c) Wieviel Prozent der weltweit nutzbaren **AGRARFLÄCHE** steht den Chinesen zur Verfügung? ________

WQS 4: Wie viele **Wanderarbeiter** gibt es in China derzeit?

____

WQS 5: Wo liegt eigentlich die **GRENZE** zwischen **Okzident** (West) **und Orient** (Ost)?

____

Optimal wäre es, wenn Sie mindestens eine eigene Antwort aufschreiben. Am meisten bringt es jedoch, wenn Sie **einige** Leute (z.B. telefonisch oder per E-Mail) befragen, um deren Antworten mit Ihrer zu vergleichen. Wenn Sie zu Kapitel 4 im Buch kommen, werden Sie verstehen, warum ich Ihnen diese Frage von Prof. MIEGEL überhaupt stelle ...

WQS 6: „Löhne wie in Indien/China wären bei uns nicht akzeptabel!" (MIEGEL: „Epochenwende") – **Warum eigentlich nicht?**

____

____

WQS 7: Wo kauft China Öl? (Wir meinen Erdöl, kein Salatöl.) Aufgrund der zunehmenden Industrialisierung hat China einen unglaublichen Bedarf an Energie. Wo bekommt China das nötige Erdöl her? Was meinen Sie?

____

WQS 8: Wer sind eigentlich die Auslands-Investoren, die **Chinas Aufschwung finanziert** haben? Bitte raten Sie ruhig, wenn Sie es nicht wissen. Wieviel PROZENT der Auslands-Investitionen kamen aus:

a) **USA**

b) **EUROPA**

c) **Sonstige**

Zusatzfrage: Wer gehört zu „Sonstige"?

____

WQS 9: Haben die Regierenden in China ein Interesse daran, daß die **Weltordnung** möglichst **demokratisch** wird (das heißt, daß möglichst viele Länder dieser Erde demokratisch sind/werden)?

( ) ja ( ) nein

Warum? ______________________________

WQS 10: Wieviel Prozent der Weltbevölkerung leben im asiatisch-pazifischen Raum (wo seit 1985 die dynamischste Wirtschaftsentwicklung weltweit stattfindet)? ____________________

WQS 11: Wie hoch schätzen Sie die Devisenreserven (in US-Dollar) von **China**, **Japan** und **Indien** ein?

CHINA: ______________________________

JAPAN: ______________________________

INDIEN: ______________________________

WQS 12: Wenn wir sagen, daß die MASSEN im asiatisch-pazifischen Raum in relativer Armut leben, gibt es auch **Ausnahmen**. Welche drei Länder bieten den höchsten Lebensstandard im südostasiatischen Raum?

1. ______________________________
2. ______________________________
3. ______________________________

WQS 13: Wir denken ungern an die Gefahr möglicher Kriege oder Kampfhandlungen. Welche drei potentiellen **Kriegs-FRONTEN CHINAs** gibt es in dieser Region?

1. ______
2. ______
3. ______

WQS 14: Wann wird China das Kaiserreich Japan vom 3. Platz der größten Wirtschaftsmächte verdrängt haben?

______

WQS 15: Wie friedlich ist der asiatisch-pazifische Raum? Können Sie einige der zehn wichtigsten Kriege nennen, die dort **seit 1945** stattgefunden haben (einige davon über viele Jahre hinweg)?

1. ______
2. ______
3. ______
4. ______
5. ______
6. ______
7. ______
8. ______
9. ______
10. ______

WQS 16: Was kaufen Chinesen bevorzugt in Paris ein?

WQS 17: Bilden Sie 2 bis 3 Sätze zum Thema GLOBALISIERUNG!

So, nun wünsche ich Ihnen viel Entdecker-FREUDE. Ich kann Ihnen einige Aspekte mit hohem Aha-Effekt garantieren ...

Vera F. Birkenbihl im Herbst 2007

www.birkenbihl.de

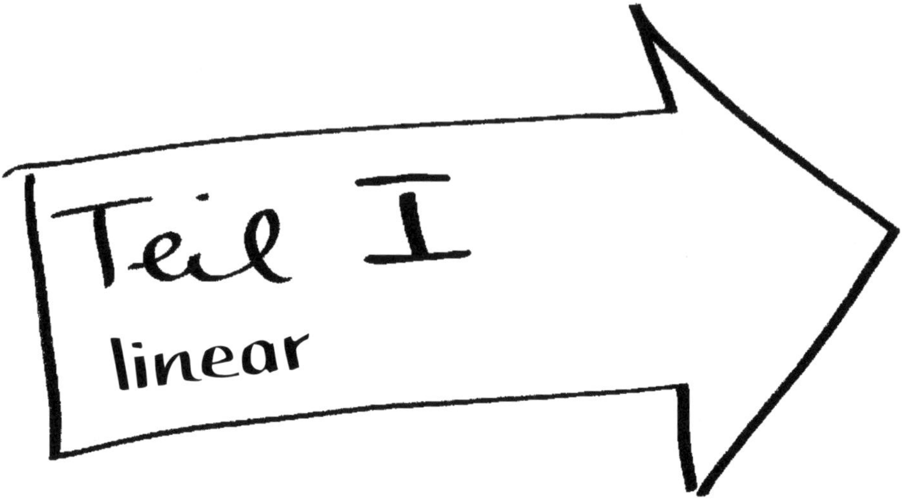
Teil I
linear

KAPITEL 1: Was wissen Sie über China?

In diesem Kapitel werden wir uns die Antworten zu den **Fragen 1 bis 5** ansehen (**Fragen 7 bis 16** sind Gegenstand des 2. Kapitels, **Frage 17** wird im 3. Kapitel beantwortet, während das Kapitel 4 der **Frage 6** gewidmet ist...)

Die WQS-Fragen 1 bis 5 sollen uns eine erste Orientierung bieten, aber bevor wir sie angehen, noch ein Rätsel, dessen Lösung viele meiner Seminar-TeilnehmerInnen extrem verblüfft hat.

Für alle, die Vorworte prinzipiell auslassen: Machen Sie bitte eine Ausnahme und beantworten Sie die Fragen **1 bis 16** des **WQS** (vgl. auch Merkblatt „WQS" in Teil III, Seite 222).

Wenn China ein Quadrat wäre...

Den Abendvortrag zum Thema China/Asien begann ich mit folgender Frage: **Wieviel mal größer ist die Fläche Chinas** als die Fläche

- **Deutschlands?**
- **Österreichs?**
- **der Schweiz?**

Um diese Frage zu beantworten, griff ich eine Idee von Lawrence M. KRAUSS auf (vgl. sein Buch „Nehmen wir an, die Kuh ist eine Kugel – nur keine Angst vor Physik"). Ich bat einen unserer Forums-Leiter (bei www.birkenbihl.de) um Hilfe. Oliver BAILLIEU rechnete, und so konnte ich im Vortrag mit dem entsprechenden Quadrat aufwarten. Und nun möchte ich auch Ihnen die „Quadrat-Fragen" stellen:

Quadrat-FRAGE 1

Wie oft, **glauben** Sie (bitte RATEN, nicht rechnen), passen Deutschland, Österreich und die Schweiz jeweils (flächenmäßig) in die „China-Fläche" (wenn wir all diese Länder als Quadrate darstellen würden)?

Deutschland paßt ___ mal in China hinein.

Österreich paßt ___ mal in China hinein.

Die **Schweiz** paßt ___ mal in China hinein.

Zusatz-Quadrat-Fragen

a) Wie oft paßt **Israel** flächenmäßig in China hinein?

b) Wie oft paßt der **Libanon** flächenmäßig in China hinein?

c) Wie oft paßt das **„alte" Europa** (= 12 EU-Mitglieder plus Schweiz) flächenmäßig in China hinein?

- Wie oft paßt das **„neue" Europa** (27 EU-Mitglieder plus Schweiz) flächenmäßig in China hinein?

Damit Ihnen der Spaß am Mit-Raten erhalten bleibt, drucken wir die Antworten auf dem Kopf, so daß Ihre Augen sie nicht „aus Versehen" registrieren, ehe Sie selbst raten konnten.

Antworten

Lag Ihre Schätzung weit darüber oder darunter? Verwundert Sie das Ergebnis?

- **Deutschland** paßt in China genau **27 mal** hinein.
- **Österreich** paßt **114 mal** in China hinein.
- Die **Schweiz** paßt **232 mal** hinein.
- **Israel** paßt **456 mal** hinein.
- Der **Libanon** paßt **916 mal** hinein.
- Das **alte Europa** (12 EU-Länder plus Schweiz) paßt ca. **4 mal** in China hinein.
- Das **neue Europa** (27 Länder plus Schweiz) paßt **2,2 mal** in Chinas Fläche hinein.

CHINAS NACHBARN

WQS 1 und 2

Wußten Sie, wieviel Nachbarn China hat? **Es sind 14.** Wie viele davon konnten Sie – ohne nachzuschlagen – aufzählen? Es folgen die **unmittelbaren Nachbarn**, die sich eine **Landesgrenze** mit China teilen, in **alphabetischer** Reihenfolge: Wenn Sie die Karte betrachten (beginnen Sie oben mit **Rußland** und wandern Sie **gegen** den Uhrzeigersinn um China herum), dann ist **(Nord-)Korea** das **letzte** Land auf dieser „Rundreise":

1. Afghanistan
2. Bhutan
3. Birma/Burma (Myanmar)
4. Indien
5. Kasachstan
6. Kirgistan (Kirgisistan)
7. Korea (Nord-Korea)
8. Laos
9. Mongolei
10. Nepal
11. Pakistan
12. Rußland
13. Tadschikistan
14. Vietnam

Haben Sie mitgemacht?
(Vgl. Seite 17)
( ) Ja, ich habe die Nachbarn (die mir eingefallen sind) aufgeschrieben.
( ) Nein, ich will nicht aktiv mitdenken, ich will mich (passiv) berieseln lassen.

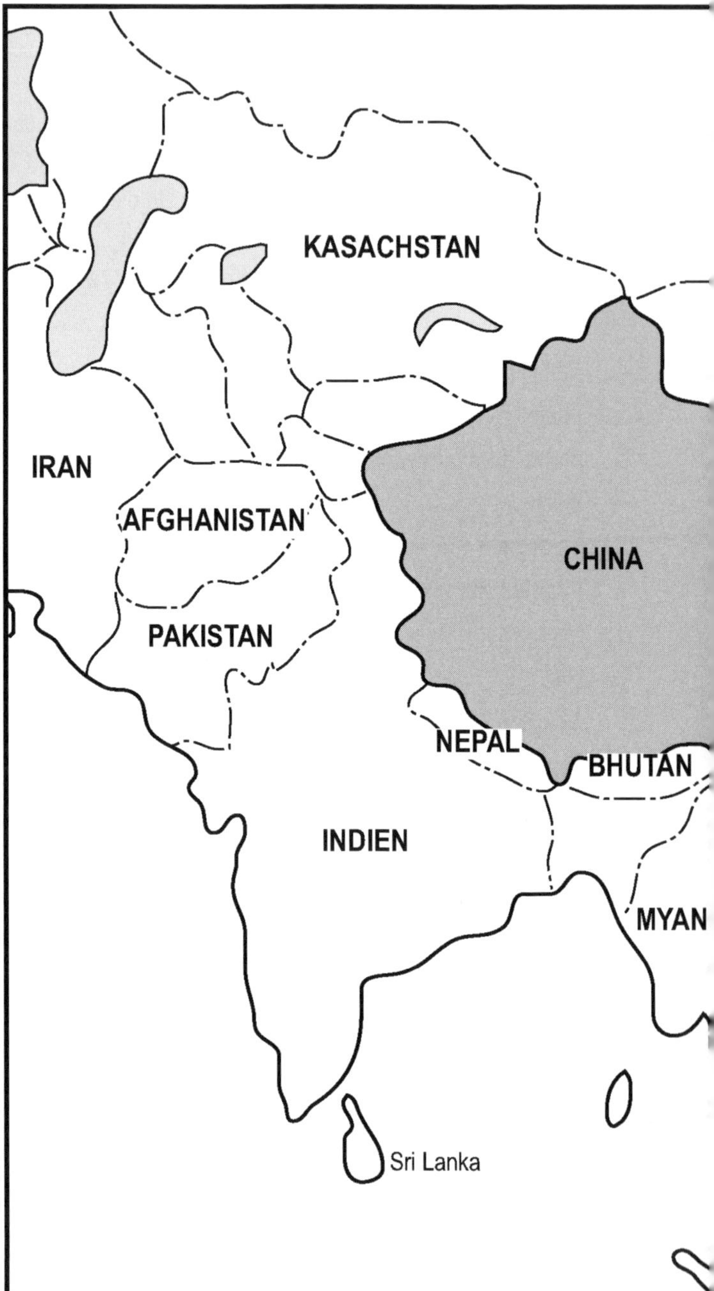
KASACHSTAN
IRAN
AFGHANISTAN
CHINA
PAKISTAN
NEPAL
BHUTAN
INDIEN
MYAN
Sri Lanka

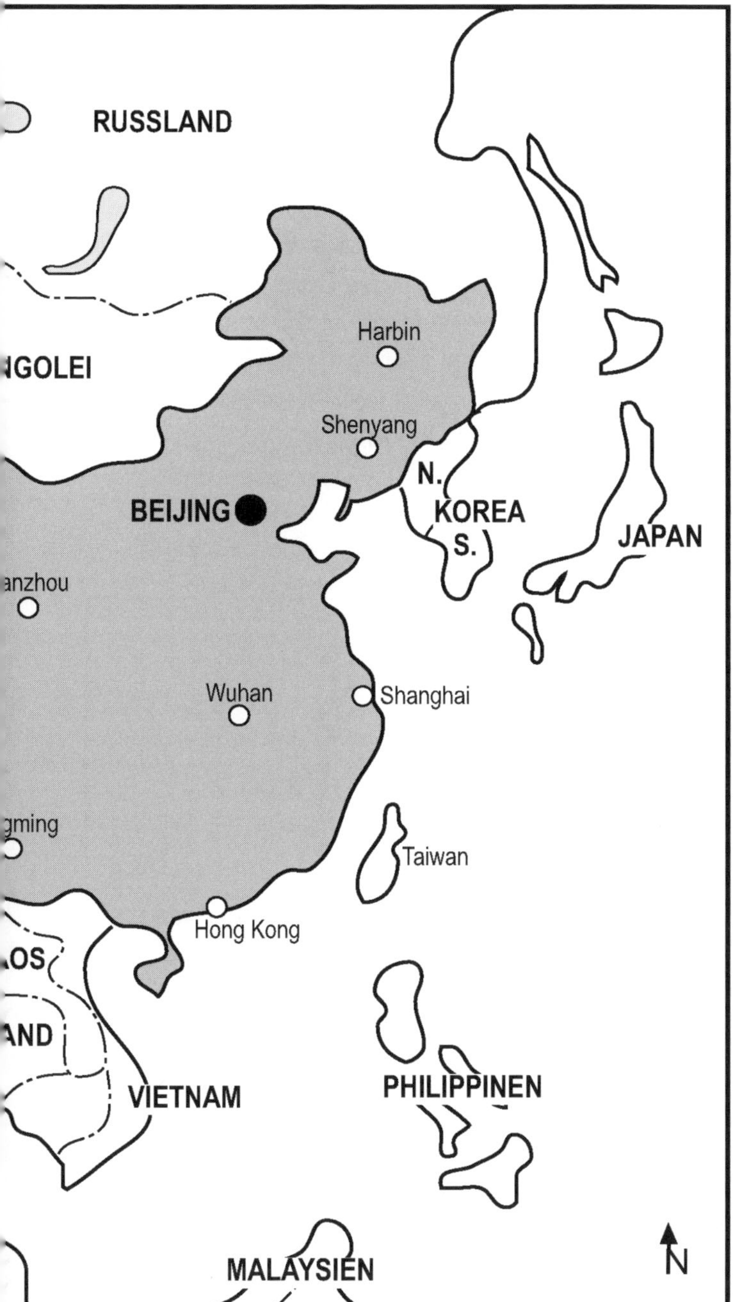
RUSSLAND
GOLEI
Harbin
Shenyang
N.
KOREA
S.
JAPAN
BEIJING
anzhou
Wuhan
Shanghai
gming
Taiwan
Hong Kong
OS
AND
VIETNAM
PHILIPPINEN
MALAYSIEN
N

Zusatzfrage: Gibt es eine direkte Grenze zwischen Rußland und Korea?

Bitte **erst raten**, ehe Sie weiterlesen!

Sie werden vielleicht staunen, aber die gibt es! Wenn Sie eine **größere Karte** genau studieren, dann werden Sie feststellen, daß es eine direkte Grenze zwischen Rußland und Korea (Nord) gibt, da ein Teil Rußlands sich oben rechts (im Nordosten Chinas) wie ein Halbmond um das Reich der Mitte „herumschlingt", so daß es in der nordöstlichen „Ecke" von Nordkorea zu einem **3-Länder-Eck** **(Rußland – China – Korea)** kommt: An „guten Tagen" lassen die Grenzwächter schon mal Rucksacktouristen zu Fuß passieren...

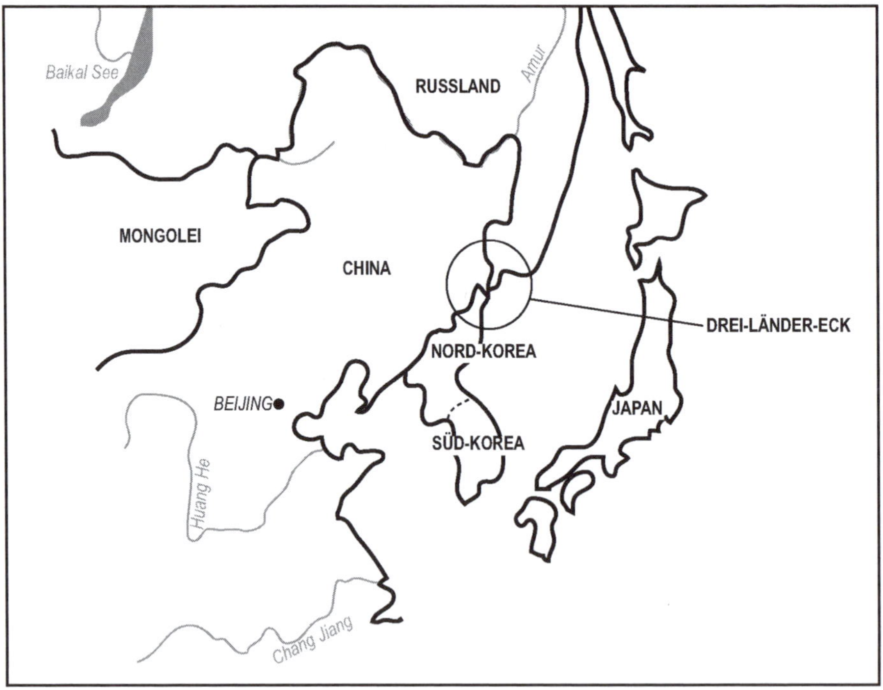

CHINA – Land und Leute (drei Zahlen) WQS 3

a) Wie viele **EINWOHNER** hat CHINA derzeit? **Antwort: 1,3 Mrd.**

b) Wieviel Prozent der **WELTBEVÖLKERUNG** sind das?
Antwort: 25 %

c) Wieviel Prozent der weltweit nutzbaren **AGRARFLÄCHE** steht den Chinesen zur Verfügung? **Antwort: 7 %**

Im Klartext: Dieses riesige Land mit 1,3 Mrd. Menschen hat zuwenig Agrarfläche, weil große Teile Wüste oder Bergland sind. Ähnlich geht es Japan, dessen Landesmitte aus unwegigem Bergland besteht, so daß die Menschen vor allem die Küstengegenden besiedeln.

Einst betrug Chinas nutzbare Agrarfläche 8 % (der weltweit verfügbaren Agrarfläche), aber inzwischen sind es nur noch 7 %. Der Grund: Jahrhundertelang hat man ohne Rücksicht auf Verluste riesige Wälder abgeholzt (wie in anderen Gegenden der Welt auch) und so für **Desertifikation** gesorgt. Ein **Land ohne Wälder verliert die gute Erde** (sie wird vom Wind davongeweht), so daß die verbleibenden Flächen immer „karger" werden, bis sie in **Steppe** oder **Wüste** übergehen. So kommt es, daß dieses riesige – einstmals waldreiche – Reich zum **Land mit dem niedrigsten Waldbestand weltweit** wurde. Zwar versucht man derzeit, dagegen anzugehen, aber große Monokulturen schnellwachsender Bäume können ein vielfältiges Biotop nicht ersetzen. Man wird langfristig **intelligenten Waldbau** (im Wortsinn) betreiben müssen. Ich sah diverse TV-Berichte, in denen die Bewohner ihre Häuser morgens durchs Fenster verlassen müssen, damit sie den Sand, der sich in der Nacht vor der Eingangstür aufgetürmt hat (ca. 60 cm hoch), wegschippen können. Das sind die wenigen (alten) Bewohner, die noch ausharren, nachdem 90 % der Bevölkerung der betroffenen Dörfer weggezogen sind.

Abholzen 木 schafft Wasser-Probleme

Das jahrhundertelange **Abholzen** schuf nebem chronischem **Holzmangel** auch erhebliche **Wasserprobleme**, denn mit vermindertem Waldbestand (der viel Luftfeuchtigkeit bindet) sinkt der **Grundwas-**

serspiegel. Das geschieht graduell, wobei man die kleinen Abweichungen von Tag zu Tag nicht wahrnimmt.

Wasser:
1. zu wenig
2. vergiftet

An vielen **Flüssen** gibt es derartig viele Nachbarschafts-Streitigkeiten um Wasserrechte, daß **60.000** staatliche **MitarbeiterInnen** landesweit ausschließich dafür zuständig sind, **Wasserkämpfe zwischen rivalisierenden Dörfern zu schlichten**.

Als wäre der Wasser-MANGEL nicht schon schlimm genug, haben die Chinesen das Problem dramatisch verschärft, indem sie immer mehr Gifte in Luft, Boden und Wasser (Flüsse und Seen) eingeleitet haben. Auf diese Weise hat die Menge des verseuchten (**vergifteten**) Wassers die kritische Marke (bis zu der die Natur sich noch selbst reinigen kann) ebenfalls seit Jahren überschritten. Dabei verhalten sich die Leiter regionaler Fabriken (oft Staatsbetriebe) genau wie unsere Fabrikanten in den 1960er Jahren: Rücksichtlos leiten sie alle Abwässer in den Fluß. Wenn die Anwohner zu klagen versuchen, weil das verseuchte Wasser ihnen die Lebensgrundlage raubt (da sie es weder trinken noch zum Bewässern der Felder nutzen können), dann werden sie eingeschüchtert oder zusammengeschlagen. Des weiteren werden die Rohre für die Einleitung einfach TIEFER GELEGT, so daß das Gift jetzt **unter** der Wasseroberfläche in den Fluß gelangt, was die Messungen erschwert. Aber was nützen Messungen, wenn niemand da ist, der etwas gegen solche Umweltsünder unternimmt?

EU
1970-iger Jahre

Die älteren LeserInnen werden sich erinnern, daß auch wir in Europa vor einigen Jahrzehnten den kritischen Punkt erreicht hatten, an dem die Verschmutzung von Luft und Wasser nicht länger toleriert werden konnte. Damals erzählte man sich zwei Witze, die mich (als ich Ende 1972 aus den USA zurückkehrte) außerordentlich verblüfften:

1. Es gibt in Zukunft keine Fotolabors für Filmentwicklung mehr. Man braucht die Filme nur in den Rhein zu halten...
2. Es ist eine Lüge, wenn behauptet wird, die Chemie würde den Fluß vergiften. Was den Fluß vergiftet, sind die toten Fische.

Allerdings gibt es einen gewaltigen Unterschied zur Situation in Deutschland in den 1960ern und 1970ern: Wir haben damals unsere Umwelt **ohne Not** vergiftet – aus reiner Profitgier –, denn wir taten das **trotz Wirtschaftswunderjahren** und **vollen Staatskassen**. Später mußten wir lange gegen Wald- und Flußsterben angehen, um die Sünden dieser Zeit zu „sühnen". Aber **China**, weitgehend noch Entwicklungsland, das 1,3 Mrd. Menschen ernähren muß, kämpft auf einer ganz anderen Ebene. Das sollten wir bedenken, wenn wir das nächste Mal fordern, China müsse **alle** Umweltprobleme sofort angehen.

Wie viele Wanderarbeiter gibt es in China derzeit?

WQS 4

Antwort: China hat derzeit 150 bis 200 Millionen Wanderarbeiter. Der Spiegel schätzt, daß diese Zahl bis zum Jahr 2050 auf **300 Millionen** anwachsen wird (Spiegel Online „Wanderarbeiter in China", 11. März 2007).

Wanderarbeiter sind die **flexibelsten Arbeitnehmer**. Sie verlassen ihre Heimat, in der sie registriert sind, wohl wissend, daß sie an anderen Orten in China de facto nicht „existieren", da sie ihren Heimatort theoretisch nicht ohne Erlaubnis verlassen dürfen. Übrigens kennen die Chinesen sowohl das Verbot, die eigene Heimat zu verlassen, als auch die Not, die sie dazu treibt, dieses Verbot zu übertreten, nicht erst seit der kommunistischen Herrschaft (wie viele meiner GesprächspartnerInnen fälschlicherweise annehmen), sondern seit Jahrtausenden! Chinas Herrscher haben die Reisefreiheit immer stark eingeschränkt. Auf der anderen Seite (oder vielleicht eben deshalb) sind Chinesen extrem mit ihrer „Scholle" verbunden. Das heißt, daß jene, die die Heimat verlassen, um Monat für Monat Geld nach Hause schicken zu können, große Opfer bringen. Da sie in der Fremde offiziell nicht existieren, hausen sie teilweise in großen Slums bzw. in den

Rohbauten der Hochhäuser (ebenfalls verboten), die sie hochziehen. Das heißt, sie sind, solange sie in der Ferne weilen, Bürger zweiter Klasse. (Mehr Info über **Wanderarbeiter** finden Sie im MERKBLATT NR. 2, Seite 225).

Wo der Hunger zu groß ist und es keine andere Möglichkeit gibt, das Überleben abzusichern, da geht man eben. Wenn kein soziales Netz existiert, in das man sich fallen lassen kann, nehmen die Menschen ganz selbstverständlich jeden Job an, auch wenn er weit weg von der Heimat liegt. Ohne diese Wanderarbeiter wären die Super-Wolkenkratzer, die in Chinas Sonderwirtschaftszonen aus dem Boden schießen, nicht zu realisieren. In Deutschland „verspargeln" wir die Gegend mit Windrädern, die Chinesen „verspargeln" ihre Siedlungsgebiete mit Hochhäusern, die sämtliche Rekorde brechen. Trotzdem bauen sie teilweise mit einfachsten Mitteln. So bestehen z.B. die Gerüste bis hinauf in das 100. Stockwerk (wie seit Jahrtausenden) aus BAMBUS, weil es einfach kein besseres Material dafür gibt...

Ehe wir uns dem letzten WQS in diesem Kapitel zuwenden, möchte ich Sie fragen: Haben Sie sich schon einmal mit dem Thema **WAHRNEHMUNG DER WIRKLICHKEIT** auseinandergesetzt? Sagen Ihnen Ideen wie **„KONSTRUKTION der Wirklichkeit", MEMe** oder **FILTER** etwas? Wenn ja, dann lesen Sie hier weiter. Andernfalls möchten Sie vielleicht zuerst das **Merkblatt „Wahrnehmung und Wirklichkeit"**, Seite 233 konsultieren?

WQS 5 Wo liegt eigentlich die GRENZE zwischen Okzident (West) und Orient (Ost)?

Eines der Bücher, das ich Ihnen dringend empfehlen möchte, ist „Indien und China" (von Gerhard SCHWEIZER). Er stellte sich, als er in den 1960ern zum ersten Mal über die Türkei, den Iran, Afghanistan und Pakistan nach Osten fuhr und in Indien von Norden aus einreiste, wiederholt die Frage, **wo der Orient wirklich beginnt**. Erste Eindrücke in der Türkei führten zu dem Gefühl: „Jetzt bin ich im Orient." Ein Land weiter meinte er hingegen, das sei ja noch viel orientalischer. Eigentlich sei wohl erst dies der Orient ... Und so ging es weiter, bis er schließlich in Indien ankam. Am Ende wurde ihm klar, daß die Grenze zum eigentlichen Orient an einem Fluß im heutigen Pakistan liegt, kurz vor der Grenze zu Indien (Indus). Warum aber sollten wir die kulturelle Grenze gerade hier suchen und alle Länder davor noch dem Okzident zuordnen? Seine Begründung ist faszinierend: „Das Problem entsteht, weil wir **die östliche Welt mit unserer westlichen Auffassung betrachten**."

ORIENT

Es gibt jede Menge **MEMe westlicher Prägung**, die uns als FILTER genauso „blind" und „taub" machen wie MEMe anderer Glaubensrichtungen. SCHWEIZER, der jahrzehntelang in all diesen Ländern gelebt hat und dort viel herumgereist ist, und zwar zu Fuß, mit dem Schiff, mit dem Zug, im Hinterland, immer zusammen mit Einheimischen, erkannte auf diesem Wege, wie sehr uns unsere westlichen FILTER (und MEMe) daran hindern, den Osten wirklich zu **sehen**. SCHWEIZER:

MEMe über den Osten: Urteile & Vor-Urteile

> Je intensiver ich mit dem indischen und chinesischen Alltag in Berührung kam, desto unsicherer fühlte ich mich auf dem Boden meiner bisherigen Urteile und Vorurteile.

Er begann, sich seiner FILTER bewußt zu werden:

> Ich begann **neu zu verstehen, was es heißt, ein Europäer zu sein** ... Die uns vertrauten Begriffe verlieren ihre Selbstverständlichkeit, ihre scheinbar objektive Allgemeingültigkeit. Begriffe wie **Religion, Gott, Staat, Gesellschaft, Individualität, Demokratie, Toleranz** ... Solche Begriffe sind zutiefst durch die abendländische Geistesgeschichte und Weltanschauung geprägt.

SCHWEIZER weist auf eine wichtige Einsicht des Soziologen Max WEBER hin:

> Sie können gern ein Atheist sein, aber wenn Sie hier aufgewachsen sind, sind Sie durch die protestantische oder katholische Ethik geprägt worden.

Konfuzianismus = Lehre des Konfuzius, s. **KASTEN**.

So wurden unsere Vorfahren von der protestantischen Auffassung, genügsam und fleißig zu sein, geprägt wie die Chinesen durch den Konfuzianismus – auch jene, die mit dem alten Meister Kong (Konfuzius) „nichts am Hut haben". **Wir können den MEMen unserer Kultur nicht entkommen.** Sie gehören zu der Luft, die uns umgibt. Wir „atmen" sie quasi mit jedem Atemzug ein ... Ebenso werden die Inder vom Hinduismus und Buddhismus geprägt, unabhängig davon, ob sie in einem der vielen Tempel beten. SCHWEIZER:

> (Wir) sind durch die **abendländische Weltanschauung** geprägt, (für die) wir in der indischen oder chinesischen Kultur überhaupt keine Ensprechungen ... finden.

Der zweite auch im Westen sehr bekannt gewordene chinesische Philosoph war Lao Tse, dessen Werk („Tao te kin") eine dem **Konfuzianismus** unähnliche Lehre verkündete. Hier geht eher es um universelle Harmonie, während Meister Kong (Konfuzius) jeden auffordert, dem Staat und allen Obrigkeiten (inklusive dem eigenen Vater) zu gehorchen. Die Lehre Lao Tses nennt man TAOISMUS (vom Grundbegriff **Tao** – neue Schreibweise Dao – abgeleitet, was soviel wie Weg/Methode bedeutet; im Japanischen zu DO verkürzt, vgl. Aiki-DO, Ju-DO etc.).

SPRACHE ist **einer** der FILTER, die unsere Wahrnehmung beeinflussen. Ein Aspekt, der SCHWEIZER nach gründlicher Analyse sämtlicher Sprachen Indiens und Chinas (= diverse Haupt-Sprachen und zahlreiche Subsprachen) eines Tages stutzig machte, war die Einsicht:

Kein Wort f. RELIGION

> Nichts kann westliche Beobachter so verblüffen wie die Tatsache, daß weder im indischen noch chinesischen Sprachschatz ein Wort für **Religion** existiert.

Erinnern wir uns an einige der Begriffe, von denen SCHWEIZER sagt, daß sie unser westliches Weltbild prägen: **Religion, Gott, Staat, Gesellschaft, Individualität, Demokratie, Toleranz.** Es gibt zwei gegensätzliche Gründe, warum ein Begriff in einer Sprache **fehlt**:

1. Man **kennt das Konzept** (das der Begriff beschreibt) **nicht**. So besitzt ein Stamm in einem heißen Land beispielsweise kein Wort für Schnee.
2. Das **Konzept hinter dem Begriff** ist so sehr **Teil des täglichen Lebens**, daß man kein Wort dafür hat, einfach weil es so **all-umfassend** ist. SCHWEIZER stellt fest, daß dies für das **religiös-spirituelle Leben im Orient** gilt. Es ist so natürlich, daß man darüber gar nicht reden muß.

KEIN KONZEPT: KEIN WORT

Dabei gilt, daß die Menschen im Orient nie auf die Idee kommen würden, ihren Glauben als allein seligmachend zu betrachten, sondern sie leben die Toleranz, von der wir gern reden. Weder der **Buddhismus** noch der **Hinduismus** kennt Missionare, die anderen ihre Welt streitig machen bzw. ihnen die eigene Weltsicht mit dem Schwert aufzwingen wollen (wie es sowohl **Christen** als auch **Moslems** getan haben). Auch der **Konfuzianismus** oder der **Taoismus** in China wollen ihre Position nicht erzwingen. Ebensowenig wie die buddhistische Variante (des **Zen-Buddhismus**) in Japan jemals in Konflikt mit der „eingeborenen" japanischen **Shinto-Tradition** gekommen ist. Das, meint SCHWEIZER, ist **das Merkmal der eigentlichen Grenze zwischen Okzident** (zu dem seiner Meinung nach auch der Islam gehört) und dem **Orient**:

GRENZE: ORIENT OKZIDENT ?

> Der Orient ist allen Glaubensfragen gegenüber völlig liberal, während die großen westlichen Religionen ihre Position erzwingen wollen, notfalls mit Gewalt, auch indem sie dafür töten!

Falls Sie diese Aussage verwundert (oder gar verstört), denken Sie einmal darüber nach: Was ist eine **Hexenverbrenung** bzw. das Töten sogenannter **Ketzer**, wenn nicht das Töten von Ungläubigen, das heißt Töten von jenen, die nicht bereit sind, den „rechten" Glauben anzunehmen?? SCHWEIZER erinnert uns daran, ...

INDIEN & CHINA

KONFU-ZIUS

21. Jh CHINA?

1. ... daß **Indien und China über lange Zeiträume dem Abendland an schöpferischer Kraft, an Vielfalt religiöser, künstlerischer, wissenschaftlicher, sozialer Kultur, an Verfeinerung städtischer Zivilisation überlegen waren.**
2. ... daß (gemäß den meisten Prognosen) **die konfuzianistisch geprägten Staaten Ostasiens nach und nach zu Wirtschaftsmächten 1. Ordnung aufsteigen.**
3. ... daß viele Fachleute davon ausgehen, **das 21. Jahrhundert gehöre China**, möglicherweise auch China **und** Japan ... während die Fachleute das **22. Jahrhundert** eher **als das Jahrhundert Indiens** sehen.

Wir können davon ausgehen, daß einzelne Teile Indiens (vergleichbar mit den **Sonderwirtschaftszonen** in China) den Rest des Landes wirtschaftlich gesehen weit hinter sich lassen werden. Trotzdem wird Indien voraussichtlich um einiges länger brauchen, um das gesamte Land zu „sanieren". Hier spielt die Tatsache eine Rolle, daß Indien jahrtausendelang REGIONAL regiert wurde, während China seit 220 vor Christus an die **zentrale Regierung** diverser Dynastien gewohnt war. Das hilft China heute, weshalb eine vorschnelle Demokratisierung nicht günstig für das Land wäre. Die größten Probleme (u.a. die Umweltprobleme) müssen zunächst zentral angegangen werden (zumindest bis die derzeitige Ver-GIFT-ung überwunden ist). Wir haben gesehen, wieviel Zeit wir „demokratisch" verschwendet haben, um Katalysatoren oder benzinsparende Autos salonfähig zu machen, indem wir jahrelang auf die Selbstreinigungskräfte der Wirtschaft gewartet haben. Ebenso haben wir Jahre vergeudet, in denen die Bevölkerung von den Energie-Betreibern mit hohen Preisen „vergewaltigt" wurde, ehe die Regierung endlich einschritt und den Markt EIN WENIG öffnete. Oder denken wir daran, wie gelähmt unsere „demokratischen Strukturen" in den Jahren größter Arbeitslosigkeit waren, während in

China eine Handvoll beherzter Männer **das Ruder** (nach 130 Jahren des Leidens und 170 Jahren der Stagnation) **herumriss**. Nur durch **Regional-Power** (vgl. Kapitel 4 und Stichwort „MACHTVERSCHIEBUNG durch GLOBALISIERUNG" im ABC-Modul, Seite 133) können Strukturen wie **Sonderwirtschaftszonen** entstehen – regelrechte **Oasen in der „Wüste" der „normalen" Bürokratie**, die auch in China entsetzliche Auswüchse annehmen kann. Aber in den **Sonderwirtschaftszonen** ist es möglich, innerhalb von Tagen eine Firma zu gründen (was bei uns ca. 5 kg Papier und Genehmigungen von mindestens 16 Behörden erfordert).

Son-der-wirt-schafts-zonen

Ist in Asien eine allgemeine Regel unsinnig, jedoch wegen Machtansprüchen diverser Gruppierungen vorläufig nicht zu ändern, steuert man immer öfter durch SONDER-WIRTSCHAFTSZONEN intelligent gegen. So sorgen Sonderwirtschaftszonen dafür, daß bestimmte Regionen nicht länger an der normalen Bürokratie- und Regelungswut ersticken. **Deshalb** wurde China wirtschaftlich so agil, auch wenn manche Staatsbetriebe noch an vielem kranken. Wiewohl die außerstaatlichen Unternehmen nur eine **Randerscheinung** zu sein scheinen, begründen sie doch bereits jetzt einen **Großteil des wirtschaftlichen Erfolges**. Auch bei uns wären ähnliche Maßnahmen sinnvoll!

Davon sprechen Fachleute wie Wolfgang HIRN, wenn sie feststellen, daß noch nie **eine Weltmacht so schnell in die Weltwirtschaft integriert wurde**. Allerdings handelt es sich genaugenommen nicht um eine angehende Weltmacht, sondern, wie der ehemalige deutsche Konsul Konrad SEITZ klarstellt, um eine **zurückkehrende Weltmacht**! Wir erleben hier eher die **Wiedergeburt eines Phönix aus der Asche** (also die Reinkarnation eines gesamten Landes, einer gesamten Kultur), wovon jedoch die meisten Europäer bis vor kurzem so gut wie nichts wußten. HIRN: „Wir können uns den Luxus der **China-Ignoranz** nicht länger leisten." Dem fügt SCHWEIZER hinzu:

> Naiv und selbstbezogen halten wir gern am gewohnten Denkschema fest, unser Verständnis von Kultur, Religion, Staat und Gesellschaft sei höherwertig ... und (halten es) deshalb (für) **vorbildge-**

bend für alle anderen Hochkulturen **weltweit**. Wir versuchen, ... unser kleines Moral- und Ethikempfinden über die ganze Welt zu stülpen, und wundern uns, ... wenn die Blase platzt...

Indem wir Schlagworte von der **Globalisierung**, vom **globalen** Zeitalter, von der **Welt als einem großen globalen Dorf** gebrauchen, meinen wir eine Welt mit wirtschaftlich und kulturell einheitlichen Strukturen und damit **letztlich eine Welt mit westlichen Spielregeln.**

Deswegen warnte ich im Live-Vortrag die HörerInnen, dass sie (ab einem bestimmten Zeitpunkt) besser gehen sollten, wenn sie ihre „gefühlte Sicherheit" nicht gefährden wollten. Wie gefährlich die typisch europäische Einstellung ist, weil sie uns verleitet, unsere **möglichen Zukünfte** falsch einzuschätzen, wird der Rest dieses Buches aufzeigen...

Die meisten dachten bisher, daß es auch in Zukunft so weitergehen wird wie bisher (mit Europa als moralischer und wirtschaftlicher Führungsmacht). Vielleicht nach dem Motto: „Das mit den Billigarbeitsplätzen in China ist zwar unangenehm, aber ansonsten sind wir doch nach wie vor die Herren dieser Erde." Und genau das ist nicht mehr so einfach, wie die drei folgenden Kapitel zeigen werden.

KAPITEL 2: Etwas Geopolitik

In Kapitel 1 haben wir die WQS-Fragen 1 bis 5 besprochen, in diesem Kapitel befassen wir uns nun mit den Fragen 7 bis 16. Die 6. Frage werden wir in Kapitel 4 aufgreifen (genaugenommen ist das ganze Kapitel 4 dieser wichtigen Frage gewidmet) und Frage 17 in Kapitel 3.

Wo kauft China Öl?

WQS 7

Bevor wir uns der eigentlichen Antwort zuwenden, sollten wir uns einer Tatsache stellen, die den Menschen weitgehend vorenthalten wird (das heißt, darüber berichten die Medien nicht). Sie können aber Gift darauf nehmen, daß die (politischen) Entscheider ihre Brisanz kennen und in ihre Kalkulationen einbeziehen. Beginnen wir also mit zwei Zusatzfragen:

1. **Wieviel Öl gibt es** (weltweit) **noch?** Anders ausgedrückt: Wenn man die Ausbeute aller Ölfelder, die weltweit **bisher angezapft wurden**, mit 100 % ansetzt, wieviel Prozent können uns die MEISTEN DIESER FELDER (zusammengenommen) in Zukunft noch bieten? Was schätzen Sie?

   Quelle: Frank SIEREN: „Der China-Code“

   ( ) etwas weniger als 70 %

   ( ) etwas weniger als 50 %

   ( ) etwas weniger als 30 %

2. **Sagt Ihnen der Begriff „Peak Oil“ (bzw. HUBBERTs Peak) etwas?***

   ( ) ja ( ) nein

   Wenn ja, was?

   ____

   ____

* Benannt nach dem Geologen, der das **Prinzip der maximalen Ölförderung** entdeckte: M. King HUBBERT.

Wie lange reicht das Öl?

Die erste Frage muß mit „etwas weniger als die Hälfte" beantwortet werden. Einige Ölfelder wurden erst vor kurzem eröffnet, manche stehen noch vor dem eigentlichen Förderungsprozeß. Aber die Zahlen, über die man uns im Zusammenhang mit der Frage, wie lange „das Öl" noch reichen wird, normalerweise informiert, beziehen sich allesamt auf **Ölfelder, die seit vielen Jahren in Betrieb sind**. Und genau deshalb sind diese Zahlen extrem irreführend – zwar technisch korrekt, aber trotzdem falsch. Warum? Das wollen wir anhand einer Metapher verdeutlichen:

Ölfelder

Stellen Sie sich ein großes Ölfeld tief im Inneren der Erde vor. Egal ob die „Blase" mit dem Öl unter Sand oder unter Wasser lagert, Sie können sie sich (vereinfacht ausgedrückt) wie eine HÖHLE vorstellen, die voller Öl ist. Nun beginnen wir mit der Förderung. Was passiert? Wir alle kennen Szenen aus alten Filmen (z.B. „Giganten"), in denen eine Quelle (so nannte man die Ölfelder, ehe man besser verstand, wie sie aufgebaut sind) ganz plötzlich zu „sprudeln" beginnt. Das Öl schießt in einer Fontäne aus dem Bohrloch, und alle hüpfen ganz begeistert herum. Frage: Was halten Sie für das WESEN-tliche an dieser Szene?*

Stichwort: ______________________________

Nun, die meisten meiner GesprächspartnerInnen raten alles mögliche, die wenigsten jedoch denken an den **Druck**, weil wir über diesen wichtigen Aspekt (noch) zu wenig wissen. Aber das einzig WESEN-tliche an der Szene ist der **Druck**, mit dem das Öl an die Oberfläche „ge-DRÜCK-t wird". Diese „Höhle" steht unter dermaßen hohem Druck, daß das Öl nach oben **„schießt"**, wenn wir einen ersten Zugang schaffen. Aber was, glauben Sie, passiert, wenn wir mehr und mehr Öl herausholen? **Bleibt der Druck bestehen?** Wird er größer? Oder wird er geringer?

---

* WESEN-tlich im Sinne von Winfried d'AVIS. Gemäß seiner brillanten Definition ist eine Info nur dann „wesentlich", wenn wir etwas über das WESEN der Sache erfahren, von der wir sprechen. (Seither schreibe ich den Begriff nur noch WESEN-tlich.)

Das bringt uns zu der zweiten Frage: Man bezeichnet den **Punkt**, an dem die **maximale Fördermenge** erreicht wird, als **PEAK** (der englische Begriff beschreibt normalerweise eine (Berg-)**Spitze** (s. **Rand**). Ist der PEAK jedoch erreicht, geht es nur noch „bergab". Aber im Gegensatz zum Bergsteigen **wachsen die Anstrengungen, je weiter „bergab" wir in der Öl-Förderung kommen** (das „ab" im Sinne von „weniger" bezieht sich nämlich auch auf den Druck).

Genaugenommen sprechen Fachleute vom HUBBERTs-PEAK, nach dem GEOLOGEN, der die Entdeckung machte (Quelle: RUSHKOFF: „Die neue Renaissance").

So, und nun erklären Sie einem aufgeweckten zehnjährigen Kind, wie es um unsere Ölvorräte bestellt ist, wenn wir davon ausgehen, **daß die meisten erschlossenen Felder schon über den PEAK hinweg sind.** Aussagen wie „das Öl wird noch viele Jahre reichen" mögen ja stimmen, aber wenn der Förder-**Aufwand** mit jeden 10 % exponentiell ansteigt, wird die Förderung immer aufwendiger* – und das heißt im Klartext langwieriger und natürlich teurer! Deshalb werden alternative Energien interessanter, auch jene, die ursprünglich als nicht finanzierbar galten. Und deshalb hätten wir schon längst dafür sorgen sollen, daß wir weniger dieser **ständig wertvoller werdenden Ressource** für die (oft unnötige) Fortbewegung vergeuden, wenn diese auch sparsamer oder anders möglich ist.

PEAK ...... noch geheim ?!

Jetzt wissen Sie, was Politiker, Entscheider und Energiefachleute wissen, man der Bevölkerung jedoch vorenthält. Wer sich für das Thema interessiert, kann es zwar herausfinden, aber die meisten Leute geben sich mit Infos zufrieden, die sie in den Nachrichten und Polit-Magazinen angeboten bekommen. Dort fand man vor 2006 so gut wie keine Hinweise auf dieses wichtige Thema, seitdem taucht es hier und da im Kleingedruckten auf, und irgendwann in der Zukunft wird man

* Ich darf daran erinnern, daß ich bewußt die alte Schreibweise bevorzuge. Die Regel, Wörter wie „aufwendig" vom Substantiv abzuleiten und neuerdings „aufwändig" zu schreiben, halte ich für besonders hirnrissig, da VERBEN im Zweifelsfall über Aktivitäten, Prozesse etc. informieren und uns sagen, wieviel wir aufwenden müssen, um Ergebnisse zu erzielen. Gott sei Dank hat noch niemand vorgeschlagen, das Verbum zu verändern; „aufwänden" würde ja auch klar zeigen, wie absurd es ist, denn mit WAND bzw. WÄNDEN hat es ja nichts zu tun!

offiziell darüber reden müssen. Nun stellen wir die ursprüngliche WQS-Frage etwas anders:

WQS 7 (leicht abgeändert)

Wo kauft der „erwachende Drache" mit seinem ständig zunehmenden Appetit auf Energie sein Öl?

IRAK

CHINA

Ursprünglich hatte China einen Vertrag für die Erschließung einiger **neuer** Ölfelder mit dem **Irak** abgeschlossen. Bei neuen Feldern liegt der **PEAK** noch **Jahre in der Zukunft**, man hat also die Chance, an die **ERSTE (preiswerte) Hälfte** des „Höhleninhaltes" heranzukommen. **Dafür war China bereit, die nötigen Anlagen zu finanzieren.** Nun glauben einige Beobachter (inklusive Frank SIEREN, vgl. sein Buch „Der China-Code"), der **sogenannte 2. Irak-Krieg** sei nicht zuletzt deshalb vom Zaun gebrochen worden, **um diese vorzügliche China-Irak-Verbindung zu kappen.** Des weiteren glauben Fachleute, **diese Entscheidung sei bereits lange vor dem 11. September 2001 gefallen**. Der Anschlag auf die Zwillings-Türme hätte jedoch einen wunderbaren **Vorwand** abgegeben. Deshalb hätte die Bush-Administration schon sehr früh vom nie vorhandenen TERRORISMUS im Irak gesprochen. Da Gruppen wie die Al Qaida vor allem „Dekadenz" und „Sittenverfall" bekämpfen, gab es für sie vor besagtem US-Einmarsch **keinen Grund, im Irak aktiv zu werden**. Das begann erst, als es galt, die US-Truppen **als BESATZER** zu bekämpfen.

Vor-wand

Inzwischen ist bekannt, daß die Fachleute, die sowohl den **Terrorismus** als auch die angeblich vorhandenen **Massenvernichtungswaffen** für Lügen hielten, recht hatten. Auch jene, die glaubten, der 2. Irak-Krieg sei eine Strategie gegen die gute **China-Irak-Verbindung**, sehen sich inzwischen bestätigt. Frank SIEREN beschreibt, wie man sofort nach dem Einmarsch in Bagdad einen neuen irakischen Ölminister (von Amerikas Gnaden) ernannt hat (Ghadh BAN) und daß dieser als eine seiner ersten offiziellen Handlungen im **WALLSTREET-Journal** verkündete, der große **Öl-Vertrag mit China** sei **in beiderseitigem Einvernehmen aufgehoben** worden. Der Präsident

Öl-Vertrag

der China National Oil Company wurde von dieser Behauptung vollkommen **überrascht** und mußte öffentlich zugeben, keine Ahnung zu haben, wovon der Ölminister sprach. Man hätte sich noch gar nicht kennengelernt oder miteitander geredet. SIEREN berichtet, daß viele internationale juristische Berater und Fachleute davon ausgehen, daß **China auf dem Vertrag hätte bestehen können**. Aber China arbeitet im Zweifelsfall **eher defensiv**.*

Und so änderten die chinesischen Entscheidungsträger stillschweigend ihre Strategie. Zwar suchen sie nach wie vor **möglichst neue (junge)** Ölfelder, kaufen das Öl jetzt aber (parallel) in **vielen** Ländern. Das passiert China nicht noch einmal, daß es EINE wichtige Verbindung knüpft, die ein anderes Land durch **unilaterale** Handlungen zerstören kann. Dabei unterstützt China bewußt auch Regierungen, die andere boykottieren oder mit Embargos in die Knie zwingen wollen (vgl. „EMBARGO", Seite 111 und „NICHTEINMISCHUNG", Seite 147 im ABC-Teil**). Aber zurück zu der Frage: „Wo kauft China sein Öl?" Bei SIEREN lernen wir:

China's STRA-TEGIE

- In **AFRIKA – 2 Länder** (Nigeria und Sudan)
- In **SÜDAMERIKA – 1 Land** (Venezuela) ………… (noch)
- In **NORDAMERIKA – 1 Land** (Kanada)
- In **ASIEN – 1 Land** (Indonesien)
- Bei **NACHBARN** (Usbekistan und Kasachstan) (Apropos **Kasachstan**: China baut derzeit die Infrastruktur dieses sechstgrößten Landes der Welt auf, das zur Zeit der Seidenstraße vor 1.100 Jahren eines der wichtigsten Länder auf dieser Route war...)

Einer geopolitischen TV-Doku („Mit offenen Karten", auf arte) konnte ich entnehmen, daß sich **die chinesischen Öl-Importe aus La-**

---

* SIEREN vermutet, daß China vielleicht deshalb nicht auf seinem Recht beharrte, weil man den Vertrag während des EMBARGOs geschlossen hatte, vgl. Beitrag „EMBARGO" im ABC-Modul, Seite 111.

** Ab jetzt können Sie übrigens jederzeit zu den An-REICH-erungen im Rest des Buches „springen", ohne die Zielstellung des BUCH-SEMINARS zu gefährden.

teinamerika inzwischen verzehnfacht haben. Außerdem sind mittlerweile auch **Ecuador** und **Mexiko** als Öl-Lieferanten hinzugekommen. Also müssen wir diese mit einbeziehen:

- In **SÜDAMERIKA – 3 Länder** (Venezuela, Ecuador und Mexiko)

Somit wurden aus den sieben bereits **neun Öl-Lieferanten**, aber noch immer fehlt ein Land. Es handelt sich um **das** Land, mit dem China den besten Ersatz für die Irak-Verträge fand, das Land, mit dem China den **größten** Energie-Vertrag abgeschlossen hat, den es jemals gegeben hat. Können Sie es erraten?

____

Auch hier sehen wir, daß die USA **durch die Zerstörung der Verbindung China – IRAK** eine **neue** Verbindung (China – Iran) **ausgelöst** haben, die für sie à la longue gefährlicher werden könnte. Chinas Position lautet: Wir haben 1,3 Mrd. Menschen zu ernähren und deshalb schließen wir jeden Rohstoff-Vertrag ab, den wir schließen können, insbesondere wenn wir dadurch an Öl-Felder herankommen, **deren PEAK noch in der Zukunft liegt**. Die Ausbeutung der Felder, die ihren PEAK hinter sich haben, wird bald so teuer, daß China (als wirtschaftliches **Entwicklungsland**) nicht mehr mitbieten kann. Einige Fachleute sprechen bereits von einer **möglichen Konfrontation zwischen USA und China** (die in den Medien derzeit noch nicht thematisiert wird; vgl. Modul 3 „VERHÄLTNISSE", Seite 207 ff.), während die meisten noch gebannt auf den potentiellen Konflikt **USA – Iran** blicken. Leider erfahren wir von diesen Zusammenhängen zuwenig, da unsere Nachrichtensendungen lieber minutenlang wertvolle Nachrichten-Sendezeit für Unfälle, Entführungen etc. (null Nachrichtenwert) „vergeuden", statt uns komplexe weltpolititsche Zusammenhänge aufzuzeigen. Bücher wie „Der China-Code" von Frank SIEREN oder „Mythos Asien?" von Albrecht ROTHACHER bzw. „Vorsicht China!" von Kurt SEINITZ und „Herausforderung China" von Wolfgang HIRN helfen, einige dieser **geopolitischen** Aspekte besser zu begreifen.

Quelle: EDERER & FRANZEN: „Der Sieg des himmlischen Kapitalismus" (vergriffen)

Wer hat Chinas Aufschwung finanziert?

WQS 8

Wer investiert in China?

Was haben Sie geraten, woher kamen wieviel Prozent der Auslands-Investitionen für Chinas Aufschwung?

a) USA: _______%

b) EUROPA: _______%

c) Sonstige: _______%

Nun, viele meiner „Versuchskaninchen", mit denen jedes neue Buch vorab getestet wird, meinten, das meiste sei wohl aus den USA gekommen (es wurden zwischen 60 bis 80 % geschätzt). Dann käme

Europa und zuletzt „Sonstige", wer immer das auch sein möge. Wenn Sie ähnlich gedacht haben, dürfte Sie die nächste Frage außerordentlich verwundern, denn ca. 80 % der Auslands-Investitionen kamen tatsächlich **weder aus den USA noch aus Europa** (die Investitionen aus beiden ZUSAMMEN ergeben gerade mal 20 %). Also müssen wir uns fragen: **Wer ist „Sonstige"?** Lassen Sie mich zuerst verraten, welche Länder **nicht** dazugehören:

- AFRIKA
- KANADA
- RUSSLAND
- AUSTRALIEN
- SÜDAMERIKA

Was bleibt dann noch? Möchten Sie noch einmal raten?

SONSTIGE?

Wander-arbeiter

Wir denken bei „Sonstige" in diesem Fall an eine spezifische Gruppe von Menschen. Wenn Sie sich erinnern, was wir zum Thema **Wanderarbeiter** (inklusive Merkblatt, Seite 225 ff!) gesagt haben, dann leuchtet Ihnen die Antwort sicher schnell ein: Hier steht „Sonstige" für all die **Chinesen, die ihre Heimat** in den letzten 200 Jahren wegen Hungersnöten, Bürgerkriegen und zuletzt wegen der Kulturrevolution (1966 – 1976) **verlassen mußten**.

Zwar blieben ca. 65 % der Flüchtlinge im ostasiatischen Raum (Hongkong, Macao, Taiwan, Nordkorea, Südkorea, Japan, Vietnam), aber die anderen haben sich **über die ganze Welt verteilt**.

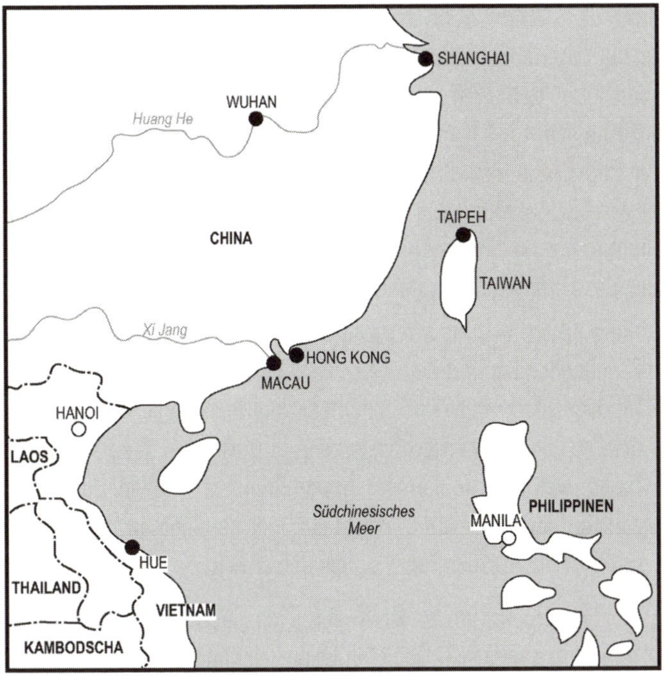

Man schätzt die Zahl der „**Auslands-Chinesen**“ (auch „Exil-“ oder „Übersee-Chinesen“ genannt) auf ca. 65 Millionen (plus/minus 10). Die Zahl ist schwer „festzunageln“. Zum einen, weil manche Exil-Chinesen die Staatsbürgerschaft des jeweiligen Gast-Landes annehmen (USA und Kanada), zum anderen, weil sie teilweise ihre Namen nach Landessitte verändern (wie in Indonesien). Außerdem rechnen manche Experten die 24 Millionen Bewohner von Taiwan den Exil-Chinesen zu, andere den Festland-Chinesen – so wie man heutzutage auch Honkong mit seinen 7 Millionen Bewohnern (wieder) dem chinesischen Festland zurechnen muß. Letztere gehen davon aus, daß **Taiwan** früher oder später mit dem Festland „vereinigt“ werden wird...

Und genau diese Exil-Chinesen (inklusive Hongkong und Taiwan) sind es, die ca. 80 % des Aufschwungs finanziert haben. Es ist also letztlich weitgehend ein **inner-chinesischer Erfolg**. Das bedeutet u.a., daß die Sicherheit, in der sich manche Amerikaner oder Europäer wiegen

Exil-Chinesen

(nach dem Motto: Wenn es zu schlimm wird, können wir durch den Entzug unserer Gelder dort einen Kollaps verursachen), zu dem Phänomen der „gefühlten Sicherheit" gehört. Hier sehen wir, wie sehr wir dazu neigen, die Chinesen zu **unterschätzen**. Das **Barvermögen** der **Exil-Chinesen** wurde bereits 1995 auf weit über 2 Billionen Dollar geschätzt, Kapital, das sie „nur dort investieren, wo es die größten Chancen auf Gewinn verspricht". Dazu EDERER und FRANZEN in „Der Sieg des himmlichen Kapitalismus":

> Diese Übersee-Chinesen verbindet ... ein unsichtbares Netz von Familienbanden und Kapitalverflechtungen, von öffentlichen Wohlfahrtsgesellschaften und undurchdringlichen Geheimorganisationen, von denen die mächtigsten und effizientesten, die Triaden und Tongs, weltweit zu den am besten funktionierenden Banden ... zählen. Dieses Geflecht ... macht die Übersee-Chinesen zu einer den asiatisch-pazifischen Raum prägenden **Macht**.

Zusatzfrage: Warum hat DENG Xiao Ping die **Sonderwirtschaftszonen** in den südlichen Gebieten Chinas eingerichtet?

1. SHEN ZHEN
2. DONG GUAN
3. GUAN ZHOU
4. PUTONG

Die meisten Autoren von China-Büchern begründen die Tatsache damit, daß es vier Hafenstädte sind (s. Rand), und diese seien am längsten mit Handel vertraut und dementsprechend anpassungsfähig. Aber es gibt noch einen (weiteren) Grund – wie EDERER und FRANZEN zeigen –, der den meisten Autoren unbekannt ist: Aus diesen Gebieten stammen die meisten **Exil-Chinesen**. Es leuchtet ein, daß es für Menschen in Küstennähe naheliegender ist, die Flucht zu ergreifen, als für Leute, die 1.500 km von der Küste entfernt leben (in einem Land, in dem es außer „Wasserstraßen" kaum Verbindungen zwischen den einzelnen Regionen gab).

Nun hoffte DENG, daß die **ehemaligen** Bewohner der Küstengegenden, egal wie weit entfernt sie heute leben, helfen wollten, diese Gebiete aufzubauen (unabhängig davon, ob sie selbst zurückkehren würden). Diese Hoffnung erwies sich als **begründet**, impliziert jedoch einige Aspekte, über die wir Bescheid wissen sollten:

1. **Chinesen haben eine extrem enge Bindung an die Familie und den Clan.** Daher fühlen sie sich, insbesondere wenn es ihnen gut geht, diesen Menschen VERPFLICHTET – selbst wenn sie weit weg wohnen (vgl. „Wanderarbeiter", Seite 225 ff.). Interessant, nicht wahr? Denn ich kenne kaum Deutsche, die hier investieren, wenn sie es in der Ferne zu Geld gebracht haben.
2. **Chinesen sind sehr fleißig.** (Das waren wir Deutsche auch einmal, mehr darüber in Kapitel 4.)
3. **Die konfuzianische Ethik fordert den Menschen auf, Wohlstand anzustreben – und zwar über gute BILDUNG und Fleiß.** Also darf es uns nicht wundern, daß Chinesen in jedem Gastland zur „Oberschicht" gehören, akademisch und/oder wirtschaftlich! So zeigt eine Statistik, daß in den 1990ern zwar nur **8 bis 10 %** der Bewohner **Thailands** Exil-Chinesen waren, daß sie aber 90 % des Handels und der Produktion besaßen. Mehr darüber finden Sie unter dem Stichwort „Chinesen als Minoritäten in anderen Ländern" im ABC-Modul, Seite 98 ff.).

Das überrascht die meisten Europäer und zeigt, wie sehr wir diese Menschen unterschätzen, **weil wir zuwenig über sie wissen**:

- Als **JAPAN** die ersten Autos exportierte, lachte man sich in Amerika und bei uns noch „krumm". Heute lachte niemand mehr.
- Als **HONGKONG, TAIWAN** und **KOREA** mit Billigwaren in unsere Märkte einbrachen, lächelten wir amüsiert. Heute lassen alle drei Länder ihre „billigen" Produkte in China herstellen, während sie selbst Spezialisten für Hochpreisiges geworden sind...
- Als **TOYOTA** eine Luxusmarke (LEXUS) auf dem amerikanischen Markt plazierte, lachten wieder alle. Heute ist der LEXUS nicht nur auf dem US-Markt etabliert, er ist auch der einzige, der es (mit al-

len Toyota- und Honda-Modellen) bei der jährlichen Bewertung durch eine Million Autofahrer regelmäßig in die Kategorie „sehr zuverlässig" schafft (nachzulesen: jedes Jahr im Consumer-Report).

日本
JAPAN

- Es ist kein Zufall, daß das erste wirklich ernstzunehmende **Hybrid-Auto** aus Japan stammt. Zwar versuchen deutsche Autobauer, uns einzureden, daß auch sie Hybrid-Autos in der „Pipeline" hätten, aber die Japaner hatten vor über einer Generation mit Forschungsarbeiten zu **diversen** Hybrid-Möglichkeiten begonnen, ehe sie in den letzten Jahren ein entsprechendes Serienmodell vorstellten. Die Idee, einen Hybrid-Luxus-Wagen im Markt zu plazieren, ist in den Augen deutscher Autobauer ebenfalls „lächerlich" – wie lange noch?
- Derzeit beginnt das Reich der Mitte, seine ersten „chinesischen" Autos bei uns zu verkaufen. Und was tun wir? Wir lachen. **Wann lernen wir endlich aus der Vergangenheit?**

WQS 9 Haben die Regierenden in China ein Interesse daran, daß die Weltordnung möglichst demokratisch wird?

Quelle: Frank SIEREN, „Der China-Code"

Soll die Welt DEMO-KRA-TISCH werden?

SIEREN macht auf einen interessanten Zusammenhang aufmerksam:

> China ist ... sehr daran interessiert, daß **die neue Weltordnung möglichst demokratisch** wird. China hätte dann mit 1,3 Mrd. Menschen die **einfache** Mehrheit im Weltparlament; Asien hätte mit gut 3,8 Mrd. Menschen die **absolute** Mehrheit ... (verglichen mit Europas 780 Mio. Menschen). Europa und die USA mögen ein Interesse daran haben, daß **China** demokratisch wird, aber das ist (vorläufig) noch nicht in Chinas Interesse...
>
> Der Westen fühlt sich bis heute China moralisch überlegen. Es ist am Ende entscheidend, **wer am geschicktesten mit den jeweiligen weltpolitischen Konstellationen umgeht** ... doch der Markt, den die westliche Wirtschaft so dringend bräuchte, (ist) mit Herablassung nicht zu erobern...

Immer wieder äußern sich westliche Politiker dahingehend, daß unsere demokratische Weltordnung a priori die beste für **alle** Länder (inklusive China) sei bzw. daß wir den Augenblick kaum erwarten könnten, da alle Länder demokratisch werden. Aber **ein demokratisches China hätte in knapp 40 Jahren niemals die Veränderungen bewirken können**, die China aus Generationen von Stagnation, Bürgerkriegen, einer verheerenden Kulturrevolution und der kommunistischen Kader-Wirtschaft herausgeführt haben! Eine demokratische Weltordnung hingegen hilft Ländern, **im Weltparlament endlich eine Stimme zu erhalten**, die ihnen europäische Kolonialmächte lange vorenthalten hatten. Schon interessant, einmal diesen ungewöhnlichen Standpunkt einzunehmen, nicht wahr?

Soll China DEMOKRATISCH werden ?

Wieviel Prozent der Weltbevölkerung leben im asiatisch-pazifischen Raum? WQS 10

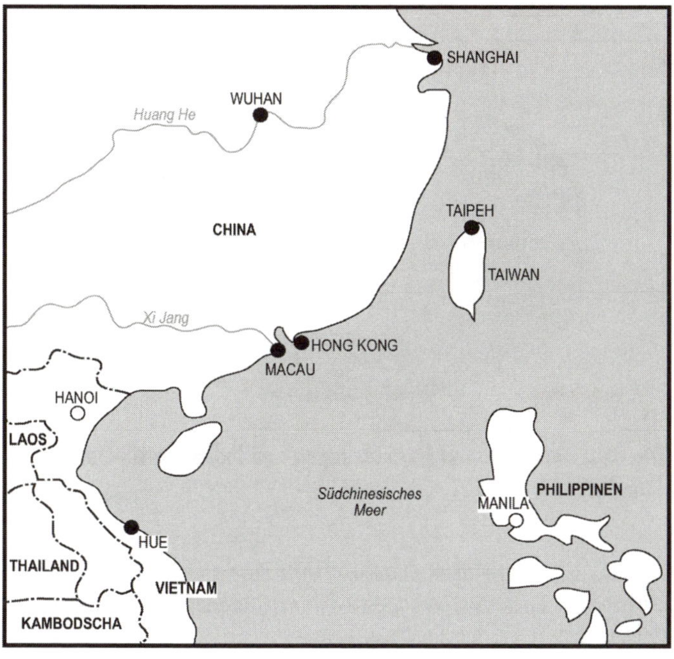

SOMMER, Theo: „Ein deutscher Blick auf Asien", in: KOSCHYK, Hartmut (Hrsg): „Deutschland, Korea – geteilt, vereint" (Seiten 215 – 227)

Antwort: 55%. Hätten Sie das gedacht?

SOMMER stellt fest, daß die südostasiatischen TIGER-Länder sich von ihrer Finanzkrise erholt haben und sich erneut auf dem Wachstumspfad befinden. China trägt derzeit am meisten zum Gesamt-Wachstum dieser Region bei (mit ca. 9 % jährlich), gefolgt von Indien (mit bereits 7 bis 8 % jährlichen Wachstums).

WQS 11 Wie hoch schätzen Sie die Devisenreserven von China, Japan und Indien ein?

Was haben Sie hier geschätzt? Fragen Sie auch FreundInnen, KollegInnen, NachbarInnen und vergleichen Sie deren Schätzungen mit Ihren eigenen. Die meisten Leute schätzen in einem Bereich von 200 bis 800 MILLIONEN US-Dollar, aber es sind MILLIARDEN! Die folgende Zahl dürfte aus dem Jahr 2004 stammen* (bei SOMMER, s. Marginalie oben):

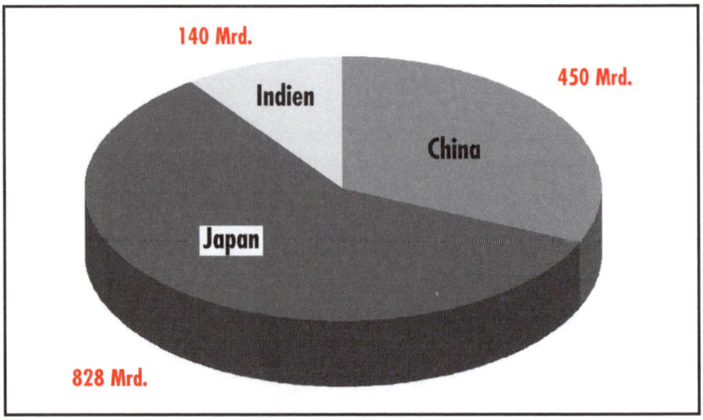

Die Devisenreserven von China, Japan und Indien (in US-Dollar, Stand 2004)

* SOMMERs Beitrag erschien 2005, also nehme ich an, daß seine Zahlen aus dem Jahr 2004 (oder knapp davor) stammen. Deshalb haben wir im Internet nachgesehen (www.ipicture.de) und neue Zahlen (von 2006) gefunden, die ich Ihnen zum Vergleich mit anbiete.

- **CHINA: 450 Mrd.** US-Dollar (neue Zahl, 2006: **800 Mrd.** = fast das Doppelte innerhalb von zwei Jahren; zeigt weiterhin rasantes WACHSTUM)
- **JAPAN: 828 Mrd.** US-$ (neue Zahl, 2006: 850 Mrd., das heißt minimal mehr als 2004; zeigt ver-LANGSAM-tes WACHSTUM)
- **INDIEN: 140 Mrd.** US-$ (neue Zahl, 2006: **145 Mrd.**, also auch nur **minimal mehr** = LANGSAMES WACHSTUM)

Japan ist (noch knapper) Sieger, und Indien steht (noch) an dritter Stelle. Wann wird Japan **Platz 2** einnehmen, wann vielleicht sogar auf **Platz 3** abrutschen?

Was die neue Zahl für China angeht, so liefert uns ein Blick auf die Website der **chinesischen Botschaft in Berlin** (www.fmprc.gov.cn/ce/cede/det/default.htm) **folgende „Beute"** (vom 11. April 2006):

> Derzeit verfügt China über Devisenreserven in Höhe von **853,6 Milliarden US-Dollar**. Damit hat China Japan überholt und liegt zum ersten Mal weltweit auf dem 1. Platz. Was bedeuten diese hohen Devisenreserven für China? (...)

Ich stelle Ihnen den Text im MERKBLATT NR. 5 (Seite 239 f.) vor. Darüber hinaus können Sie dort selbst nachschauen, ob es weitere Neuigkeiten oder Mitteilungen gibt, die Sie interessieren.

Vor der nächsten WQS-Frage sollten wir uns vergegenwärtigen, daß überall im **konfuzianisch geprägten Raum*** hohe **Sparquoten** registriert werden. Hier gewinnen Chinas Bürger mit Abstand den ersten Preis mit sagenhaften 43 %, wobei auch dies keine Neu-Erscheinung ist. Chinesen sind von jeher fleißige Sparer, da ihre Zukunft in der Regel eher unsicher war. Deshalb erschien es stets intelligent, etwas auf die Seite zu legen.

Der Durchschnitt in der pazifischen Region liegt 13 % darunter, also bei ca. 30 % – allerdings ist dies inklusive der islamischen Regionen (wo weniger gespart wird). Außerdem erwirtschaften die konfuzianisch geprägten Länder im südostasiatischen Raum beispiellose Leistungs-Bilanz-Überschüsse. SOMMER:

* Dazu gehören neben CHINA auch Thailand, Korea, Hongkong, Taiwan und Singapur.

Zwar leben die Massen (dort) noch in relativer Armut, doch schreiten die Urbanisierung und die Herausbildung eines konsumfähigen **Mittelstandes** mächtig voran.

WQS 12 Welche drei Länder bieten den höchsten Lebensstandard im südostasiatischen Raum?

Haben Sie versucht, die Frage zu beantworten? Meine GesprächspartnerInnen fanden sie relativ „schwierig", einige wußten JAPAN, aber auf Süd-Korea und/oder Taiwan kam kaum jemand. Das entspricht auch der Erfahrung des Autors (s. Rand), dessen Beitrag ich die folgenden Zeilen entnahm:

Die Antwort nach SOMMER:

1. Japan
2. Süd-Korea
3. Taiwan

> Die volle Tragweite dieser Entwicklung ist in Deutschland lange Zeit nur wenigen ins Bewußtsein gedrungen ... (Unsere) Wirtschaft unternimmt große Anstrengungen, um auf den Märkten Asiens Fuß zu fassen ... Der wachsende Konkurrenzdruck hat auch in ... Deutschland eine Debatte über OUTSOURCING und OFFSHORING ausgelöst, über zunehmende **Arbeitsplatzverlagerung** ... in die Werkhallen asiatischer Niedriglohnländer ... in die Werkhallen Chinas ... (Dabei wird) ... der wirtschaftliche Aufstieg Asiens unausweichlich machtpolitische Folgen haben ... **Eine Machtverschiebung von West nach Ost bahnt sich an.** Deren Formen und Folgen lassen sich vorerst nur schwer absehen. Sicher ist ..., daß dem derzeitigen weltpolitischen Machtgefüge ein dramatischer UMBRUCH bevorsteht...

SOMMER weist darauf hin, daß **unser mangelndes Bewußtsein** bezüglich der geopolitischen Folgen dieser Entwicklung **bewirkt**, daß wir **zuwenig über potentielle Gefahren in diesem Raum wissen** (s. nächste WQS-Frage).

Welche drei potentiellen Kriegs-FRONTEN CHINAs gibt es in dieser Region?

WQS 13

SOMMERs Antwort

1. **chinesisch-indische** Himalajagrenze
2. **chinesisch-russische** Grenze
3. **chinesisch-japanisches** Verhältnis

Chinesisch-indische Himalajagrenze

zu 1.

SOMMER: „Nach dem für Indien schmachvoll verlorenen Gebirgskrieg 1962 hat sich die Lage beruhigt. Eine langsame Annäherung (findet statt). Es gab sogar schon gemeinsame Manöver ... auch eine Verdichtung der Handelsbeziehungen. An dieser potentiellen Front sieht es also derzeit ruhig aus."

Chinesisch-russische Grenze

zu 2.

SOMMER: „Auch hier hat sich die einst heiße Situation beruhigt, Rußland ist heute der Hauptlieferant von Rüstungsgütern (und das wäre nicht der Fall, würde man kriegerische Auseinandersetzungen erwarten), also auch hier ist Entspannung angesagt."

Chinesisch-japanisches Verhältnis

zu 3.

Hier sieht es anders aus. Die Erinnerungen an **Japans 100 Jahre dauernde Herrschaft** über Teile Chinas **belasten die Beziehungen nach wie vor**. SOMMER:

> Deshalb hat die immer stärkere wirtschaftliche Verflechtung der beiden Länder sich bisher **nicht** in einem engeren politischen Verhältnis niedergeschlagen. China bemängelt vor allem Japans zögerliche Auseinandersetzung mit der eigenen Vergangenheit (das bemängelt übrigens auch Korea!) sowie jährliche rituelle Besuche japanischer Politiker am Yakusuno-Schrein, wo auch einiger Verantwortlicher für die Massaker in China gedacht wird. Auch Japans moderne Militärrüstung wird von Peking mit scheelen Augen betrach-

100 Jahre JAPAN in CHINA

> tet. (vfb: SOMMER warnt, daß zwei gegensätzliche Szenarien in Japan für Unruhe sorgen könnten.) Erstens könnte die wirtschaftliche Liberalisierung zu politischer Destabilisierung führen (mit gefährlichen Konsequenzen für die gesamte Region). Zweitens: ... könnte der ökonomische Aufstieg des Reiches der Mitte dessen politisches Gewicht in der asiatisch-pazifischen Region **erhöhen**; d.h. in einer Region, in der bisher **Japans Vormachtstellung** unangefochten war...

China's alter Platz ...

Natürlich meint SOMMER mit „bisher" nur die letzten Jahrzehnte, denn Chinas Vormachtstellung in diesem Raum war Jahrtausende unbestritten und wurde ernstlich nur kurzzeitig (ca. 170 Jahre lang) in Frage gestellt. China ist wie gesagt lediglich im Begriff, seinen alten, **angestammten Platz** als Reich der Mitte **wieder** einzunehmen...

WQS 14 Wann wird China das Kaiserreich Japan vom 3. Platz der größten Wirtschaftsmächte verdrängt haben?

Dies ist laut einigen Fachleuten bereits geschehen (2004), während andere glauben, es dürfte wohl ca. im Jahr 2010 soweit sein. Jedenfalls wird es eine **Machtverschiebung in Asien** bewirken. SOMMER:

Wirtschaft
日本
中國

> Noch ist Japans Wirtschaft dreieinhalb Mal so groß wie die des (noch) Entwicklungslandes China. Die Dynamik der chinesischen Entwicklung übertrifft jedoch die der japanischen bei Weitem. Seine Importkapazität ist größer. Mehr und mehr wird China zum Gravitations-Zentrum für Asien. Sein **Exportvolumen** hat (das) japanische (erstmals) überflügelt. Im Nebeneinander von Kooperation, Wettbewerb und Konflikten muss sich ein neues Gleichgewicht (bilden). Es (ist) zu befürchten, dass die politische Rivalität sich eher verschärfen wird.

Wie friedlich ist der asiatisch-pazifische Raum? WQS 15

Da unsere Nachrichtensendungen oft mehr Zeit auf Unfälle, Terrorakte u.ä. verwenden, statt uns über **WESEN-tliche geopolitische Fakten** zu informieren, sind wir **erstaunt**, wenn wir erfahren, wie Fachleute (z.B. SOMMER) diese WQS-Frage beantworten:

FRIEDEN im ASIATISCH-PAZIFI-SCHEN RAUM?

> Im Vergleich zu Europa, das den kalten Krieg im drohenden Schatten gegenseitiger nuklearer Abschreckung ohne große Scharmützel (Ausnahme Jugoslawien) erleben durfte ... ist Asien in den vergangenen Jahren (Austragungsort) zahlreicher bewaffneter Konflikte gewesen. Die Liste ist erschreckend lang.

Leider mußte ich feststellen, daß von meinen nicht ganz so jungen „Versuchskaninchen" (alle über 50 Jahre alt) **keine einzige Person mehr als ca. 3 der Konflikte (ab 1945) benennen konnte**, wiewohl **alle** Personen regelmäßig **Nachrichten sehen** (im Schnitt sogar zweimal pro Abend auf zwei verschiedenen Sendern) und ebenso regelmäßig den SPIEGEL und eine größere Tageszeitung lesen. Ich danke dem Autor SOMMER für diesen Überblick, den ich Ihnen (leicht gekürzt) anbieten möchte:

- **INDIEN – PAKISTAN: 3 Kriege**
  - 1947/48
  - 1965
  - 1971
- **INDIEN – CHINA: Der Grenzkrieg** (1962)
- **INDOCHINA: 2 Kriege:**
  - der **französische** (1945 bis 1954)
  - der **amerikanische** (1960 bis 1973)
- **KOREA:** Der Norden überfiel den Süden, China half dem Norden, weshalb sich die USA einmischten, um dem Süden zu helfen (1950 bis 1953).
- **Rußland – China:** Der sowjetisch-chinesische GRENZ-Krieg am Ussuri (1969)

- **VIETNAM:** Dieser Konflikt dauerte viele Jahre, erst gaben die Franzosen auf, später die USA...
- **AFGHANISTAN:** Die Russen marschierten 1980 ein und zogen sich 1987 unverrichteter Dinge wieder zurück. Heute versuchen die USA, dasselbe Problem zu lösen (die Parallele zu Vietnam, wo man auch dachte, es besser zu machen als die Franzosen, ist interessant).

Wenn wir bedenken, daß unser „naher Osten" im asiatischen Raum als **West-Asien** bezeichnet wird, könnte man sogar die **drei Kriege des Irak** mit einbeziehen: Erstens den zwischen **Irak und Iran** (von den Amerikanern unterstützt, möglicherweise sogar angezettelt), zweitens den „ersten" **Irak-Krieg** (**USA** und **große** internationale Koalition gegen Irak) und drittens den sogenannten „zweiten" **Irak-Krieg** (**USA** und **kleine** Koalition gegen Irak)... SOMMER:

> In Europa haben die Nationen nach 1000 Jahren der Bruderkriege die alten Feindschaften überwunden und sich in der EU zusammengeschlossen, die heute 25 Mitglieder zählt (vfb: inzwischen 27) und bis zum Jahre 2015 noch einmal ein Dutzend Neu-Mitglieder hinzugewinnen könnte. Von einer vergleichbaren institutionellen Unterfütterung des Miteinander ist Asien noch weit entfernt. **Ihr verdankt sich die Tatsache, daß in Europa die Waffen schweigen** und die Erbfeindschaften begraben sind.

Es gibt zwar erste asiatische Zweckbündnisse, aber sie ähneln eher jenem der Erdöl fördernden Staaten, die sich deshalb nicht unbedingt gegenseitig mögen, während in der EU ein Krieg der Mitglieder untereinander so gut wie ausgeschlossen ist. Bedenken Sie, daß der Iran im Irak mit seinen Hisbollah-Selbstmord-Attentätern kräftig mitmitscht (Bruno SCHIRRA: „Iran – Sprengstoff für Europa") oder daß die Hisbollah im Libanon daran beteiligt war, daß es zu einem mehrwöchigen Krieg kam (12. Juli 2006 bis 14. August 2006), in dem Israel den Libanon um ca. 30 Jahre in seiner Entwicklung zurückbombte, um nur zwei Beispiele zu nennen.

Wenn wir weiterhin berücksichtigen, daß derzeit 55 % der Weltbevölkerung in Asien leben (Tendenz ständig steigend, während die westeuropäische Bevölkerung schrumpft), dann ist klar, daß Europa (mit ca. 780 Millionen Einwohnern) gegen fast 3 Mrd. relativ „regional" wirkt.

Mehr als die ½ Welt-bevölkerung lebt in ASIEN!

Des weiteren trennen uns in Europa keine großen religiösen Standpunkte mehr, die einander ausschließen (wobei die Zahl derer, denen Religion nicht viel bedeutet, zunimmt), während der **Islam** in einigen **asiatischen** Ländern rapide an Einfluss gewinnt. Nun nehmen dort die Fundamentalisten (ein kleiner, aber sehr aktiver Teil der Bevölkerung) eine ähnlich ausschließliche Haltung ein wie die katholische Kirche im Mittelalter, eine Haltung, die das Töten von Ungläubigen, Ketzern etc. durchaus akzeptabel findet, wobei die Ziele dieser religiösen Eiferer zu mindestens 50 % in ihren eigenen islamischen Ländern liegen, weil man dort meint, Ketzer töten zu dürfen (vgl. auch Seite 155 f.). Auch das sollten wir bedenken, wenn wir über Asien (z.B. Indonesien, Teile Malaysias, Thailands etc.) reflektieren...

Was kaufen Chinesen bevorzugt in Paris ein?

WQS 16

Na, was haben Sie geantwortet? Wollen Sie Ihre Antwort aufgrund dessen, was Sie inzwischen wissen, vielleicht noch einmal ändern? Tatsache ist: Die meisten meiner GesprächspartnerInnen tippten auf Parfüm, die zweithäufigste Nennung war „Mode" (oder „Klamotten" bzw. „Textilien").

Bevor ich antworte, ein wenig Frankreich-Kunde: Wenn Sie schon einmal in Frankreich waren, sind Ihnen vielleicht BARS eines bestimmten Typs aufgefallen, bei denen auf der einen Seite der Bartresen steht, auf der gegenüberliegenden Seite aber der Verkauf von Tabakwaren stattfindet. Viele Länder hatten spezielle Konzessionen für den Verkauf von Tabak oder alkoholischen Getränken und in Frankreich

(F)

konnte man einst nur in diesen speziellen Bars (sogenannte **Bar-Tabacs**) Tabak (Zigaretten, Zigarren, Tabak zum Drehen, Pfeifentabak etc.) kaufen. **Das ist die Antwort auf unsere Frage** (die ich einer TV-Doku verdanke): Wenn die Betreiber einer **Bar-Tabac** ins Rentenalter kommen und ihre Kinder diese nicht übernehmen wollen, dann **müssen** sie verkaufen. Zwar versucht der Bürgermeister von Paris, so viele Bar-Tabacs wie möglich zu kaufen, aber etliche gehen eben doch an Chinesen. Das bedeutet für den betroffenen Wohnblock, daß die nette Nachbarschaftskneipe verschwindet (sie wird geschlossen, was der Bürgermeister ja verhindern will). Wenn die Chinesen wieder eröffnen, ist es kein Treffpunkt für die Nachbarschaft mehr, es ist ein **Laden** geworden. Dreimal dürfen Sie raten, was man dort **kaufen** kann:

Bisher hat es kaum jemand erraten. Die Chinesen eröffnen nämlich **in den ehemaligen Bar-Tabacs** **Boutiquen**. „Aha", sagen Sie jetzt vielleicht, „also doch Klamotten, aber: **Wer** soll denn hier einkaufen? Besitzen die Pariser nicht schon genügend Modeläden? Wie viele Franzosen werden sich zufällig in die China-Boutiquen verirren?" Aber es gibt eine Klientel für diese Boutiquen, nämlich **eine schnell heranwachsende neue MITTELSCHICHT aus China** (vor allem aus den Sonderwirtschaftszonen). Sie haben Geld (die ersten TAUSEND Dollar-Millionäre wurden bereits vor Jahren gezählt). Sie wollen es ausgeben und sie suchen Status-Symbole. **Denn in China darf man zeigen, was man hat.** Da es zur konfuzianischen Ethik gehört, Wohlstand zu erwerben (durch **Bildung** und **Fleiß**), spornen Status-Symbole andere an, ähnliches zu erreichen (wie auch in Amerika). **Erfolgreiche motivieren andere,** sie haben Vorbild-Funktion (im Gegensatz zu unserer Neid-Kultur, in der man Erfolgreichen eher weniger gönnt...).

Bildung & Fleiß ↓ Erfolg

Also kommen **chinesische Touristen** und kaufen in **chinesischen Läden** echte europäische Klamotten. Kennen Sie Deutsche, die sich in Touristenzentren niederlassen, in die ihre Landsleute gern reisen, um ihnen **dort** regionale Waren anzubieten? Es ist doch klar, daß ein Chinese im Zweifelsfall einem Landsmann eher vertraut als einem Europäer. Manche deutsche Touristen in aller Welt würden vielleicht auch lieber von einem Landsmann kaufen...

Aber die Entwicklung geht noch einen Schritt weiter: Chinesen haben einen Teil der italienischen Textil-Industrie gekauft, produzieren aber weiterhin vor Ort. Zum Beispiel, Sie ahnen es, als **Zulieferer für die chinesischen Textil-Boutiquen** in Paris. Damit schließt sich der Kreis, denn nun kommen **chinesische** Touristen, um in **chinesischen** Boutiquen echt europäische Textilien zu kaufen, die teilweise von **chinesischen** Produzenten in Europa gefertigt wurden.

Wir sehen also: So ähnlich, wie **der chinesische Aufschwung im Mutterland de facto** eine chinesische Angelegenheit ist, so sehen wir auch hier einen **weitgehend chinesischen Kreislauf**. Es täte uns durchaus gut, zu fragen, ob hier vielleicht eine Lektion für uns verborgen sein könnte.

Übrigens berichtet SEAGRAVE ein interessantes Detail für alle, die sich fragen, wie die Chinesen nach Paris kamen:

> Die meisten Chinesen ... in Paris entstammen ursprünglich einer Kleinstadt in der Provinz CheKiang. (Sie) ließen sich im Pariser Belleville-Viertel nieder, nachdem die Nazis die dort lebenden Juden deportiert und umgebracht hatten. Die meisten Franzosen wollten nicht in das Judenviertel ziehen (demzufolge waren die Immobilienpreise bzw. Mieten dort niedrig).

Und da die Chinesen, wenn sie etwas Gutes entdecken, die Nachricht sofort weitergeben, kommen bald mehr und dann noch mehr, und bald ist wieder eine Gruppe von ihnen in einer Gegend, ohne daß die meisten Nachbarn das so richtig „mitbekommen“. Sie leben meist still vor sich hin, fallen selten in der Öffentlichkeit auf und konzentrieren sich auf das Vermehren von Reichtum (vgl. „**Übersee-Chinesen**“ im ABC-Modul, Seite 173 ff.).

KAPITEL 3: Globalisierung

Bilden Sie 2 bis 3 Sätze zum Thema GLOBALISIERUNG!

WQS 17

Haben Sie mitgemacht? Wollen Sie sich Ihre Sätze noch einmal in Erinnerung rufen, ehe Sie hier weiterlesen?

Diese Aufgabe entstand, als mir im Buch von Kurt SEINITZ: („Vorsicht China!") auffiel, daß der Autor immer wieder auf die **Globalisierung** zu sprechen kommt. Das fand ich spannend, deshalb schrieb ich diese Globalisierungs-Sentenzen heraus. Davon möchte ich Ihnen in diesem Kapitel ELF vorstellen. Bitte vergleichen Sie die folgenden Ideen mit jenen, welche die Aufgabe (oben) in Ihnen ausgelöst hat. Oder wenn Sie das Spiel später mit FreundInnen spielen (vorzüglich geeignet für Grillpartys, während man auf das Grillgut wartet), können Sie das, was Ihren Mitmenschen zum Thema Globalisierung einfällt, mit den folgenden Gedanken vergleichen.

> „Vor dem **Hintergrund der Globalisierung*** und ihrer revolutionären Kraft stellt sich die Frage nach der **zukünftigen Gesellschaft** auf dramatische Weise neu, **ohne dass die gegenwärtige Generation darauf intellektuell und politisch angemessen vorbereitet wäre.**"

---

* Alle Hervorhebungen in den Zitaten von mir.

Das ist eines der zentralen Themen in meinen Management-Seminaren und -Workshops: die mangelnde **Zukunftsfähigkeit**. Wir neigen dazu, gewisse Entwicklungen linear in die Zukunft zu extrapolieren, und sind dann völlig überrascht von den tatsächlichen Entwicklungen, wenn sie eintreten. Leider sind unsere Regelschulen Horte der Vergangenheit (für die es sogar ein eigenes Fach gibt, nämlich Geschichte), aber weder helfen sie den Schülern, die Gegenwart zu durchschauen, noch, zukunftstauglich zu werden. Deshalb sind unsere jungen Leute so wenig vorbereitet. Da aber die Zukunft immer schneller eintritt, ist das heute weit schlimmer als vor ein oder zwei Generationen. Wenn ich ein Quiz (Wie stellen Sie sich die Welt in 5, 10, 15 und 20 Jahren vor?) mit Lehrkräften mache, haben diese extrem vage oder gar keine Vorstellungen (oder liefern leere Blätter ab). Dasselbe gilt für die Jugendlichen. Wie will man sich als junger Mensch ein Leben aufbauen, wenn man so **zukunftsblind** ist? Hier gäbe es in unserem Land einiges zu tun!

Aussage 2

> „Man spürt, daß die **Globalisierung in ihren sozialen und psychischen Folgen und Nebenwirkungen** ähnlich umwälzende **Konsequenzen** haben wird wie die ... **Industrialisierung** im 19. Jahrhundert."

Das führt den Gedanken von oben direkt weiter! Wie kann man ein Gefühl für jene Konsequenzen entwickeln, wenn man nicht in die Zukunft denken kann? Bedenken Sie, wie Bill GATES die Entwicklung des Internets unterschätzt hat! Ein Mann, von dem man annimmt, daß er um einiges zukunftstauglicher wäre als die Menschen, die in unserem Regelschulsystem so gut wie keine Hilfestellung dafür erhalten. Trotzdem hat er die Entwicklung vollkommen falsch eingeschätzt. Im Klartext: Je weniger jemand die Zukunft **denken** kann, desto weniger Chancen in dieser Zukunft wird er/sie **wahrnehmen** können. Bill GATES hat (soweit wir wissen) nur beim Internet so grob danebengelegen, und Sie? Wie oft haben Sie in den letzten 20 Jahren die tatsächliche Zukunft erahnt?

Gehen Sie mit diesem Gedanken eine Woche lang „hausieren" und fragen Sie möglichst viele Menschen, wie sie sich die Welt in **5, 10, 15 und 20 Jahren** vorstellen. Merke: Wer sie sich weitgehend **wie heute** vorstellt, liegt völlig daneben. Schon unsere Welt heute ist von der vor einer Generation sehr verschieden. Damals kauften wir die allerersten Anrufbeantworter. Heute besitzt jedes Telefon und Handy eine Voice-Box, sogar weitgehend kostenlos. Damals begannen wir zu faxen, heute versenden wir sogar bewegte Bilder mittels Handy. Damals waren große Computer noch Riesenapparate, um die man herumlaufen mußte. Der PC existierte als Prototyp und als fixe Idee in wenigen Köpfen, eine damals noch unvorstellbare Idee. Heute haben manche Mikrochips (nein, nicht die fingernagelgroßen, sondern solche, die in einem Stecknadelkopf untergebracht werden) mehr Rechenleistung als die ersten Bürocomputer. Ein **Handheld** heute hat mehr Rechenkapazität als sämtliche zusammengeschalteten Computer, welche die Mondlandung ermöglichten. Damals hatten die Bleisetzer ihren Job verloren, und es regierte der neue Fotosatz. Seit einigen Jahren erwartet man von Autoren, daß sie ihre Texte in digitaler Form abgeben (ohne einen Cent Honorar), und somit wurde die leidige „Texterfassung" total auf die Autoren ausgelagert. Damals verbrauchten Bürocomputer soviel Strom wie heute Dutzende von Laptops. Früher kommunizierten Kunden noch per Brief, dann per Fax mit uns. Heute tun sie das per E-Mail. Und was, glauben Sie, wird in weiteren 20 Jahren Alltag sein??? Sie sehen, daß der Ausgangspunkt „Wie verändert die Entwicklung in China/Asien unsere Welt?" auch solche Fragen aufwirft. Nicht zuletzt, weil in Asien die Entwicklung von immer preiswerteren und kleineren Computern (Chips) maßgeblich vorangetrieben wurde und immer noch wird.

ZUKUNFT ist nicht wie heute!

Sie merken, welch spannende Gedanken ein einzelner Globalisierungs-Satz auslösen kann. Natürlich kann ich in diesem Rahmen nicht alle meine „ausufernden" Assoziationen ausführen, aber ich wollte Ihnen mit den ersten beiden Aussagen zeigen, wie viele Gedanken sie auslösen können, wenn wir (allein oder mit anderen) wirklich ein wenig darüber reflektieren. Wenden wir uns nun dem nächsten Globalisierungs-Satz zu:

> „Die **Globalisierung** hat bereits heute **wichtige Parameter der Demokratie verändert**."

Aussage 3

Ich lade Sie ein, auch mit diesem Satz „hausieren zu gehen" und herauszufinden, welche Gedanken er auslöst. Einer meiner Gesprächspartner sagte z.B.:

AR-BEITS-Losig-Keit?

> Denken Sie an Hunderte von Talk-Shows seit den 1990ern, in denen Politiker behaupteten, die derzeit eingebrachten Maßnahmen würden helfen, **die Arbeitslosigkeit zu verringern**. Tatsache ist, daß Vollbeschäftigung eine sehr kurze Phase der Industrie-Ära war, ehe man genügend Roboter gebaut hatte, die die reine **Muskelarbeit** übernahmen. Dadurch gab es immer weniger Jobs für unqualifizierte Arbeitnehmer, die bereit waren, ihre Muskelkraft zu vermieten. Dann baute man feinere Roboter, so daß ein weiteres Segment der Hand-Arbeiter unnötig wurde. Heute werden z.B. nicht mehr nur die Autokarosserien von Robotern gespritzt, sondern ganze Autos von Robotern zusammengesetzt. Inzwischen sind die Automatisierung und die Entwicklung der Computerleistungen, die uns „**denken**" helfen, so weit fortgeschritten, daß immer mehr Jobs, auch für minder- und mittelmäßig qualifizierte Arbeitnehmer, verlorengehen. Die Politiker können also immer weniger tun, um etwas zu verändern, was natürlich heißt, daß sie immer **austauschbarer** werden. Soll eine Demokratie via Wahlen funktionieren, muß man Leute wählen können, in deren Macht es steht, tatsächlich etwas zu bewirken...

Eine weitere wertvolle Diskussion der konkreten Möglichkeiten, die wir als Land, als Gegend und als einzelne in der Zukunft haben, finden Sie in Meinhard MIEGELs Buch „Epochenwende" (nicht nur in dem Kapitel „**Ob wir Asiens Aufstieg überleben werden**"); das ist unser Schwerpunkt in Kapitel 4.

> „Die Globalisierung macht nationale oder regionale **Außenpolitik** zur **Welt-Innenpolitik**."

Aussage 4

Erinnern wir uns, wie überwältigt die Astronauten waren, als sie die Erde das erste Mal vom Weltall aus sahen. Genaugenommen war der erste **Astronaut** ja ein **Kosmonaut**, und leider hat GAGARIN nichts über dieses Erstaunen zu Protokoll gegeben wie seine amerikanischen Nachfolger. Und wie steht es mit den **Taikonauten**? Wann wird China seinen ersten Taikonauten in den Weltraum senden?

Ihre Schätzung: ____________________

Jetzt, da ich diese Zeilen schreibe (2007), sind die ersten zwei bemannten Flüge chinesischer **Taikonauten** ins All bereits Vergangenheit. Nur erfuhren wir davon in den Medien so wenig, daß die meisten Leute es nicht „mitbekommen" haben. Schließlich widmet man einem US-Raumfährenstart nur ca. 120 Sekunden (wenn er glatt verläuft), wiewohl in derselben Nachrichtensendung ein 4-Minuten-Bericht über einen Autounfall auf der Autobahn zu sehen sein mag. Ähnlich werden der Verleihung von Nobelpreisen nur Sekunden in den Nachrichten gewidmet. Es ist eine Frage der **Prioritäten**, und solange sich „mündige" Bürger nicht wehren, solange wird sich nichts ändern. Daher darf es Sie nicht verwundern, wenn Sie auch den dritten und vierten Start nicht mitbekommen werden...

Zurück zur letzten Globalisierungs-Sentenz: Mich führte diese Aussage von SEINITZ zu der Distanz aus dem Weltraum, und Sie? Was fällt Ihnen dazu ein?

Vgl. meinen DVD-Live-Mitschitt: „Wie die Medien unsere Meinung bilden".

Aussage 5

„Der Aufstieg Asiens durch die Globalisierung (bedeutet) für die USA das Ende des amerikanischen Traums (und) für Europa die

______________________________ *

Auflösung

Die Antwort lautet: Marginalisierung**

Interessant: Auch unsere Erde befindet sich am Rand einer kleineren spiralför migen Galaxie.

Wir könnten die **Marginalisierung** Europas (das heißt die Tatsache, daß Euopa aus dem Zentrum an den Rand „rutscht") auch als **nächste kopernikanische Wende** bezeichnen. Bei der ersten erfuhr die Menschheit, daß sich die **Erde nicht im Zentrum** des Universums befindet. Heute erfahren die Europäer, daß **Europa nicht länger das Zentrum der Welt darstellt**, daß es im Gegenteil ziemlich am Rande der zukünftigen Welt liegen wird. Dies hat Karl PILNY (in: „Das asiatische Jahrhundert") sehr deutlich ausgedrückt, als er sagte:

> Europa hängt bereits jetzt wirtschaftlich stark von der Entwicklung in Asien ab. Am Ende des 21. Jahrhunderts dürfte Europa nur noch als Wurmfortsatz Asiens existieren.

Denselben Sachverhalt formulierte Großbritanniens EU-Minister Douglas ALEXANDER etwas höflicher (s. nächste Aussage).

Aussage 6

„Die Globalisierung bringt **viele der alten Gewohnheiten** ins Wanken, die den **wirtschaftlichen Erfolg Europas begründet** haben."

Im ersten Moment klingt seine Aussage einfach, aber als ich begann, mich zu fragen, was er wohl mit den „alten Gewohnheiten" meinte, die Europas ERFOLG ermöglicht hatten, fielen mir einige ein. Meinte er beispielsweise:

- Die **Versklavung**, eine GEWOHNHEIT **der Portugiesen**? Sie hat viel zu Europas Reichtum beigetragen.

---

* Das ist ein Lückentext. Bitte versuchen Sie, das letzte Wort zu erraten.

** MARGINAL, vgl. englisch margin = Rand. Demzufolge ist eine Marginalie eine Randbemerkung.

- Oder meint er vielleicht die **Sklaverei in den USA**, die den Baumwollhandel ermöglichte, der es Großbritannien wiederum erlaubte, eine der größten Textilnationen zu werden?

Sklaven?

- Oder meint er die Zeit (von ca. 1770 bis 1840), während der **die Briten als weltgrößte DROGEN-BARONE** China zum Opiumhandel zwangen? Und als die schwache Mandschu-Dynastie sich endlich verspätet zu wehren begann, schrieb England den Drogenhandel mittels zweier sogenannter Opium-Kriege auf weitere Jahrzehnte fest – und lud sogar andere Länder ein, mitzumachen (inklusive der USA).

Drogen?

- Dachte der britische EU-Minister daran, daß es die **Engländer** waren, die **China gegen seinen Willen dazu zwangen, jene „Freihandelshäfen" zu eröffnen**, über die man sich heute gern aufregt?

Handel?

- Meinte er die „**Gewohnheit**", Chinesen im eigenen Land als Bürger zweiter Klasse zu behandeln und z.B. an Parks (in von Europäern besetzten Stadtteilen) Schilder aufzustellen mit dem Hinweis, daß hier der Durchgang für HUNDE & CHINESEN verboten sei?
- Oder dachte er an den **Diebstahl der Rohstoffe in den Kolonialländern**? Wobei die meisten Kolonialmächte in den Ländern, die sie bestahlen, nicht einmal ein gutes Bildungssystem aufbauten. Hier haben die Engländer in Indien mehr geleistet (aber vor allem, weil sie indische Verwaltungsbeamte und Offiziere benötigten, die ihnen helfen sollten, das Riesenreich* zu regieren). Im Gegensatz zu **Afrika**, wo der Diebstahl heute (dank korrupter Regierungen) munter weitergeht und große Teile des schwarzen Kontinents in kontinuierlicher Armut hält, Gegenden, die zu den reichsten der Welt gehören KÖNNTEN.

Diebstahl?

Vgl. „Entwicklungshilfe" im ABC-Modul, Seite 115 ff.).

Meinte er diese Gewohnheiten? Oder dachte er daran, daß wir in Europa weitermachten wie bisher, auch als schon lange bekannt war,

* Das war das Reich, von dem man sagte, daß in ihm die Sonne niemals untergeht, das heißt, man konnte das ganze Reich bei ständigem Sonnenlicht durchqueren, weil es durch mehrere Zeitzonen führte.

daß unsere Fabriken die Natur vergifteten? Interessanterweise, wenn ich an die durch uns in der Vergangenheit verursachte Umweltverschmutzung denke, muss ich feststellen, daß wir nicht (wie China heute) aus ARMUT so handelten. Wir begingen diese Umweltsünden **in den Jahren des sogenannten Wirtschaftswunders**, als „so viel Geld übrigblieb, daß die Politiker nicht wußten, wohin damit" (wie ein STERN-Special es formulierte). Dieser Überfluß führte auch zum **ständigen Ausbau des sozialen Netzes** bis zu einem psychologisch extrem ungesunden Grad (der schon seit langem nicht mehr finanzierbar ist). Man nützte diese Gaben als Wahlgeschenke, um die jeweils nächste Wahl zu gewinnen. In dieser Zeit hätten wir das Geld gehabt, um von Anfang an umweltfreundliche Maßnahmen zu ergreifen, die sowohl das Waldsterben (und teure Aufforstungsmaßnahmen Jahrzehnte später) als auch die Reinigung der Flüsse unnötig gemacht hätten. Trotzdem werfen wir China ähnliches Vorgehen vor.

unser Soz. Netz

Damals hätten wir (wie Finnland und andere Länder) ein **Schulsystem** aufbauen können, das für das **post-industrielle Zeitalter** taugt. Wir hätten **Jugendzentren** finanzieren können (statt später ein Vielfaches für Jugendkriminalität auszugeben). Damit hätten wir es den jungen Leuten ermöglicht, ein gutes Selbstwertgefühl zu entwickeln und LUST AUF LEISTUNG. Das macht zukunftstauglich.

Ich spreche über die Jahre, als die **Null-Bock-Generation** aufwuchs. Eine Generation von Jugendlichen, denen wir ständig mehr Dinge nahmen. Man vertrieb sie aus Nachbarschaftsstraßen, wo sie ihrem Bewegungsdrang nachgehen konnten, und schloß einen Sportplatz nach dem anderen, weil für dessen Betrieb (Erhalt und Personalkosten) angeblich kein Geld vorhanden war. Dies nahm den jungen Leuten auch die Möglichkeit, in einem sozial positiven Milieu unter Gleichgesinnten gezielt an den eigenen Fertigkeiten zu arbeiten oder sich einfach nur regelmäßig „auszutoben" (männliche Kinder und Jugendliche brauchen weit mehr Bewegung, als unser System ihnen erlaubt, vgl. mein Buch: „Jungen und Mädchen – wie sie lernen"). Heute will man ihnen mehr Bewegung verordnen, weil sie zu fett werden.

Aber damals hätten sie es nicht nur aus diesem Grund gebraucht, sondern vor allem, weil Jungen und junge Männer, die sich nicht genug bewegen dürfen, auch geistig verkümmern. Aber darüber hört man auch heute noch wenig. Die kommenden Krankheitskosten scheinen der Haupt-Motivator zu sein, daß man derzeit überhaupt etwas zu unternehmen vorgibt...

Wir sehen, daß so manche **GEWOHNHEIT**, die Europas ERFOLG einst ermöglichte, in Frage gestellt werden kann...

> „Die Gefahr der Globalisierung besteht darin, ... daß **Asien schneller lernt, als wir uns anpassen**."

Aussage 7

Kaum jemand verfolgt die Millionen Hochschulabgänger, die chinesische und indische Universitäten Jahr für Jahr hervorbringen. Kaum jemand beobachtet die Tendenz chinesischer Hochschulprofessoren, von Amerikas Top-Universitäten für weit weniger Geld an die Universität von Peking zurückzukehren, weil sie zum ersten Mal reale Chancen für die Zukunft ihrer Heimat sehen. Sie klagen über die Unfähigkeit chinesischer Studenten, selbständig zu denken, und arbeiten seit ca. 2000 intensiv daran, das zu ändern. Somit zeichnen sich chinesische Fachleute der Zukunft sowohl durch ihre immense Lernfähigkeit aus als auch durch eigenständiges Denken aus. Diesen Schritt haben einzelne Regionen Indiens ebenfalls vollzogen. So gibt es heute in Kerbala in Süd-Indien wahrscheinlich ähnlich viele hochtalentierte Intellektuelle wie in **ganz** Europa. Erstens, weil ein hervorragendes Schulsystem seit Jahrzehnten die eigenen Leute heranzieht, zweitens, weil Inder mit hohen Leistungsansprüchen an sich selbst (aus dem ganzen Land) hierherkommen. Es herrscht eine ähnliche Atmosphäre wie im Silicon Valley in den USA, nur wissen erst wenige von der Entwicklung dieses indischen Pendants...

BILDUNG

In dem Zeitraum, in dem China und Indien mehr und mehr für die **Bildung** tun, geschieht bei uns das Gegenteil: Trotz unablässigen Politiker-Geredes geben wir (im Vergleich zu PISA-Sieger-Ländern wie

Finnland oder Süd-Korea) **weniger als die Hälfte der Gelder für Bildung im Vorschul- und Grundschulbereich aus**. Wir fördern zwar den Hochschulbereich, aber das ändert nichts an der Tatsache, daß bei uns weniger als in anderen Ländern den Weg dorthin überhaupt schaffen. Oder bedenken Sie die jahrzehntelange Politik, für Kindergartenplätze Geld zu verlangen und die Uni kostenlos zu halten, wohl wissend, daß die meisten Studenten der **Mittel-** und (angeblich nicht existierenden) **Oberschicht** angehören, das heißt jenen Bevölkerungsschichten, die dafür bezahlen könnten. Wenn unsere Grundschule es schaffen würde, bis zu 80 % der Schüler zum Abitur zu bringen, dann (und erst dann) würde eine kostenlose Uni die Ziele erreichen, von denen seit Jahren die Rede ist, wiewohl die meisten Betroffenen gar nicht zu denen gehören, die diese Ausbildung **nicht** bezahlen könnten.

Schul-BILDUNG

In Amerika ist es ähnlich (dessen Schulsystem wurde ja dem deutschen nachempfunden): Die Grundausbildung ist miserabel, die Hochschulen sind teilweise exzellent, und auch die teuersten Hochschulen (wie Harvard) zahlen jedes Jahr bis zu 40 % der StudentInnen ein Stipendium, weil man ab diesem Level tatsächlich allen zu helfen bereit ist, die sich qualifiziert haben. Doch ähnlich wie bei uns hat ein Großteil der Bürger keine Chance, je so weit zu kommen. In den USA schickt man jedes Jahr mehr schwarze männliche Jugendliche ins Gefängnis als aufs College. Die Auswirkungen auf die nachfolgende Generation, die wieder ohne ältere Söhne (die in der Familie helfen könnten), ohne große Brüder (die den Jüngeren Vorbilder sein könnten) und ohne Väter aufwachsen, kann man sich ausrechnen. Wenn man des weiteren bedenkt, daß ca. 60 % dieser „Knackis" sich lediglich leichter Drogenvergehen schuldig gemacht haben und weitere 20 bis 30 % noch leichterer Vergehen, dann können wir uns ausrechnen, wie dieses Vorgehen eine ganze Volksgruppe diskriminiert. Bei uns könnte eine ähnliche Entwicklung mit jugendlichen „Migranten" eintreten, wenn wir nicht aufpassen. Merke: Junge Leute, welche die Chance bekommen, gehirn-gerecht zu lernen, haben kaum Bedürfnisse nach irgendwelchen Kicks, so daß die Menge derer, die aus dem System ausbrechen, weit geringer wäre. Aber wenn man einerseits Jugendzentren schließt und ultra-rechte Gruppen dieses Feld „beackern" läßt, braucht man sich nicht wundern, wenn diese, einige Jahre später reiche Ernte einfahren...

Was mich am meisten erzürnt, ist die Tatsache, daß unsere Regelschulen gerade jenen am wenigsten helfen, denen zu helfen sie **vorgeben**. Wie aber sollen Menschen lernen, wenn das Schulsystem kläglich versagt? **Die Gefahr, daß die Asiaten schneller lernen als wir, ist enorm.** Eltern in einer Katastrophengegend (z.B. nach einem Tsunami) wissen sehr wohl, **warum** ihre Kinder derzeit **keine** Bildungs-Chancen haben, aber **Eltern in Deutschland schicken ihre Kinder in die Schule eines modernen Landes in der Annahme, hier würden sie Bildung erhalten**. Da unser Schulsystem aber, wie PISA- und OECD-Studien seit vielen Jahren zeigen, besonders geeignet für Kinder **bildungsnaher** Familien* ist, wird den Kindern aus **bildungsfernen** Familien genau **jene Bildung verwehrt, die sie zu Hause nicht erhalten** und für deren Erwerb das Schulsystem eingerichtet sein sollte. Wir sehen also, daß schon allein aus dem Blickwinkel der BILDUNG Europa nur noch marginal „vorhanden sein wird", wenn wir so weitermachen...

Da dies eines meiner zentralen Themen ist, verweise ich auf andere Titel von mir. Als Einstieg eignen sich, z.B. „Elternnachhilfe" oder „LERNEN lassen!", für Profis „Trotzdem LEHREN".

„Die Globalisierungswelle, die sich nach der Entdeckung Amerikas ... ereignete, **machte aus europäischen Ländern Gewinner** und aus den Indianern Nordamerikas und den Indios Südamerikas **Verlierer** ... die Rahmenbedingungen (dieser jetzigen) Globalisierung sind für **ASIEN** wie maßgeschneidert."

* Damit sind Familien gemeint, die der Bildung „nahestehen", das heißt, daß die Eltern und Verwandten dieser Kinder entweder selbst gebildet sind oder daß sie nichts gegen Bildung einzuwenden haben – selbst wenn sie zu faul sind, sich selbst lebenslang weiterzubilden (ein Merkmal jener, die echte Bildung besitzen: Sie bauen diese lebenslang aus).

mehr als EINE GLO-BA-LI-SIE-RUNG?

Erstens zeigt die Aussage, daß die **derzeitige Globalisierungswelle** weder die erste ist noch die letzte sein wird. Zu den frühen Globalisierungswellen rechnen Fachleute die Entwicklung der mehrere tausend Kilometer langen SEIDENSTRASSE (ab ca. 450 v. Chr.) oder das MONGOLISCHE WELTREICH im 13. Jahrhundert (das größte, das diese Welt je gesehen hat), das jedoch nur 126 Jahre lang in seiner Ganzheit bestand und u.a. ganz China enthielt. Eine weitere Globalisierungswelle erwähnt SEINITZ im obigen Zitat selbst. Die jetzige ist also nur eine unter vielen. Sie „betrifft" uns nur deshalb so stark, weil sie uns diesmal selbst trifft...

Zweitens zeigt die Aussage, daß **jede Globalisierungswelle** SIEGER und VERLIERER gebiert. Solange wir Europäer von früheren Globalisierungswellen (von der SEIDENSTRASSE bis zur gewaltsamen Einnahme SÜD- und später NORD-AMERIKAs) profitierten, dachten wir nicht weiter darüber nach und schon gar nicht über die damaligen Verlierer. Jetzt, da zum ersten Mal **die Vorteile bei anderen liegen**, finden wir die GLOBALISIERUNG plötzlich fragwürdig oder gar schlimm. Interessant, nicht wahr?

Drittens verkündet SEINITZ den zukünftigen SIEGER: **ASIEN**. Und damit steht er nicht allein! Noch ein Zitat aus seinem Buch „Vorsicht China!":

> Das Asiatische Wirtschaftswunder (ist) ein Exportwunder für den Konsumhunger der westlichen Welt. Das Exportwunder war nur möglich, weil sich unsere Gesellschaft der Freihandels-Ideologie verschrieben hat. Wir haben asiatischen Importen Tür und Tor geöffnet. (Jetzt) löffeln wir die Suppe aus, die wir uns eingebrockt haben.

Wer einerseits beim EINKAUFEN immer nur das Billigste sucht und den Waren aus Billiglohnländern den Weg freimacht, hat dort Industrie und Produktionsmöglichkeiten geschaffen bzw. gestärkt. Diese aber werden zum Bumerang, wenn unsere Firmen Arbeitsplätze dorthin auslagern. Dabei handelte es sich nämlich um die Arbeitsplätze von Arbeitskräften, die, wenn sie fremde Waren kaufen, GEIZIG sind und jenen fremden ArbeiterInnenn weder hohen Lohn noch Sozialleistungen etc. GÖNNEN. Gleichzeitig aber meinen sie, ihre eigene Arbeit müßte besser bezahlt werden als die Arbeit jener Arbeitnehmer in ASIEN. Diese Unfähigkeit, die Konsequenzen unseres eigenen Handelns abzuschätzen, ist typisch für Menschen, die in Schule und Ausbildung vergangenheits-orientiert „gebildet" wurden (s. oben). Sie sehen, GEIZ ist nicht nur NICHT GEIL, sondern letztlich selbstzerstörerisch. Nicht umsonst war GEIZ ja einst eine der sieben Todsünden...

„Globalisierung ist **wertneutral**."

Beginnen Sie eine Diskussion über das Thema, so werden die Köpfe schnell heiß. Aber die Globalisierung selbst ist genauso wertneutral wie das Wetter. Es mag uns nicht gefallen, wenn es regnet (wiewohl der Regen allen, die dadurch vom Gießen der Blumen befreit werden, willkommen ist) oder wenn die Sonne scheint (weil nicht alle die sommerlichen Temperaturen gut ertragen können). Aber der Regen und die Sonne SIND. Sie sind nicht gut oder böse, sie sind wie die Globalisierung.

„Globalisierung ist **Herausforderung** UND **Chance**."

Sicher haben Sie bereits gehört/gelesen, daß das chinesische Schriftzeichen für KRISE aus zwei Schriftzeichen-Elementen besteht: Erstens aus dem Han-ji für GEFAHR und zweitens aus dem für (gute) GELEGENHEIT, CHANCE. (Diese Info finden Sie noch mal im ABC-Modul, Seite 130).

Aussage 11

„DIE Globalisierung SCHAFFT Chinas Wirtschaftswunder und belebt die Welt-Wirtschaft! China ist heute die **Lokomotive der Weltkonjunktur**."

Tja, dem ist nichts hinzuzufügen...

Die Auswirkungen der Globalisierung

Um uns die Auswirkungen nahezubringen, zitiert SEINITZ den damals **81-jährigen Staatsgründer Singapurs** (LEE*), der sagte (gemäß SPIEGEL-INTERVIEW vom Juli 2005):

> Die gemütliche Welt in Europa, die Sie sich nach dem 2. Weltkrieg geschaffen haben, ist zu Ende – ob Sie es wollen oder nicht.

Sein Rezept für Europäer löst im Seminar immer großen Zorn aus. Testen Sie Ihre ersten Reaktionen:

- Nur eine Woche Urlaub.
- Härter und länger arbeiten für den gleichen Lohn.
- Neue Technologien nutzen (auch wenn sie weitere Arbeitskräfte kosten).
- Mehr Geld für Forschung und Entwicklung, um den **Vorsprung vor China und Indien** zu **wahren**.

Wie unwahrscheinlich das bei unserer bisherigen Bildungspolitik ist, haben wir schon besprochen (Seite 71 ff.).

Damit liegt LEE übrigens auf einer Welle mit Prof. MIEGEL, dessen Buch „EPOCHENWENDE" klar zeigt: Wenn wir Geld verdienen wollen, haben wir grundsätzlich zwei Möglichkeiten: **Entweder** wir besitzen etwas, das wir verkaufen können, z.B. eine **Ressource** (wie Salz). Dann können wir diese verkaufen, solange der Vorrat reicht bzw. solange sein Wert hoch bleibt (früher diente Salz der Haltbarmachung von Nahrungsmitteln und hatte deshalb einen sehr hohen Wert). **Oder** wir müssen irgendwelche Fertigkeiten entwickeln (und arbeiten). Hier gilt: Solange die Art der **Arbeit, die wir bieten können**,

---

* Mehr über Singapur erfahren Sie im Modul „Verhältnisse" und im MERKBLATT NR. 7, Seite 242 ff.).

hoch im Kurs steht, können wir viel verlangen. **Aber nur so lange** ... In einem früheren Werk hatte MIEGEL darauf hingewiesen, daß der **Wettbewerber des Arbeiters**, der seine Muskelkraft anbot, früher das Pferd und das Rind gewesen waren.* Später waren es Roboter, derzeit sind es die KollegInnen in den sogenannten Billiglohnländern der Welt.

Fazit: Je weniger die Arbeitsleistung, die wir anbieten können, derzeit wert ist, desto weniger wird der Markt dafür „abwerfen". Dies galt vor der derzeitigen Globalisierung auch im **Inland**. Eigentlich sollte das so offensichtlich sein, daß man es gar nicht sagen/schreiben muß, aber das ist es offensichtlich nicht. Wenn ich MIEGELs Frage (Löhne wie in Bangladesch bei uns?) im Seminar stelle, ernte ich totale **Verwirrung** bis akuten **Zorn**. Sie wird vehement verneint, und wenn ich frage, warum nicht, erfahre ich, daß WIR mehr Geld brauchen, um UNSERE Bedürfnisse zu befriedigen. Früher, als wir (die billigen Deutschen) Engländern und Franzosen die Arbeit wegnahmen, da **fanden wir es völlig in Ordnung, dieselbe Arbeit billiger anzubieten**. Wenn aber ein Mann in Bangladesch dasselbe tut, dann gehen wir auf die Barrikaden. Aber es nützt nichts. Was die Entwicklung in China/Asien uns u.a. lehrt, ist das, was wir früher alle wußten. MIEGEL:

Löhne wie in Bang-la-desch bei uns?

> **Wir können billiger werden oder besser. Nicht aber schlechter und teurer!**

Können wir **Fertigkeiten** entwickeln, die uns von anderen abheben **und** die der Markt verlangt, dann können wir natürlich mehr fordern. In diesem Zusammenhang weise ich in meinen Management-Seminaren seit Jahren auf einige hochinteressante Fragen hin, die HAMEL und PRAHALAD (in ihrem Buch „Wettlauf um die Zukunft", seit langem vergriffen) ihren Lesern stellen, z.B.: **Was ist Ihr USP?** Den Begriff des „unique selling point" hoben sie aus dem Bereich des Verkaufs

---

* Vor ca. 300 Jahren arbeiteten in Europa 10 Millionen Pferde und 14 Millionen Rinder!

heraus, indem sie vorschlugen, ihn auf die **Person** zu beziehen, die ihre Arbeitsleistung „verkaufen“ oder „vermieten“ möchte.

Haben Sie einen spezifischen USP?

- Was können Sie, das sonst niemand kann?
- Was können Sie besser als andere?
- Wo liegen Ihre Stärken, in die Sie in der Vergangenheit besonders viel Zeit und Energie investiert haben?

Drei Fallbeispiele zeigen, worum es gehen kann.

Beispiel Pianist

Denken Sie an **PianistInnen**. Sie haben im ersten Teil ihrer Ausbildung einige tausend Stunden geübt, um ein **Grund-Repertoire** zu erlernen. Danach haben sie weitere tausende Stunden geübt, um bestimmte Stücke mit einer persönlichen **Interpretation** wiedergeben zu können. In der Regel haben sie 17 Jahre Arbeit investiert, ehe sie den Beruf PianistIn ergreifen können. Denn wenn alle PianistInnen gleich klingen würden, könnte niemand reüssieren. Nur wenige schaffen diesen zweiten Teil. Deshalb arbeiten viele, die einst anstrebten, Pianisten zu werden, als Musiklehrer oder als Begleiter für Sänger etc. Die wenigen, die es schaffen, haben ihren **USP** und erhalten demzufolge sehr hohe Gagen (um die sie dann manchmal jene beneiden, die bei den zweiten Tausenden von Stunden gemogelt haben).

Beispiel Redner

Es gibt **RednerInnen**, die man einlädt, um einer (langweiligen, aber notwendigen) Jahreshauptversammlung den letzten Schliff zu geben (weil letzte Eindrücke bleibende Eindrücke sind). Nun gibt es zwar viele RednerInnen, aber nur wenige, die am Ende eines langen, harten Tagungs-Tages das Publikum so fesseln können, daß diese mit der **Erinnerung an das Schlußreferat** nach Hause gehen – und deshalb die ganze Tagung in bester Erinnerung behalten. Natürlich wird so eine Rede inhaltlich mit dem Veranstalter abgestimmt, manchmal gibt es ein Jahresmotto für das vergangene oder das kommende Jahr. Manchmal gilt es auch, eine neue Produktgruppe thematisch einzubeziehen oder eine derzeit wichtige Frage der Firmenphilosophie aufzugreifen etc. Im Klartext: Man muß eine **maßgeschneiderte Rede** zusammenstellen, die auf **firmenspezifische** Wünsche eingeht. Nun kann man aber eine neue (freie) Rede **nicht ohne Training** brillant halten, und hier scheiden sich die Geister. Viele RednerInnen stellen zwar ihren Vortrag um oder neu zusammen, die wenigsten aber kreieren eine Rede, die wirklich auf diesen Anlaß zugeschnitten ist. Denn das kann durchaus eine Woche Arbeit für 45 Minuten Rede bedeuten. Und wenn dann das Material feststeht, muss es (oder zumindest alle NEUEN ELEMENTE) **trainiert** werden. Jedoch kaum jemand tut das. Die wenigen aber, die es tun, entwickeln einen **USP**, der sie von den anderen abhebt. Das sind dann jene 10 %, die Top-Gagen erhalten. Auch sie werden teilweise von denen angefeindet, die nicht bereit sind, die nötige Arbeit zu leisten.

nicht ohne TRAI-NING!

Beispiel Mitarbeiterin

(3)

Die folgende Situation stellt ein Negativ-Beispiel dar: Ein Kunde erzählte mir, er hatte eine Mitarbeiterin, die meinte, er müsse ihr mehr bezahlen, **weil sie am Monatsende nicht hinkäme**. Er teilte ihr mit: Wenn sie ihr Englisch verbessern würde, so daß er nicht immer durch die ganze Firma rasen müßte, wenn das Ausland anrief, dann wäre ihm dies **mehr wert**. Dann sei sie wertvoller für die Firma. Aber er sei nun mal kein Sozialamt. Das hat sie ihm übelgenommen und ihn Jahre später um Tausende von Euros bestohlen. Beim Gerichtstermin meinte sie, sie hätte sich nur geholt, was ihr eigentlich zugestanden hätte...

Im Workshop stelle ich immer wieder fest: **Leute ohne besonderen USP** sind die, die am lautesten dafür plädieren, **alle** sollten **dasselbe Geld** für (angeblich) dieselbe Leistung erhalten, weil sie nicht wahrhaben wollen, daß **viele Leistungen nicht direkt vergleichbar sind**. Anders ausgedrückt:

Wenn eine Leistung direkt vergleichbar ist, dann kann sie (bald) eine Maschine ausführen, sei dies nun eine mechanische oder eine elektronische.

Also halte ich den Ansatz von HAMEL und PRAHALAD, einen **USP** zu schaffen, wenn wir mehr verdienen wollen, für wesentlich erfolgversprechender. Oder man richtet sich auf weniger ein und überlegt sich, wie man mit damit gut leben kann. Es ist eine relativ neue Erscheinung in der Menschheitsgeschichte, nur noch **Erwerbsarbeit** als „Arbeit" zu sehen. Wir müssen wieder lernen, **alle Arbeiten als solche wahrzunehmen**. Das beginnt bei den **Pflichten im Haushalt und bei der Kindererziehung** oder bei der **Arbeit von bildenden Künstlern** (die, solange nichts verkauft wird, ebenfalls nicht als „Erwerbstätigkeit" angesehen wird) und hört bei **ehrenamtlichen Tätigkeiten** noch lange nicht auf. Eine weitere interessante Möglichkeit ist **BARTERING** (s. unten), die es uns erlaubt, **einige wichtige Lebensleistungen auf Gegenseitigkeit zu TAUSCHEN**, wodurch man ebenfalls mit weniger Geld auskommen kann (und weniger Steuern zahlt).

Die Idee des BARTERING (plus interessante Zukunfts-Aussichten für Trainer, Berater etc.) stelle ich im Rahmen des DVD-Live-Mitschnitts meiner Jubiläums-Tagung „35 Jahre Vera F. Birkenbihl" vor.

BARTERING ist eine Idee, die in den **1920ern im Osten Deutschlands erfunden** wurde. Bald übernahmen Tirol und die Schweiz diesen besonderen **Handel ohne Geld** (bzw. mit Sondergeld für Mitglieder). So braucht vielleicht jemand jemanden, der den Rasen mäht, ein anderer sucht eine stundenweise Möglichkeit, Kinder zu betreuen, ein dritter würde gern bei seinen Lebensmitteleinkäufen auch für Nachbarn einkaufen etc. Mit Datenbanken können Bartering-Clubs die diversen Leute leicht einander zuordnen, und so kann man sich so manche Dienstleistung erarbeiten, die man sich sonst nicht hätte leisten können. Mit Hartz IV und BARTERING könnte man recht angenehm leben, insbesondere da man beim BARTERN ja immer eigene LEISTUNGEN tauscht, also nicht länger das Gefühl hat, wertlos (= ohne Erwerbsarbeit) zu sein ... Später verboten die Nazis diese großartige Möglichkeit, ohne viel Geld zufrieden und glücklich zu leben, aber die Amerikaner haben von Tirol und/oder der Schweiz gelernt. In den USA stellt BARTERING heute eine weitverbreitete Alternative zur Erwerbsarbeit dar, und langsam holen wir es wieder über den großen Teich. So wie viele Quality Control jahrelang fälschlicherweise für eine

Erfindung der Japaner hielten (vgl. Stichwort „TRANSRAPID – die Pannenstaffel", Seite 167 ff.), so denken viele Deutsche, BARTERING sei ur-amerikanisch. Aber das ist es nicht, es ist eine deutsche Idee, und sie könnte für viele in Zukunft eine wunderbare Bereicherung darstellen. Übrigens planen wir, das Thema bei **www.birkenbihl-akademie.de aufzugreifen** – dort bitte unter **BARTERING** suchen...

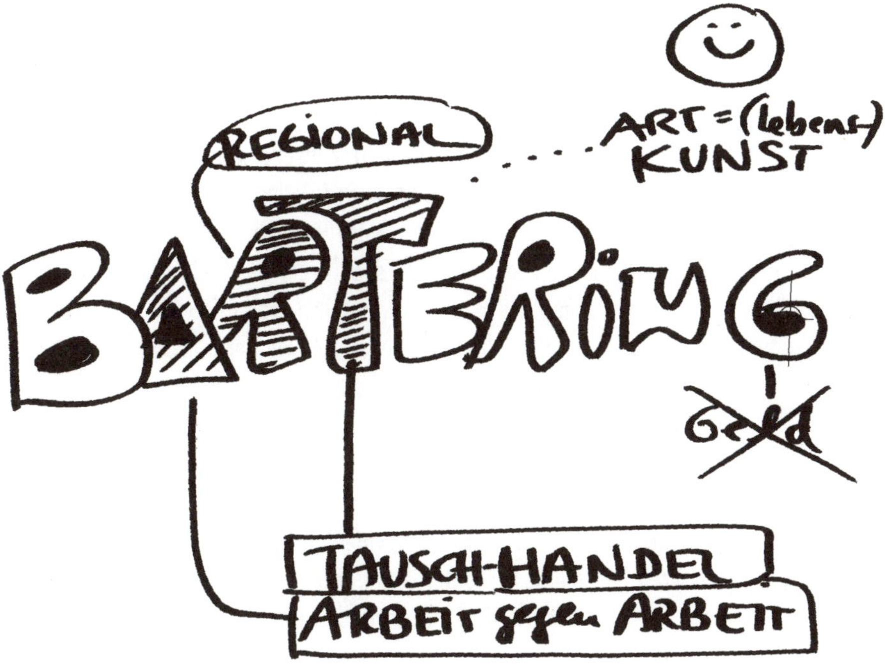

KAPITEL 4: Erfolg in einer globalen Welt?

Dieses Kapitel widmet sich einer Frage aus MIEGELs „Epochenwende“, die ich Ihnen im Rahmen des Einstiegs-Quiz (Seite 17 ff.) gestellt habe:

WQS 6

LÖHNE wie in Indien/China wären bei uns nicht akzeptabel! – Warum eigentlich nicht?

Bevor wir die Frage direkt angehen, möchte ich Sie an das Denk-Modell MIEGELs erinnern: Wenn wir Geld verdienen wollen, haben wir grundsätzlich zwei Möglichkeiten: Entweder wir haben etwas, das wir **verkaufen** können (eine Ressource), oder wir müssen etwas **produzieren** bzw. unsere **Arbeitsleistung „verkaufen“**. Das Beispiel für die Ressource ist bei MIEGEL Salz, bei der Produktion dachte er an Äxte: Die Engländer produzierten einst großartige Äxte. Sie waren in Amerika in den Jahren, ehe man sich von der britischen Krone löste, ein höchstbegehrtes Gut. Als die Entwicklung in die Unabhängigkeit führte, befürchteten die Ex-Kolonisten, längere Zeit keine vergleichbaren Äxte zu finden, falls England den Verkauf behindern würde. Also hatten die Produzenten ein erfolgreiches Produkt, das ihnen so leicht kein Billigkonkurrent nachmachen konnte. Fazit: Wer keine Ressourcen hat, die er verkaufen kann, muß **leisten**. Je höherwertiger die Leistung, desto mehr kann er dafür verlangen. Anders ausgedrückt:

Arbeitsleistung VERKAUFEN?!

> Wir müssen **entweder billiger** werden **oder besser**!
> Viele versuchen jedoch, weniger gut, **aber teurer** zu sein.

Frank SIEREN: „Erst das Eingeständnis der eigenen Schwächen kann die Möglichkeiten eröffnen, unsere derzeitige Position in der Welt realistisch einzuschätzen. Dazu müssen wir uns mit der Welt beschäftigen.“

Nun dürfte die Frage, warum es Löhne wie in Billigländern bei uns nicht geben darf, schon ein wenig anders auf Sie wirken. **Ich habe die Frage vielen Leute gestellt.** Ihre Antworten lauteten durch die Bank:

- Weil **wir** mehr Geld benötigen...
- Weil **unser** Sozialsystem blablablablabla...
- weil **unsere** Mieten blablablablabla" ... etc.

Sie werden lachen, aber die Tatsache, daß **wir** viel benötigen, interessiert den Markt nicht im geringsten! Das kann also **auf dem Weltmarkt kein Argument** darstellen. Interessanterweise war es **auch für uns früher nie ein Argument**, als **wir weltweit so erfolgreich** waren, daß man regelrechte **Maßnahmen gegen uns** einleiten mußte (vgl. Stichwort „MADE IN GERMANY", Seite 138 ff.). Damals arbeiteten wir billiger als England und Frankreich, sehr zu deren Ärger. MIEGEL:

MADE IN GERMANY

> Die Vorteile, die Europa und die von Europa gegründeten Länder (also USA, Australien, Kanada) uns bieten, verdanken wir ... unseren Vorfahren.

Unsere Vorfahren besaßen nämlich, was man braucht, um erfolgreich zu werden: **Wissen**/**Können**, **Genügsamkeit** und **Fleiß**. MIEGEL:

> Heute ... stagniert die **Wirtschaft** in Europa, während sie in Teilen Asiens stürmisch wächst, nämlich dort, wo die Leute heute (genau das) mitbringen: Wissen und Können, Genügsamkeit und Fleiß.

Lassen wir uns von kleinen Zwischen-Hochs nicht ablenken, auch wenn die Medien einige Tage lang ununterbrochen davon reden, daß unsere Wirtschaft wieder „brummt". Die Rede ist immer nur von knapp 3 % Wirtschaftswachstum, im Vergleich zu 7 bis 8 % in Indien und 9 bis 10 % in China. Andere asiatische Länder wachsen jährlich ebenfalls um 5 bis 7 %.

Wirtschaftswachstum

MIEGEL meinte in einem TV-Interview, er sei ja schon lange ein einsamer Rufer in der Wüste, seine Botschaft sei nicht neu. Dem darf ich hinzufügen, daß er sie in seinem Buch „Epochenwende" hervorragend beschreibt. So stellt er z.B. unmißverständlich klar: **Entweder** wir müssen dauerhaft mehr leisten als die Kollegen in Indien **oder** Bangladesch, oder unser Einkommen wird weiter sinken:

> Dafür sorgen nicht irgendwelche perfiden Unternehmen, sondern Arbeitnehmer und Arbeitnehmerinnen in Billiglohnländern.

RECHT auf… ?

Diese Arbeitnehmer haben genauso viel Recht auf einen Job wie wir, oder? Und sie haben dasselbe Recht auf „anständige" Bezahlung, oder? Sind wir vielleicht besser? Tief im Innersten scheinen das leider viele zu denken, auch wenn sie es nicht zugeben. Irgendwie hängen wir an der Vorstellung, daß es uns zustünde, gut bezahlte Arbeit zu haben, unabhängig davon, wie es Leuten in Drittweltländern geht. Das beginnt schon beim Kaffee, an dessen Erzeuger wir kaum einen Gedanken verschwenden. Deshalb dauerte es viele Jahre, bis die Idee des **Fair Trade** sich bei uns durchzusetzen begann, und es sind immer noch wenige Menschen, die beim Einkauf darauf achten, daß die erzeugenden Bauern von den Früchten ihrer Arbeit (im doppelten Wort-Sinn) leben können.

Die bei uns weitverbreitete Einstellung, wir wären seit jeher und blieben für immer im **Zentrum des Weltgeschehens** (vgl. Kapitel „GLOBALISIERUNG", Seite 63 ff.), bricht bei solchen Fragestellungen immer wieder durch. Die (unbewußte) Annahme, wir wären im Zweifelsfall besser, führt zu der „Schlußfolgerung", daß man uns für dieselbe Arbeit prinzipiell immer mehr bezahlen müsse als einem Arbeitnehmer aus Bangladesh, Indien, China oder Malaysia. So wie Männer lange davon ausgingen (und in vielen Branchen heute noch annehmen), sie müßten für dieselbe Tätigkeit mehr Geld bekommen als Frauen. Das war einst, als der „Familienvater" gleichzeitig der „Ernährer" der Familie war, vielleicht sogar sinnvoll. Aber im Zeitalter alleinerziehender MÜTTER dürfte sich dies als absurd erweisen. Und die Einstellung globaler „Wessies" gegenüber ihren Kollegen in Drittweltländern? MIEGEL:

> Was ist denn das für eine Einstellung? Das ist die abendländische, westliche, arrogante Einstellung den niederen Leuten gegenüber.

Diese Haltung war es auch, die uns früher veranlaßte, Missionare in die ganze Welt zu schicken und viele Kulturen zu zerstören, weil wir auf unsere rechthaberische Art zu wissen vorgaben, was für alle am besten sei. Wir müssen diese **Kolonialmachtshaltung** endlich aufgeben. Wir können nicht länger davon ausgehen, unsere Arbeitsleistung sei mehr wert, nur weil wir in Europa (dem früheren Zentrum der Welt) wohnen! Das drückte der frühere BASF-Chef (**Dr. Jürgen HAMBRECHT**) wie folgt aus:

> Wir müssen um **so viel besser** sein, wie wir **teurer** sind.

Allerdings könnte dieser Satz auch von Hans-Werner SINN (in seinem Buch „Ist Deutschland noch zu retten?") stammen:

> Um im Wettbewerb zu bestehen, **kann man so viel teurer sein, wie man besser ist**. **Ob wir noch besser sind als andere, kann man bezweifeln.** Auf jeden Fall sind wir aber teurer. Deutschlands Industrie hat die höchsten Arbeitskosten je Stunde. Bei den gering Qualifizierten ist eine im internationalen Vergleich ungewöhnlich hohe Massenarbeitslosigkeit entstanden, die das ganze Land hinunterzieht.

Egal wer der beiden der Urheber dieses inzwischen geflügelten Wortes ist: Um im Wettbewerb zu bestehen, kann man also **nur so viel teurer** sein, **wie man besser ist**. In diesem Zusammenhang kann das Beispiel des TRANSRAPID (ABC-Modul, Seite 167 ff.) stellvertretend für jede Menge Pannen in aller Welt stehen. Frank SIEREN berichtet (in „Der China-Code") über einige, die sich diverse deutsche Firmen in China geleistet haben. Aber zurück zu MIEGELs Idee (gleiche Arbeit – gleicher Lohn):

s. auch TRANSRAPID

> Der raketenhafte Aufstieg Japans und ihm nachfolgend vier weiterer ostasiatischer Länder (Tigerländer: Südkorea, Taiwan, Singapur, Hongkong) hätte Europäer und Amerikaner bereits eines besseren belehren können, aber hochmütig sahen sie lange auf diese angeblichen Hersteller von Billigprodukten herab...

Erinnern wir uns an die vier „Zutaten", die für Erfolg notwendig sind und über die unsere Vorfahren einst verfügten. MIEGEL:

> (Die) Rolle der Genügsamen spielen heute die Asiaten. Die bringen nämlich mit: **Wissen** und **Können**, **Genügsamkeit** und **Fleiß**...

Japan, Südkorea, Taiwan, Singapur und Hongkong wurden schon vor Jahren in die Weltwirtschaft integriert; MIEGEL:

> Wird das Ländern wie **China**, **Indien**, **Indonesien** und einigen **anderen** Ländern auch gelingen? Antwort: **Ja, mit Sicherheit.** Nur **nach ihrer Integration** wird die Weltwirtschaft nicht mehr sein, was sie heute ist. Vor allem wird es für den Westen eng.

Die 3. Generation

Ursprünglich war MIEGELs Denk-Modell davon ausgegangen, daß wir billiger oder besser sein müßten, aber nun fügt er hinzu: „Diese Frage wird sich in der Zukunft anders stellen." Denn in Zukunft kommt ein neuer Faktor hinzu. Haben Sie den Roman „Buddenbrooks – Verfall einer Familie" (von Thomas MANN) einmal gelesen (oder wenigstens den Film gesehen)? Es geht um eine **Unternehmerfamilie**, deren erste Generation startet und deren zweite Generation aufbaut. Aber wie das so oft in Unternehmerfamilien ist (ein großes Problem der mittelständischen Unternehmen): Die dritte Generation verhält sich meist anders. Wenn sie nicht von klein auf so erzogen wurde, daß **Genügsamkeit**, **Fleiß**, **Wissen** und **Können** zu den tragenden Säulen ihrer Entwicklung gehören, dann setzt das ein, was MANN anhand der dritten Generation Buddenbrocks aufzeigt: **Sie macht kaputt, was zwei Generationen aufgebaut haben.** Sie hat keinen Respekt vor der Leistung der Vorfahren und versucht auch nicht, ihnen nachzueifern. Ein anderer Autor, ROTHACHER („Mythos Asien?") stellt dasselbe Problem fest, und zwar für zwei Länder: „Zwei Länder sind **Abstiegsländer**, nämlich **Japan** und **Deutschland**." MIEGEL beschreibt das Problem, indem er über die Erben sagt:

> In der zweiten Hälfte des 20. Jahrhunderts wurden sie immer mehr **Erben ihres Vorsprungs** und wie viele Erben wollten sie vor allem eines, **ihr Erbe genießen**. Dazu brauchten sie Zeit...

Deswegen lautet heute der Ruf ständig: **Mehr Freizeit!** Deshalb kämpfen unsere Arbeitnehmer wegen Minuten, die sie länger arbeiten müssen, damit sie ihr Erbe besser genießen können. MIEGEL:

> So wie sich ihre Groß- und Urgroßeltern **geplagt** hatten, wollten sie sich nicht mehr plagen, besonders die mühseligen und oft gering entlohnten Arbeiten sollten andere machen.

Diese Einstellung führte zu unserer **ersten Gastarbeiterwelle** (bereits Ende der 1950er Jahre). Das waren vor allem Italiener, die sich trotz unseres Widerstandes hervorragend integriert haben. Und MIEGEL beschreibt die Erben weiter:

1950er Jahre

> Sie selbst betrachteten es als natürliches Vorrecht, nur angenehme, gesellschaftlich angesehene und selbstverständlich gut bezahlte Tätigkeiten auszuführen. Auch wenn die Wirklichkeit für viele anders war, wurde weiterhin so empfunden.

Das ist unsere „gefühlte Sicherheit". Man macht ja so gern die Globalisierung für alle Probleme verantwortlich (s. Seite 63 ff.). Aber erstens zeigt uns bereits die erste Gastarbeiterwelle, daß wir schon damals billige Arbeit nicht mehr selbst machen wollten, zweitens muß Globalisierung nicht von Nachteil sein, wenn wir sie nutzen. Das ist die Frage. MIEGEL:

> Erwerbstätige in den **frühindustrialisierten** Ländern müssen auf ihre gewohnte Arbeitsplatzsicherheit verzichten ... (und) ... Einkommenseinbußen hinnehmen.

Jetzt rechnet MIEGEL uns vor: Wenn die Amerikaner 9 Arbeitsplätze in Billiglohnländer (z.B. Mexiko) exportieren, dann ersetzen sie diese durch 10 einheimische Arbeitsplätze. Also bleibt unter dem Strich **ein Gewinn von einem Arbeitsplatz**. Darum verzeichnen sie so gut wie keine Arbeitslosigkeit mehr, während sie in den 1990er Jahren noch richtige Probleme damit hatten. Wir Deutschen hingegen schaffen für 10 exportierte Arbeitsplätze nur 8 neue im Inland. Wir erhalten auf diese Weise ein **Defizit von 20 %**. Das ist unser Problem. MIEGEL:

USA Gewinn

D Verlust

> Es gibt nur einen Grund: **mangelnde Flexibilität.** Und wenn wir aufwachen, haben wir eine Chance. Die Konsumenten in den frühindustrialisierten Ländern sind als Produzenten zu teuer.

Und jetzt argumentiert er gegen diese **Geiz-ist-geil-Mentalität**. Wir gönnen dem Arbeitnehmerkollegen, dessen Produkt wir kaufen, keinen fairen Lohn, aber wir selbst wollen einen haben, wenn wir zur Arbeit gehen. **Mit welchem Recht?** MIEGEL:

> Ich muss euch die unfrohe Botschaft zurufen: **Ihr wart mal was Besseres, ihr seid es nicht mehr.** Inzwischen können Hunderte von Millionen, was Sie tun ... Wer unterdurchschnittlich, durchschnittlich oder überdurchschnittlich qualifiziert ist, den kann es treffen.

Ich möchte diese wichtige Botschaft mit drei Beispielen belegen (weitere finden Sie in der Textschublade auf www.birkenbihl.de).

1965
- Als ich **1965** in die USA ging, hatte man begonnen, **erste Roboter** im **Automobilbau** einzusetzen, Ungetüme, die einzelne Handlungen ausführten. Damals konnte sich noch niemand vorstellen, daß es einst fast menschenleere Fabrikhallen geben würde, in denen Roboter ganze Autos vollautomatisch zusammensetzen. Anfangs ersetzte man nur Muskelkraft, dann Ausdauer, dann ganze Kombinationen von Tätigkeiten.

1972
- Als ich Ende **1972** aus Amerika zurückkehrte, begann man gerade, die **Schaffner** in den Straßenbahnen durch **Ticketautomaten** zu ersetzen.

DB
- Bald darauf passierte das auch mit dem **Ticketverkäufer** bei der (damals noch) Deutschen **Bundesbahn**. Die Tatsache, daß sich bis heute viele KundInnen mit den Geräten nicht auskennen, schert dabei niemanden. Aber stellen Sie sich vor, die Inder entwickelten einen Automaten, der gehirn-gerecht programmiert wurde, der intuitiv bedient werden kann...

Also gilt: In Bereichen, in denen wir BESSER sind, können wir es uns leisten, TEUER (sogar TEURER) zu sein. Ansonsten müssen wir **entweder billiger oder besser** werden, oder wir bleiben auf Dauer „außen vor". Manche kommen mit einem niedrigen Einkommen gut aus, andere weniger. MIEGEL zeigte in dem TV-Interview, das ich sah, auch auf, daß unsere niedrigen Einkommen jenen der „kleinen Leute" aus den frühen Jahren des Wirtschaftswunders entsprechen – nur mit einem Unterschied: Diese Leute (dazu gehörten z.B. auch meine Eltern und ich in meiner Kindheit) kamen sich nicht „arm" vor. Man hatte nicht viel, aber man war bereit, das wenige zu teilen. Zum einen mit Freunden (man lud sich weit öfter zu gegenseitigen Essen u.ä. ein, als sogenannte „Arme" dies heute tun), aber auch mit anderen Niedrigverdienern. So zahlte man hier und da Pfennigbeträge, durch die ganze Berufsstände wie Tankwarte, Gepäckträger u.a. ihre Familien ernähren konnten; Dienstleistungen, für welche die Geiz-ist-geil-Befürworter zu geizig sind! Natürlich dürfen wir nicht vergessen: Wenn die Definition von „arm" (in der EU) lautet: **Weniger als 60 % des Durchschnittseinkommens**, dann wird es immer ein Heer von Armen geben. Wenn ab morgen alle Leute das Doppelte verdienen würden, würden alle, die heute als „arm" gelten, weiterhin als „arm" eingestuft werden. Darüber sollte man einmal nachdenken. Unsere „Armen" können sich Dinge leisten, die Könige und Kaiser früher nicht besaßen (fließendes Wasser aus der Leitung, „Feuer" zum Kochen auf Knopfdruck, Bücher, jederzeit Musik, TV und, und, und. Diese Könige und Kaiser galten als reich, und wir wollen uns „arm" nennen?*

Wer ist ARM ?!

Übrigens gibt es für alle, deren Einkommen zu gering ist, eine interessante **Alternative**, egal ob man zu wenige Arbeits-Stunden oder gar keinen Job hat. Die Lösung heißt BARTERING (vgl. Seite 80 f.).

---

* TV-Dokus zeigen regelmäßig, daß viele Arme nicht mehr kochen können, daß sie z.B. mit dem Geld, das sie in zwei Tagen **in Fast-Food-Restaurants** ausgeben, eine ganze Woche lang gesund kochen KÖNNTEN, wenn sie es denn könnten. Ähnliches gilt für das Reparieren von Kleidungsstücken (nähen, stopfen, stricken etc.), was in meiner Kindheit noch selbstverständlich war. Meine Mutter haßte diese Art von Hausarbeiten, aber es wäre ihr im Traum nie eingefallen, neue Strümpfe zu kaufen, wenn die vorhandenen gestopft werden konnten...

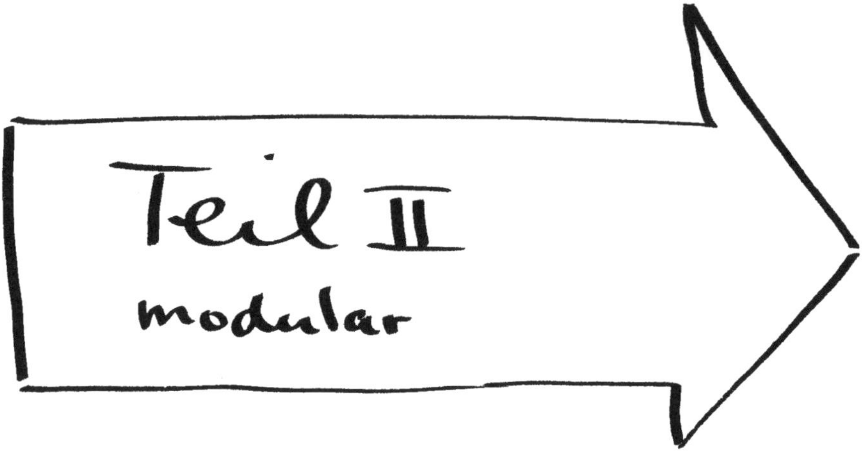
Teil II
modular

ABC-Modul

In diesem Modul finden Sie 47 Beiträge, welche die entsprechenden Kapitel überfrachtet hätten bzw. dort nicht hineingepasst haben. Nichtsdestotrotz wollte ich sie unbedingt in das Buch integrieren, da sie wertvolle Hintergrundinfos bieten und damit Ihr neu erworbenes Wissen über China/Asien ver-TIEF-en und er-WEIT-ern. Sie können die Stichworte in jeder gewünschten Reihenfolge angehen.

Asienpolitik, europäische?

In „Mythos Asien?" (ebenfalls ein sehr spannendes Buch) stellt uns Albrecht ROTHACHER folgende drei Fragen:

1. Wie steht es um die **Asienpolitik in Europa**?
2. Zu welchen asiatischen Ländern hat Europa **enge Verbindungen**?
3. Was tut Europa, wenn China die **WTO-Bedingungen** unterläuft?

Wollen Sie ein wenig reflektieren, ehe Sie weiterlesen? Vielleicht auch mit FreundInnen, KollegInnen, NachbarInnen darüber sprechen? Ich habe festgestellt, daß die meisten Leute extrem wenig darüber wissen. Das ist ja einer der Gründe, die zu diesem Buch (und davor zu der gleichnamigen Abend-Veranstaltung, vgl. DVD-Live-Mitschnitt) geführt haben...

ROTHACHERs Antworten:

1. „**Europas Asienpolitik glänzt durch Nichtvorhandensein:** Wir bildeten keinerlei enge kooperative Beziehungen zu den dynamischsten Wachstumsregionen dieser Erde ..." **Das war ein strategischer Fehler, er kann nicht wiedergutgemacht werden. Der Zug ist abgefahren.** Daher orientieren sich die **asiatischen Schwellenländer**, in denen die Hälfte der Menschheit lebt, politisch und kulturell fast ausschließlich an den USA, unab-

hängig davon, ob der einzelne die USA nun mag oder nicht. Doch die globalen Tendenzen gehen nur deshalb von den USA aus, **weil von uns nichts kommt**. Ich ärgere mich z.B. seit Jahrzehnten darüber, daß man von den Goethe-Instituten immer nur dann etwas hört, wenn wieder eines geschlossen wurde. Ich habe jedoch noch nie etwas über Goethe-Institute erfahren, die ihre Arbeit machen durften, oder darüber, daß auch mal eines **erweitert** worden wäre beziehungsweise neue Leute eingestellt hätte ... Das war unsere Chance, die wir aber vertan haben. Amerika hat überall auf der Welt Amerikahäuser eröffnet, die Franzosen haben Kulturhäuser. Und wir? Wir haben nichts getan, außer zu viele der ohnehin wenigen Goethe-Institute zu schließen.

2. **Europa hat extrem wenig gute Verbindungen nach Asien**, und meist handelt es sich dabei um Beziehungen zwischen ehemaligen Kolonialmächten und ihren Kolonien. **Deutschland zeichnet sich in dieser Hinsicht durch ein dickes, fettes NICHTS aus.** Diese Bindungen jedoch können nicht schnell mal nachgeholt werden; insbesondere in Asien nicht, wo Beziehungen über Jahrzehnte reifen müssen...
3. **Bei WTO-widrigen Handelshemmnissen oder -verstößen Chinas** reagiert die EU so gut wie gar nicht. Begründung: „China ist ein Drittweltland.“ Das ist eben ein bißchen „hinter dem Mond“. Doch China hat mit dem Eintritt in die WTO – zumindest in Wirtschaftsfragen – (nahezu) aufgehört, Drittweltland zu sein. Dementsprechend sollte man agieren, wenn China gegen internationales Recht verstößt. Schließlich pocht es auch auf Rechte, die man China zugestanden hat...

Bao Ma

Tom RAMOSERs Artikel zeigt auf, was passieren kann, wenn man versucht, einen Markennamen oder Slogan ins Chinesische zu übersetzen. Hier einige Auszüge:

Quelle: absatzwirtschaft (eine Zeitschrift für Marketing) 4/2005, Seite 28

> Beim Transfer von westlichen ... Namen kann es zu unliebsamen Zweideutigkeiten kommen. Die Zeichen für Siemens stehen für das „Tor zum Westen" und Coca-Cola darf mit „Schmeckt gut und macht Spaß" übersetzt werden. Kompliziert klingende Namen werden vom Volksmund zurechtgebogen. Aus **BMW** wurde kurzerhand „Bao Ma" (kostbares Pferd) und aus **Mercedes-Benz** „Ben Chi" (renne schnell). Im Lexikon steht unter **BMW** schlicht „Deutsche Kostbares Pferd Automobil Werke". Interessante Einblicke in die Wertvorstellungen geben auch Umfragen unter den Fahrern von Luxusautos. Dabei ergibt sich, daß erstaunlich viele Chinesen das „falsche" Auto besitzen. Die Fahrer mit den typischen **BMW-Charakteristika** haben sich vom „renne schnell" oft zu einem **Mercedes** verleiten lassen, und **umgekehrt** fahren viele mit den **Mercedes-typischen** Ansichten einen „kostbaren" **BMW**.
>
> **Fazit: Stärker** als die eleganten Showrooms und die bunten Hochglanzbroschüren ist die **Macht der chinesischen Schriftzeichen**.

Diese Schriftzeichen (**Han-ji**) habe ich für Sie ausgekundschaftet.

Dank an meinen Chinesisch-Coach Thomas GONSCHIOR (bei meinem DVD-Live-Mitschnitt) und Co-Autor des gleichnamigen Buches: „Von Null Ahnung zu etwas Chinesisch – Dies ist kein Sprachkurs").

寶馬

BMW = Bao Ma
(kostbares Pferd)

奔馳

Mercedes = Ben Chi
(renne schnell)

BAUWUNDER

Kaiser-Kanal

China war immer schon für **Weltwunder-Bauwerke** gut: von der **Chinesischen Mauer** (an der ca. 1.800 Jahre lang gearbeitet wurde und die eine Länge von über 7.500 km und eine Breite von 6 bis 16 m). Man nennt sie auch den größten Friedhof der Welt, weil viele der Arbeiter während des Baus den Tod fanden und gleich mit eingemauert wurden. Ebenso beeindruckend ist der **Kaiserkanal** des alten China. Er ist 1.800 km lang und verläuft von der Stadt Hangzhou in der Provinz **Zhejiang** (südlich von Shanghai) in nördlicher Richtung (weitgehend parallel zur Küste) bis nach **Peking**.

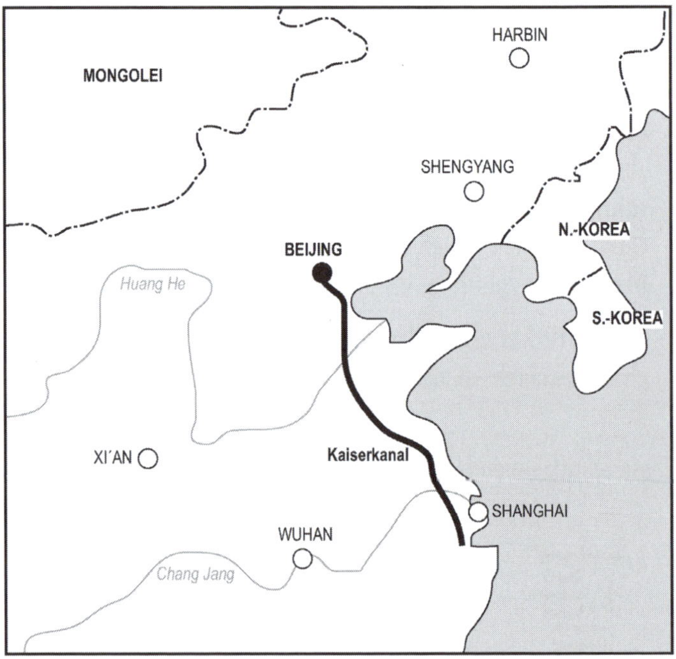

Neuere Bauwerke sind **7 der größten Shopping Malls** der Welt sowie der pharaonische (und extrem umstrittene) **Drei-Schluchten-Staudamm**. Eine Spiegel-Online-Meldung dazu: „Bei seiner Beendigung (am 21. Mai 2006) hatte man 1,3 Millionen Menschen umgesiedelt. Nach 13jähriger Bauzeit wurde der kontroverse 3-Schluchten-

Staudamm am Yangtse fertiggestellt. Er soll ab 2008 mit seinen imposanten 26 Turbinen bis zu 85 Milliarden kWh Strom erzeugen." (Mehr dazu auf www.spiegel.de oder www.chinadaily.com.) Des weiteren sind einige große Bauten für **Olympia 2008** wie auch für die **Expo 2010** in Shanghai zu erwarten.

2008?

BESCHEIDENHEIT

Wiewohl Bescheidenheit laut konfuzianischer Ethik eine gute Eigenschaft ist, gilt auch, daß man **Wohlstand** (mit der dazugehörigen Machtposition) anstreben soll (durch Bildung und Fleiß) und daß man erwarten kann, daß andere dies respektieren (wenn es einem geglückt ist). Deshalb empfiehlt STEFFEN:

> Seien Sie offen für die chinesische Kultur, doch seien Sie **nicht übertrieben bescheiden**. Die meisten Chinesen halten ihre eigene Kultur sowieso für überlegen (wie die Westler ihre auch), demzufolge kann übertriebene Bescheidenheit taktisch unklug sein.

Marec Bela STEFFEN: „Verhandeln in China – ein Leitfaden", in: SEEGER, Christoph: „China. Das Land verstehen – Verhandlungen führen – Konkurrenten abwehren"

BEZIEHUNGEN, menschliche (nach KONFUZIUS)

KONFUZIUS definierte fünf Arten zwischenmenschlicher Beziehungen. Er hatte sie sich übrigens nicht selbst ausgedacht, er war **kein Erneuerer**. Er präzisierte vielmehr **vorhandene** Ideen, machte also eher eine Bestands-Aufnahme alter Traditionen. Diese fünf Beziehungen erklären eine Menge, wenn man sie versteht.

1. Herrscher – Untergebene (streng hierarchisch; Kaiser/Fürst = allmächtig)

Die Herrscher hatten absolute Macht, das galt für den Kaiser gegenüber allen Menschen, aber auch für die regionalen Fürsten. Zwar sollten die Führer **für das Volk** regieren, aber trotzdem konnte der einzelne Kaiser oder Fürst durchaus unberechenbar oder grausam sein. So pflegte der „Terrakotta-Kaiser" (s. Seite 196 ff.) den Leuten für kleinste Vergehen Hände und/oder Füße abhacken zu lassen. Verschiedene China-Kenner weisen darauf hin, daß das Volk letztlich nur **eine einzige Zone der Sicherheit** und Geborgenheit kannte: die eigene Familie, der Clan.

2. Vater – Sohn (streng hierarchisch; Vater = de facto allmächtig)

Der Vater hatte innerhalb des Familienverbandes eine ähnlich absolute Macht wie der Kaiser. Auch er konnte (Todes-)Strafen verhängen, wenn jemand z.B. den persönlichen Gewinn über das Wohlergehen der Familie stellte. Das Ausschlagen von Zähnen stellte eine beliebte „mildere" Strafe dar, ansonsten konnte es auch hier durchaus zum Abhacken von Händen kommen. Ein Opfer solch drakonischer Strafen konnte nur überleben, wenn genügend Mitglieder des Familienverbandes bereit waren, ihm zu helfen. Dies stellt demnach eine interessante Art der Strafe dar. Wir im Westen sperren die Leute lieber jahrelang ein und füttern sie durch. Zwar haben wir im Westen das Recht zu strafen dem Staat übertragen, aber auch bei uns in Europa wäre es früher kaum denkbar gewesen, daß Väter oder ältere Brüder ein Familienmitglied töten. Diese Praxis findet sich allerdings weltweit, vorwiegend in Gegenden, deren Bewohner Anhänger des Islam sind. Deshalb rechnet man diese Art der Tötung fälschlicherweise häufig dem Islam zu, aber es gab diese Praxis dort schon lange, **ehe** der Islam Einzug hielt!

3. Ehemann – Ehefrau (streng hierarchisch)

Die Ehefrau war weniger wert als ein Rind, sie galt als „Sache" (so wie wir heute rechtlich Tiere als „Sache" definieren, wiewohl sie Lebewesen sind). In alten Zeiten zogen die Männer zur Familie der Frau. Dies änderte sich im Laufe der Zeit (warum, weiß man nicht), so daß seither die Frau bei der Heirat zur Familie des Mannes gehen musste (wie auch heute noch in Indien). Dort galt sie so lange als „fremd" (nicht zur Familie, zum neuen Clan gehörig), bis der erste Sohn geboren war. Ab dann begann sie in diese neue Familie **hineinzuwachsen**. Sie wurde aber erst nachdem sie einige Kinder geboren hatte (oft Jahre später), dort wirklich heimisch (vgl. Amaury de RIENCOURT/ Arkadij GURLAND: „The soul of China").

4. Älterer – jüngerer Bruder (streng hierarchisch)

Gibt es in einer Familie mehrere Brüder, so lernen sie sowohl die Rolle des ranghöheren als auch die des rangniedrigeren einzunehmen. Gibt es nur zwei Brüder, so ist der jüngere **immer** in der unterlegenen Position, sowohl dem Vater als auch dem älteren Bruder gegenüber. So entwickelt sich eher eine Persönlichkeit, die **sich der Familie unterordnet** und das Wohl der Familie über alles stellt. Denn nur durch Aktivitäten, die der Gesamtfamilie nützen, erfährt er Anerkennung in der Familie. Die Rolle des Älteren erlebt er dann im Clan, weil es dort immer auch Männer gibt, die jünger sind als er selbst...

5. FREUND – FREUND (auf einer Augenhöhe)

Dies ist die **einzige** nicht-hierarchische Beziehung, auf der **u.a. auch geschäftliche Beziehungen** geknüpft werden.

Im Klartext: Von fünf zwischenmenschlichen Beziehungen sind **vier eindeutig hierarchisch**. Westliche Politiker gehen gern (in völliger Unkenntnis einer tausendjährigen Tradition) davon aus, die Chinesen sehnten sich nach nichts mehr als nach Demokratie. Aber das ist Unsinn. **Man sehnt sich selten nach etwas, das man nicht kennt.** Wer in einer so ausgeprägten Familien-Struktur aufgewachsen ist, freut sich vielmehr darüber, wenn es der Familie gut geht, wenn alle zu essen haben oder wenn die Familie erste Luxus-Artikel erwerben kann. Das Gefühl, einer erfolgreichen Familie anzugehören, kann weit mehr bedeuten als das Gefühl, als Individuum Erfolg zu haben. Das ist interessant, weil gerade erfolgreiche Menschen im Westen oft keine engen Bindungen mehr an Familie oder Freundeskreis besitzen...

Übrigens haben auch wir unsere Demokratie noch gar nicht so lange. Sie wurde uns nach dem 2. Weltkrieg mehr oder minder aufgezwungen... Taiwan hat gezeigt, daß sich bei einem gewissen Grad an Wohlstand Demokratie entwickeln KANN, Singapur, daß dies nicht notwendigerweise der Fall sein MUSS! **Es ist sehr gefährlich, den eigenen Standpunkt der ganzen Welt überstülpen zu wollen.** Wenn andere das mit uns versuchen, wehren wir uns – zu Recht. Aber warum probieren wir es dann andauernd bei anderen?

S. auch GUAN.XI (= Beziehungen), Seite 121.

Chinesen als Minoritäten in anderen Ländern

EXIL-Chinesen im AUSLAND

Verschiedene Autoren weisen zu Recht darauf hin, daß die Chinesen in der Vergangenheit ihr Land verlassen mußten, wenn sie wirklich erfolgreich sein wollten. Zwar gibt es in China kein Kastensystem (wie in Indien oder im früheren Japan), aber wenn es eines gäbe, wären die Kaufleute in der konfuzianischen Ethik (die u.a. Bildung extrem schätzt) die unterste Kaste. Sie wurden in der Geschichte Chinas deshalb selten geschätzt, so daß sie ihre Talente meist im Ausland besser entfalten konnten als zu Hause (das ändert sich derzeit). Daher verwundert es kaum, daß Chinesen in fremden Ländern innerhalb von ein bis zwei Generationen sowohl **akademisch** als auch **wirtschaftlich** zu den oberen Zehntausend gehören.

Verteilung: Wir betrachten drei asiatische Länder, in denen Auslands-Chinesen* leben. Schätzen Sie jeweils deren Anteil (sprich Migranten im Gastland) in Prozent:

a) **THAILAND** ______________

b) **MALAYSIA** ______________

c) **INDONESIEN** ______________

* Auslands-Chinesen werden auch als Exil-Chinesen oder Übersee-Chinesen bezeichnet.

Im Internet (s. **Rand**) finden wir einen hochinteressanten Beitrag von **Helmut HEINZLMEIR** (Ausgabe vom Juni 1998; Hervorhebungen meine). Es geht um die Tatsache, daß Chinesen außerhalb von China ein wichtiger „Wirtschafts-Faktor" sind, sowie daß dies auch Neid auslösen kann (insbesondere bei islamischen Bevölkerungsgruppen, die sich nicht so sehr um wirtschaftlichen Erfolg bemühen):

Quelle: www.internationalepolitik.de/archiv/jahrgang1998/juni98/ungeliebte-minderheit-zur-rolle-der-auslandschinesen-in-sudost-asien.html. Ich möchte dem Autor für seine Genehmigung, Teile seines Artikels hier zu zitieren, herzlich danken.

> Die kürzlichen Unruhen in Indonesien richteten sich nicht zuletzt gegen die chinesische Minderheit ... In Südostasien ... stellen Chinesen einen wichtigen Anteil der Bevölkerung und spielen in der Wirtschaft der Region eine herausragende Rolle. Dies hat nicht nur zu Neid, sondern sogar zu **Progromen** in Malaysia, Thailand und auf den Philippinen geführt. **Ohne Chinesen aber würde die Wirtschaft in diesen Ländern zusammenbrechen.**
>
> Seit Monaten erschüttern – nicht nur in Jakarta – Demonstrationen, Plünderungen und Brandschatzungen Indonesien ... Dies lenkt die Aufmerksamkeit auf ein Problem, das sich nicht nur in Indonesien stellt und zu dessen Verständnis ein kurzer Blick in die Geschichte umumgänglich ist.
>
> In ganz Südostasien leben zwischen 20 und 30 Millionen Auslandschinesen, die in ihrer großen Mehrheit in den vergangenen 100 Jahren eingewandert sind. Begründet liegt dies vor allem im Niedergang des (letzten) chineseischen Kaiserreichs ... Die Not der Bauern nahm unbeschreibliche Ausmaße an ... Zur selben Zeit wuchs **in den Kolonien Südostasiens** (vfb: **das heißt für den Erfolg der Europäer dort!**) der **Bedarf an billigen Arbeitskräften** auf den Plantagen und im Bergbau ... Was lag da näher, als oft in Form eines kaum verhüllten Sklavenhandels Bauern aus dem übervölkerten und verarmten Südchina einzuführen? (vfb: vgl. die DENG-Frage, Seite 48) Diese Bauern kamen zu Millionen. Und sie füllten eine **Marktnische**. Sie waren zu Tätigkeiten bereit ..., zu denen aus den unterschiedlichsten Gründen weder die einheimische Bevölkerung noch die Kolonialherren bereit waren.

Exil-
中国人

Süd-
Ost-
Asien

Und sie fielen durch eine – wenn auch oft als skrupellos kritisierte – Tüchtigkeit auf. Auch Thailand, obwohl niemals Kolonie, rief zahlreiche Chinesen ins Land. Einen ersten Höhepunkt erreichte die **chinesische Massenauswanderung nach Südostasien** kurz nach 1900, einen zweiten bald nach dem Ersten Weltkrieg. Heute beherrschen Auslandschinesen weite Bereiche der Wirtschaft Südostasiens. **Singapur** ist nachgerade der Staat der Auslandschinesen. Aber auch in Malaysia, Thailand, Indonesien und selbst auf den Philippinen sind sie wichtige Träger der Wirtschaftsentwicklung.

In diesem Zusammenhang ist es für Sie vielleicht interessant, daß Singapur nur auf Betreiben der Chinesen, **insbesondere eines einzigen Chinesen** (dessen Großvater noch Kuli, das heißt Fast-Sklave war), ein **moderner selbständiger (Mini-)Staat** werden konnte (vgl. MERKBLATT NR. 7, Seite 242 ff.). Als Teil von Malysia wäre Singapur garantiert ein unerheblicher mückeninfestierter Fleck auf der wirtschaftlichen Weltkarte geblieben...

LAND	ANTEIL Chinesen	Wirtschaftliche Stellung
Malysia	33 %	kontrollieren 2/3 der Wirtschaft
Indonesien	3 %	besitzen 70% des Privatkapitals
Thailand	10 %	kontrollieren 90 % von Industrie und Handel (s. nächster Satz)

HEINZLMEIR (Fortsetzung Zitat):

Damit beherrschen sie nicht nur große Teile der **thailändischen** Wirtschaft. **Thai-Chinesen** kontrollieren zunehmend **auch die Wirtschaft** im benachbarten **Laos** und **Kambodscha**.

Mit anderen Worten: Auslandschinesen spielen in der Wirtschaft Südostasiens eine herausragende Rolle. Eine Studie des australischen Außenministeriums von 1995 gibt darüber detaillierten Aufschluß; sie listet u.a. zahlreiche **auslandschinesische Dollarmil-**

> **liardäre** in den einzelnen Staaten auf. Auslandschinesen lieferten wichtige Anstöße für das viel beschworene „asiatische Wirtschaftswunder“ ... Ohne sie hätte es das ... hohe Wirtschaftswachstum in Südostasien nicht gegeben. In den zurückliegenden Jahren ist darüber hinaus viel auslandschinesisches Kapitel und Know-how nach China zurückgeflossen. (vfb: vgl. WQS-Frage 8, Seite 45 ff.). Ohne diesen Zufluß wäre die jüngste wirtschaftliche Entwicklung in der Volksrepublik China kaum denkbar.

Der Artikel diskutiert die Tatsache, daß Auslands-Chinesen in ihren Gastländern oft angegriffen werden. Dies mag auf den ersten Blick verwundern, wenn wir berücksichtigen, daß Neid bei uns viel häufiger vorkommt als in Asien. Aber wir müssen auch in Erwägung ziehen, daß Auslands-Chinesen zuallerst ihren eigenen Familien und Clans gegenüber loyal sind und sich im Zweifel für diese und nicht für das Gastland engagieren. Außerdem neigen sie dazu, **untereinander** zahlreiche Bande zu knüpfen und **weltumspannend zusammenzuarbeiten**. Deshalb werden sie unter Umständen auch nach mehreren Generationen im Gastland noch als Fremdkörper empfunden. Beispiel:

EXIL-Chinesen

> Noch zu Anfang der 1970er Jahre galt 1/3 der Bevölkerung **Phnom Penhs** als chinesischstämmig ... (sie) wurden durch ... **Pol Pot** ... besonders betroffen. Sie kamen um, wurden vertrieben, flüchteten. Ein erheblicher Teil der vietnamesischen „boat people“ waren Auslandschinesen...

Vietnam's "boat-people"

HEINZLMEIR führt weiter aus, daß Auslands-Chinesen, insbesondere in Ländern mit Kolonialherren oder Militärmacht, teilweise auch durch Bestechung und Korruption ihren Weg gemacht hätten (im Einklang mit der uralten chinesischen „Tugend“, in einem schwierigen Umfeld das Bestmögliche für die **eigene Familie** zu erreichen), während das in Ländern ohne feindschaftliche Herrschaft NICHT notwendig war:

> Da **Thailand** als einziger süodostasiatischer Staat **niemals Kolonie** war, haben sich die Einwanderer in ihrem Bemühen um gesell-

THAI-LAND

THAI-ELITE

schaftlichen Aufstieg **nicht** an irgendwelchen Kolonialherren, sondern an der Thai-Elite orientiert. Eine Sinisierung der Thai-Elite – auch des Königshauses – war die Folge. Und Ehen zwischen beiden Bevölkerungsgruppen sind – **im Unterschied zum islamischen Malaysia und Indonesien** – im buddhistischen Thailand üblich.

Das sollte uns nachdenklich stimmen, wenn wir Chinesen vorwerfen, mit Ländern zu paktieren, deren Regierungen uns mißfallen. Erstens sind dies in der Regel Regime, die nur aufgrund **westlicher Versäumnisse in der Vergangenheit** die Macht erlangen konnten. Zweitens führen diese Regime in der Regel lediglich fort, was sie **von ihren Besatzern gelernt** haben. Das sollte man berücksichtigen, wenn man wieder einmal voreilig den moralischen Zeigefinder erhebt...

MA-LAY-SIA

Anders liegen die Verhältnisse in Malaysia. Mehr als 1/3 der Bevölkerung ist chinesischstämmig ... Auslandschinesen dominieren die Wirtschaft, aber sie stehen einem, oft auch aggressiven, malaysischen Nationalismus und Pan-Islamismus gegenüber. 1996 kam es zuletzt zu Massenunruhen ... Mittlerweise ist ein Modus vivendi ... gefunden worden – nicht zuletzt aufgrund der stürmischen Wirtschaftsentwicklung ... Es ist zu hoffen, daß es dabei ... bleibt, andernfalls stünde die Existenz des Landes auf dem Spiel, wovon auch das benachbarte **Singapur** unmittelbar betroffen wäre. (...)

Die Verhältnisse (stellen) sich in **Indonesien** weit weniger dramatisch dar. Dafür ist die Zahl der Auslandschinesen – in dem 200-Millionen-Land – zu gering. Aber ihre herausragende Stellung in der Wirtschaft ist dennoch unübersehbar ... Die Wirtschaft (aber auch die Präsidentenfamilie) hat davon profitiert – Fragen der sozialen Gerechtigkeit blieben außen vor.

Sollte es in Indonesien jedoch weiterhin zu landesweiten anti-chinesischen Progromen kommen, träfe dies die Wirtschaft hart. Leidtragende ... wären ... weniger die reichen Auslandschinesen, die sich (samt Kapital) in Nachbarstaaten abzusetzen vermögen. Leidtra-

> gendende wären vor allem die vielen kleinen chinesischen Gemüsehändler. (Hier) wird die Situation noch dadurch verschärft, daß vergleichsweise viele Auslandschinesen in diesem überwiegend islamischen Land **Christen** sind. Viele von ihnen haben sich mittlerweise bereits ins ... (benachbarte) Ausland abgesetzt, wo sie mit ihrem Kapital ... gern gesehen ... sind. Für die Wirtschaft Indonesiens ist dieser Exodus jedoch ... ein außerordentlicher Schaden (wegen Kapitalflucht und wegen Verlust an dringend nötigem wirtschaftlichem Know-how).

Exil-Chinesen

Daß Auslands-Chinesen auch in Nordamerika (**Kanada** und den **USA**) sehr erfolgreich sind, ist schon länger bekannt. Wenige Menschen wissen hingegen von ihren Aktivitäten in Europa (nein, ich meine keine China-Restaurants!)

Vgl. WQS-Frage 16, deren Antwort Sie in Kapitel 2 (ab Seite 59) finden.

Auch in Deutschland fanden die ersten chinesischen Firmenaufkäufe statt: Zum einen kaufen Chinesen bei uns Produktionsstätten, die pleite gemacht haben, um die Maschinen Stück für Stück nach China zu bringen und die Fabrik dort wieder aufzubauen. Zum anderen haben erste chinesische Firmenübernahmen stattgefunden, bevor die betreffenden Firmen dichtmachen mußten. Hier wird die Firma unter chinesischem Management weitergeführt. Allerdings hat es auch bereits Fälle gegeben, in denen eine deutsche Firma von Chinesen gekauft wurde, die sie jedoch nur kurz selbst managten (bis sie das gesamte Know-how nach China transferiert hatten) und danach dann doch verkauften...

(D)

Chinesische Christen?

Möchten Sie zunächst einmal raten, wie viele Christen es derzeit in China gibt? Ihre Schätzung: _______

Der französische Wirtschafts-Experte Jean-François SUSBIELLE referiert (in seinem Buch „CHINA – USA. Der programmierte Krieg“) über frühe Versuche, die Chinesen zu christianisieren: „Im 13. Jahrhundert

Christen in China

gab es Christen in China, die der nestorianischen* Lehre anhingen." Später versuchten die Jesuiten ihr Glück, wobei besonders einer (Matteo RICCI), der übrigens fließend Mandarin sprach, das Wohlwollen des Kaiserhofes erlangen konnte:

> Damals verpaßte der Katholizismus die historische Chance, sich dauerhaft in China zu etablieren.

Er schildert, daß Matteo RICCI es geschafft hatte, den uralten chinesischen Ahnenkult so mit der christlichen Lehre zu verbinden, daß eine Christianisierung möglich gewesen wäre. Aber Rom war dagegen und verspielte so eine große Chance (wir sehen heute eine ähnliche Entwicklung in den südamerikanischen oder afrikanischen Varianten):

> Da ... Rom keinerlei Zugeständnisse gegenüber traditionellen chinesischen Kulturen duldete, wurde das Christentum schließlich verboten. Die zweite Welle der Bekehrung zum Christentum kam ... nach den Opiumkriegen im 19. Jahrhundert ... Katholische und protestantische Missionare ließen sich in ländlichen Gebieten nieder, errichteten Schulen in den Städten und verbreiteten eifrig ihren Glauben. Allerdings wurden sie von vielen Chinesen als Abgesandte der europäischen Besatzungsmacht betrachtet...

Vgl

USA

Und wie sieht es heute aus? Ich weiß aus diversen TV-Dokus, daß evangelikale Kirchen aus Amerika in China wie überall in der Welt ungeheuer erfolgreich sind. Diese FUNDAMENTALISTEN (denen auch BUSCH jr. angehört) sollen (laut SUSBIELLE) in China bereits 100 Millionen evengelikale Christen rekrutiert haben. Das wären **20 Millionen mehr als in den Vereinigten Staaten**.

Andere Autoren weisen darauf hin, daß ein Glaube, der jeden anderen Glauben als falsch, sündig etc. **ausschließt**, letztlich in Asien aufgrund seiner jahrtausendealten Liberalität kaum Chancen haben wird. Wieder andere meinen, die mehrfachen Entwurzelungen (Republik,

* Christentum, nestorianisches: laut Wikipedia „die nicht mit Rom geeinte Kirche des Ostens" bzw. die „assyrische Kirche des Ostens", wobei einige sie als „ost-syrische Kirche" bezeichnen.

Kommunismus, Kultur-Revolution, Entwicklungs-Reformen) könnten viele Chinesen so tief verunsichert haben, daß sie möglicherweise doch „reif" für einen absolutistischen Glauben wären. Die Zukunft wird es weisen...

Chinesische Erfindernamen

WER HAT'S ER-FUN-DEN?

Jean-François SUSBIELLE (s. oben) bringt einen weiteren interessanten Punkt zur Sprache, wobei er mit zwei Fragen beginnt:

1. Wie war der **Name des chinesischen Gutenberg**, der unter der Song-Dynastie (960 – 1279) die **Buchdruckerei*** erfand?
2. Wie hieß der **chinesische Leonardo DA VINCI**, der die Pläne für die **Hochsee-Dschunke** entwarf oder der das **Steuerruder**, die **Schubkarre** oder den **Kompaß** erfand?

Haben Sie eine Ahnung? Oder genauer: Ist Ihnen noch nie aufgefallen, daß Ihnen bei Berichten aus dem (frühen) China so gut wie nie Namen von Erfindern oder großen Künstlern (Ausnahme: Malerei und Kalligraphie) angeboten werden? SUSBIELLEs Antwort:

> Man dürfte vergeblich nach ihren Namen suchen. Innovation ist in China kein Ergebnis der genialen Eingebung eines einzelnen, sondern entsteht im Gegenteil aus der Praxis, dem Vorantasten und ständigen Korrekturen. Innovation ist die Frucht der **kollektiven** Arbeit auf der Basis eines empirischen Prozesses. Wird also jegliche Romantik, jede Utopie, jedes individuelle Heldentum durch den Sieg eines methodischen und anwendungsorientierten Denkens hinweggefegt?

Vgl. auch „Raubkopien: Warum kopieren die Chinesen eigentlich?", Seite 152 ff.

Es ist interessant zu vergleichen: Während in Asien (inklusive China) immer mehr junge Leute das **Recht auf Individualität** einfordern,

* Man sollte der Vollständigkeit halber hinzufügen, daß mit **BUCHDRUCK** das Drucken mit beweglichen Lettern gemeint ist, also genau das, was GUTENBERG ebenfalls erfand.

was auch bedeutet, daß man langsam beginnt, kreative oder fähige Mitarbeiter in Forschung und Technik heranzuziehen, entdecken wir im Westen die Vorteile der Gruppenarbeit – insbesondere mit **inter-disziplinär arbeitenden Teams**. Es wird spannend sein, diese beiden Entwicklungen in den nächsten Jahren zu beobachten...

Chinesische Tiernamen

Vgl. Tom RAMOSER (in: absatzwirtschaft 4/2005)

Chinesische Tiernamen heben stets die **positiven** Eigenschaften hervor. So ist die **Henne** „der freundliche Vogel", die dem Wetter und den Krankheiten trotzende **Ente** „der gut geschützte Vogel", das **Kamel** ist „das nicht viel fressende und dennoch anmutig gehende Pferd", und der **Esel** ist „das unter der Last der Feldarbeit ermüdete Roß". Vergeblich sucht man im Chinesischen die blöde Kuh oder das – Verzeihung! – dreckige Schwein. Nur der **Wolf** trägt einen Makel im Zeichen – er ist „ein Hund, dem das göttliche Geschenk der Friedfertigkeit verlorengegangen ist".

母雞	鴨
Henne	**Ente**

驢	狼	犬
Esel	**Wolf**	**Hund**

DENG Xiao Pings REFORMEN

RE-FOR-MEN

Es waren **vier Reformen**, die DENG bereits viel früher durchgeführt hätte, wenn man ihn nicht daran gehindert hätte. Er und seine Familie wurden diffamiert, degradiert (sein Sohn wurde damals durch einen „Unfall" querschnittsgelähmt), aber schließlich begriff man, daß seine Ideen wichtig waren. Also holte man ihn wieder „aus der Versenkung", und so konnte er 1979 (drei Jahre nach Maos Tod) beginnen. Im zweiten bis vierten Schritt ging er die Reformen an, die **im Ausland viel Aufmerksamkeit auf sich zogen**, nämlich die Reformen der INDUSTRIE, WISSENSCHAFT und der nationalen VERTEIDIGUNG (das heißt die überfällige Umstrukturierung der Armee). Übrigens: Können Sie erraten, welchen **sieben** Wissenschaftszweigen DENG (und seine Führungsmannschaft) bereits in den 1980er Jahren höchste Priorität eingeräumt hat?

1. ______________________________

2. ______________________________

3. ______________________________

4. ______________________________

5. ______________________________

6. ______________________________

7. ______________________________

Auflösung am Ende dieses Abschnitts.

AGRAR

Aber es war seine erste Reform, die **AGRAR-REFORM**, **die den Wandel einleitete und überhaupt erst möglich machte.** Man muß wissen, daß es in China seit Jahrtausenden immer wieder Rebellionen der Bauern gegen die Regierung gegeben hatte, nämlich immer dann, wenn der Hunger zu groß wurde. Die alten Kaiser herrschten sozusagen mit der Erlaubnis des Himmels (der unpersönlichen „Gottheit"), und es war ihre Aufgabe, gut für das Volk zu sorgen. Natürlich ging es den Oberen immer wesentlich besser, aber wenn sie das

AGRAR

ERFOLG

Quelle: SCHMIDT-GLINTZER: „Das neue China“

einfache Volk zu sehr ausbeuteten oder wenn schlechte Politik es den Bauern unmöglich machte, ihrem Werk nachzugehen, dann gingen diese auf die Barrikaden (im Schnitt alle 300 Jahre). DENG wußte, daß China kurz vor einer solchen Explosion stand, denn die kommunistische Maxime, alle Bauern einer Kolchose sollten gemeinsam arbeiten und niemand sollte mehr haben als die anderen, verstieß zutiefst gegen alles, was dem Chinesen „heilig“ ist. Erstens will der Chinese **leisten**, und zweitens will er auch **den Erfolg seiner Leistung ernten**. Deshalb war der Erfolg von DENGs erster Reform umwerfend: Die Kolchosen-Verbände wurden aufgebrochen, und man stellte es den Bauern frei, anzubauen, was sie wollten – sowie die Früchte ihrer Arbeit FREI auf dem Markt zu verkaufen, solange sie einen Teil zu festen Preisen an den Staat abgaben (damit er die Arbeiter in den gigantischen Staatsbetrieben versorgen konnte). Sofort danach begannen sich die Ernten zu verbessern. So betrug die Zahl jener, die unterhalb der Armutsgrenze lebten, 1979 (im ersten Jahr der Reformen) noch 250 Millionen. Bis 1999 (22 Jahre später) war diese Zahl auf 45 Millionen gesunken, während bei uns in Deutschland die Zahl der Armen ständig steigt ... Allerdings weiß ich nicht, welche Definition von ARMUT hinter dieser Statistik steckt. Höchstwahrscheinlich weicht die der pragmatischen Chinesen von unserer Definition ab (bei uns ist arm, wer weniger als 60 % von dem verdient, was der jeweiligen NORM entspricht). Noch eine Zahl:

Die Agrar-Reform war so erfolgreich, daß China im Jahre **1995** **eine Rekord-Ernte** von 460 Mio. Tonnen einfuhr*. Dabei schafften die chinesischen Bauern das unglaubliche Ergebnis von 3,4 t Weizen pro ha (das ist $^1/_3$ mehr als in den USA üblich). Allerdings besitzt China nur 7 % der Agrarfläche der Welt, um 1,3 Mrd. Menschen zu ernähren, während die USA über eine weitaus größere Anbaufläche verfügen und nur ca. 300 Mio. Bürger versorgen müssen. PROZENTUAL war diese Ernte also extrem erfolgreich, auch wenn immer noch 29 der größten Städte Getreide rationieren mußten. Allerdings waren es **nur** noch 29 Städte (daran erkennen Sie, wie schlimm es in den Jahrzehnten davor gewesen ist). Vergleicht man den **jährlichen Pro-Kopf-Verbrauch (in kg)** bei Getreide, dann sieht man, warum:

USA	800 kg
Taiwan	400 kg
China	300 kg

Wiewohl dies mehr ist, als den Chinesen in Jahrtausenden pro Kopf zur Verfügung stand, ist es immer noch typisch für ein **Drittwelt-land**. Die folgenden Zahlen zeigen uns, wie WERT-voll Getreide ist – in China liegt der Vergleichs- bzw. Tauschwert für Getreide ziemlich hoch:

2 kg Getreide = 1 „Geflügel" (Huhn, Ente)
4 kg Getreide = ein Schwein
7 kg Getreide = ein Rind

Eine Zahl, die ebenfalls illustriert, daß es mit den chinesischen Bauern „aufwärts" geht, ist die Menge des Getreides, das Bauern **an Tiere verfüttern** können: Im Jahr 1978 (= ein Jahr VOR Beginn der Agrar-Reform DENGs) waren das nur 7 % des geernteten Getreides (das meiste aß man selbst, einen Teil nutzte man zur Saat fürs Folgejahr). Knapp 20 Jahre später (1996) konnten sie bereits 20 % der Ernte in die **Viehzucht** investieren.

Auflösung der Frage von Seite 107

Welchen Wissenschaftszweigen hat DENG (und seine Führungsmannschaft) bereits in den 1980er Jahren höchste Priorität eingeräumt?

1. **Bio-Technologie:** Die ersten deutschen Unternehmen sind bereits in China, um dort (frei von deutschen Gesetzen) FORSCHEN zu können. Es entstehen gigantische Forschungs- und Entwicklungs-Parks, in denen Hunderte von Labors und Forschungsstätten sich eine gewisse Infrastruktur teilen (quasi ein „Gewerbegebiet" für das „Gewerbe" der Forschenden)...
2. **Weltraum-Technik:** Wir sprachen in Kap. 3 (Seite 67) davon, daß die ersten beiden BEMANNTEN Weltraumflüge schon lange stattgefunden haben (wiewohl die meisten Leute dies nicht wissen). Übrigens fliegen **bei den Russen KOSMONAUTEN** (von KOS-

MOS, gr. = die Welt und lat. NAUT ... = segeln), also WELT-SEGLER ... Bei den **Amerikanern und Europäern** sind es hingegen **ASTRONAUTEN** (von gr./lat ASTRA = Sterne), also STERNEN-SEGLER. Und bei den **Chinesen** sind es die **TAIKONAUTEN** („große Leere", tai = groß, **ko** = Leere).

3. **Informatik**
4. **Automatisierung**
5. **LASER-Technologie**
6. **Energie:** China versucht u.a.., durch „Vergasen" von Kohle ein Benzin ohne CO_2 zu schaffen.
7. **Material-Wissenschaft**

Einige dieser Gebiete „sagen" dem Laien so wenig, daß die meisten Menschen gar nicht einschätzen können, wie **unglaublich zukunftstauglich** diese weisen Entscheidungen **vor über einer Generation** waren. Es verwundert also nicht, daß DENG vom TIME-Magazin im Laufe vieler Jahre zweimal zum „Mann des Jahres" gewählt worden ist (1985 und 1986).

DONGTAN – Öko-Stadt der Zukunft

http://future.germanblogs.de/archive/2006/06/24/1tpt7vif7w8qz.htm

In seinem Blog (s. **Rand**) berichtete Alexander GREISLE (am 25. Juni 2006) über die Planung einer Öko-Stadt in China, über welche die großen Medien nicht viel zu sagen hatten:

> **Kein Öko-Konzept aus den 80ern, sondern ein sehr ernst gemeintes und notwendiges Projekt kommt aus China: Der Bau einer Öko-Kleinstadt für 50.000 Menschen in den nächsten 5 Jahren.**
>
> Die Stadt **Dongtan** ... ist Bestandteil eines Masterplans, mit dem China von **2006 bis 2010** die Basis schaffen will, um der zunehmenden Umweltverschmutzung Einhalt zu gebieten. Gerade China ist durch das enorme Wirtschaftswachstum stark davon betroffen.

Wie soll dieses Konzept einer Öko-Stadt umgesetzt werden? Es ist eine Kombination verschiedenster Maßnahmen. Durchaus nicht alle neu, aber in dieser konsequenten Kombination sicher einmalig:

Alle **Verkehrsmittel** laufen entweder mit Wasserstoff- oder Elektromotoren. Fußgänger, Radfahrer und öffentliche Verkehrsmittel sind privilegiert unterwegs und haben Vorfahrt. Transportwege werden konsequent vermieden, dazu werden zum Beispiel Baustoffe und Lebensmittel aus der direkten Umgebung verwendet. Energie kommt zu 100 % aus erneuerbaren Quellen wie Windrädern und Sonnenkollektoren. Ziel ist unter anderem „zero emission" und die Autarkie in der Strom- und Lebensmittelversorgung.

Für die Versorgung der ... Bewohner sorgt die Landwirtschaft in der Umgebung. Dazu werden $^{3}/_{5}$ der Gesamtfläche verwendet.

(Diese Stadt soll) im Delta des Yangtse, nahe Shanghai, ... entstehen. Mit einer Fläche von 630 ha, etwa $^{3}/_{4}$ von Manhattan. Geplant ist, dass die Stadt bis zur Expo 2010 bevölkert wird. Ein wohl durchaus ambitionierter Zeitplan. Weitere Öko-Städte sollen folgen.

EMBARGO

IRAK

Vor einigen Jahren beschäftigte mich das damalige **EMBARGO** gegen den IRAK, das **zwischen den beiden Kriegen** von der UN gegen den Irak verhängt worden war. Der zweite US-Einmarsch in den Irak war **damals noch nicht abzusehen**. Amerika schien es wichtiger, ob CLINTON und jene junge Dame nun etwas miteinander „hatten" oder nicht, statt sich über WESEN-tliche Fragen den Kopf zu zerbrechen (z.B. die Frage, ob ein EMBARGO die gesteckten Ziele jemals erreichen würde). Ich gab damals in Seminaren und in einem Büchlein, das ich damals gerade schrieb („Intelligente Wissens-Spiele"), den **Begriff EMBARGO** für ein KaWa (WORT-Bild) vor. Hierbei schreibt man den Schlüssel-Begriff in die Mitte und belegt anschließend alle Buchstaben mit Assoziationen. Ich war nämlich einige Tage zuvor durch eine Radio-Sendung aufgeschreckt worden, in der sich einige Experten über die Auswirkungen des Irak-Embargos unterhielten. Dadurch wurde mir einiges klar, was man normalerweise nicht bedenkt. Leider erfuhr ich damals u.a., daß **auch wir Deutsche** diesem Embargo zugestimmt hatten, wiewohl wir uns später dank unseres Bundeskanzlers SCHROEDER beim zweiten IRAK-Krieg eindeutig heraushielten. Also fragte ich mich, **warum unsere Regierung angeblich in unser aller Namen einer kriegerischen Maßnahme gegen Zivilisten zustimmen konnte**. Welche Kriterien könnten unsere Entscheider motiviert haben, eine derartige Entscheidung zu treffen? Natürlich kann man aus der Geschichte nichts lernen, wenn man nicht erkennt, wo die Fehler liegen. Deshalb meine ich, daß Sie vielleicht kurz über dieses Thema reflektieren möchten? Wenn ja, dann könnten Sie nicht nur darüber nachdenken, sondern auch mit Freunden reden und im Internet surfen. Wenn Sie am Ende wissen wollen, was ich damals durch jene Radio-Sendung erfuhr, dann können Sie dies im **Teil III** (Merkblatt Nr. 4, Seite 236 ff.) nachlesen...

Die Situation ist leider nach wie vor **top-aktuell**, weil man derzeit dieselben Fehler bezüglich des IRAN machen möchte.

Entwicklungshilfe im pazifischen Raum

Frage 1: Wissen Sie, an welche dieser sieben Länder die EU Entwicklungshilfe zahlt?

1. **Bangladesch**	( ) ja	( ) nein
2. **China**	( ) ja	( ) nein
3. **Hongkong**	( ) ja	( ) nein
4. **Singapur**	( ) ja	( ) nein
5. **Taiwan**	( ) ja	( ) nein
6. **Südkorea**	( ) ja	( ) nein
7. **Malaysia**	( ) ja	( ) nein

Frage 2: Welchen der folgenden Länder geht es (einigermaßen) gut?

- Brunei
- China
- Hongkong
- Japan
- Kambodscha
- Südkorea
- Laos
- Macao
- Malaysia
- Mongolei
- Philippinen (7.000 Inseln)
- Singapur
- Taiwan
- Thailand
- Vietnam

ROTHACHER: „Mythos Asien?"

ROTHACHER weist darauf hin, daß bei der Vergabe von **Entwicklungshilfe** eine alte Regel gilt, deren Gültigkeit wir in Afrika beobachten können: **Je weniger Entwicklungshilfe ein Land bekommt, desto besser sind seine wirtschaftliche und soziale Entwicklung** sowie seine politische **Demokratisierung**. Vergleichen wir einige der Länder von oben miteinander, dann sehen wir, wie wahr seine Beobachtung ist: Die rot gedruckten Länder sind jene, denen es besonders gut geht:

- **Brunei**
- China
- **Hongkong**
- Japan
- Kambodscha
- **Südkorea**
- Laos
- Macao
- **Malaysia**
- Mongolei
- Philippinen (7.000 Inseln)
- **Singapur**
- **Taiwan**
- Thailand
- Vietnam

2006

Etwas genauer zeigen uns das die folgenden Zahlen **aus dem Jahr 2006 (Pro-Kopf-Einkommen** per annum):

Land	**Pro-Kopf-Einkommen**
Laos	130 $
Kambodscha	260 $
Vietnam	370 $
Mongolei	390 $
Nordkorea	970 $
Philippinen (7.000 Inseln)	1.000 $
China	1.190 $
Thailand	2.020 $
Malaysia	3.500 $
Südkorea	9.000 $
Taiwan	13.200 $
Macao	14.200 $
Brunei	15.100 $
Hongkong	23.200 $
Singapur	30.000 $
Japan	34.500 $

Zum Vergleich:
Deutschland:
31.200 $

Wir sehen, daß wir in jenen Jahren, als wir am lautesten gejammert haben, hinter Japan auf Platz 2 lagen, wobei der Lebensstandard einiger dieser Länder (z.B. Südkorea, Thailand, Hongkong und Singapur) ziemlich hoch ist. Es ist also ein Vergleich mit hochindustrialisierten, äußerst erfolgreichen Ländern oder, wie es so schön heißt, ein Beweis dafür, daß wir auf einem sehr hohen Niveau jammerten.

ENT-WICK-LUNG-HILFE

Aber zurück zu unserer Frage nach der **Entwicklungshilfe** (von einer Regierung an die Regierung eines sogenannten bedürftigen Landes): Es gibt immer mehr Soziologen, auch und besonders afrikanische, die uns beschwören, endlich mit dieser Art von Entwicklungshilfe aufzuhören! Wie gesagt, wir sprechen ausschließlich von Geldern, die man an (oft korrupte) Regime bezahlt. Im Gegensatz zu Hilfe zur Selbsthilfe **vor Ort**:

> Wenn wir (regional) einen (spezifischen) Brunnen finanzieren, den die Ortsansässigen selbst bohren bzw. bauen, dann helfen wir wirklich. Diese Hilfe aber ist immer REGIONAL.

Hier einige **Brunnen**, dort eine **Schule** oder eine **Ausbildungsstätte**, in der Bauern einige der Forschungsergebnisse moderner **Agrikultur** nahegebracht werden oder in der **Jugendliche** ein **Handwerk** erlernen können – solche Projekte sind ohne Frage enorm hilfreich, nicht aber, **Geld an die Regierung in der Hauptstadt zu zahlen** (oft viele Tagesreisen entfernt). Das bringt uns zurück zu **Frage 1**: An welche dieser sieben Länder zahlt die EU Entwicklungshilfe (also von Regierung zu Regierung)?

Vgl. Seite 113.

An Länder, denen es seit langem **weniger gut geht, zahlen wir**. Jenen aber, denen es besonders **gut geht** (Singapur, Taiwan, Südkorea) geben wir **nichts**. Sie erhalten von uns keine „Entwicklungshilfe". Das bedeutet im Klartext: **Wir schenken ihren Regierungen kein Geld.** ROTHACHER:

> Wie schon aus Afrika bekannt, überlassen viele jener afrikanischen Empfängerländer die **Sozial- und Regionalentwicklung** getrost

> internationalen **Geberländern** und wenden ihre **Steueraufkommen** anderen Dingen zu, nämlich **Rüstung** und dem **gehobenen Eigenbedarf korrupter Regierungsapparate**.

Diese bauen damit leider **nicht** das **Straßennetz** aus, sondern errichten lieber irgendwo einen weiteren **Palast**. Wenn wir den Politikern Finanzspritzen geben, dann **helfen wir dem Volk damit nicht** (genau das ist jedoch das erklärte Ziel von Entwicklungshilfe; sie soll die **Entwicklung des Volkes** unterstützen, nicht korrupte Regierungen). **Mit solchen Geldern berauben wir die Untertanen jener Herrscher ihrer Menschenwürde**, selbst wenn wir Nahrungsmittel senden, die an die Betroffenen verteilt werden. Kurzfristig, z.B. nach einer Naturkatastrophe, ist das sinnvoll, aber nicht, wenn diese Art der „Hilfe" jahrelang andauert. Stattdessen sollten wir helfen, die Situation zu ändern, z.B. indem wir in Dürregebieten Brunnen bohren lassen (wir haben die Gerätschaften und können mit Solarpanelen die Pumpen betreiben), damit die Felder **bewässert** und wieder **bestellt** werden können. So geben wir den Menschen die Möglichkeit, Verantwortung für ihr Leben zu übernehmen, zurück! Das heißt „angewandte Menschenwürde". Ob wir einen Hartz-IV-Empfänger mit kostenlosen Gaben „beglücken" (der viel lieber einen Job hätte) oder einen Bürger eines Drittweltlandes – das Prinzip ist das gleiche. Mit Hilfe zur Selbsthilfe bauen wir Brücken, schaffen gute Verbindungen und unterstützen die Leute wirklich. Darüber sollte man nachdenken, auch bei uns. ROTHACHER zitiert die scharfsinnige Analyse eines gewissen Lord Peter BAUER bezüglich staatlicher Entwicklungshilfe:

Was wäre hilf-REICH 2.

> Entwicklungshilfe ist nichts anderes als der **Transfer** von Geldern oder Mitteln **aus** den Taschen armer Menschen in reichen Ländern **in** die Taschen reicher Menschen in armen Ländern.

So wandert zum Beispiel das Geld eines deutschen Steuerzahlers (der wenig verdient, also eines armen Mannes in einem reichen Land) in die Taschen eines korrupten Politikers (eines reichen Mannes in einem armen Land).

Helfen wir hingegen **direkt**, indem wir konkrete Projekte angehen, dann werden diese in den seltensten Fällen aus staatlichen Geldern finanziert. Ohne NGOs (Nicht-Regierungs-Organisationen) ginge kaum etwas, denn reiche Staaten geben ihr Geld lieber anderen Staaten, wiewohl sie wissen, was damit passiert. Entweder weil sie damit eine Alibi-Funktion erfüllen wollen oder weil sie diese Gelder als „Incentive" einsetzen, damit die beschenkten Politiker ihnen einen Gefallen tun (z.B. in der UNO mit Ja stimmen, wenn die eigene Anfrage auf dem Tisch liegt). Das sind Aspekte, von denen selten etwas in der Zeitung steht. Wer also wirklich helfen will, sollte **individuelle Projekte** fördern, da können Sie etwas bewirken!

Essen auf der Straße?

Eine Gruppe HAUPTSCHÜLER in Deutschland hatte in der Schule einen Film über **China** gesehen. Dabei war den SchülerInnen aufgefallen, daß an jeder Straßenecke mehrere Stände aufgebaut waren, wo man im Vorbeigehen Nudelsuppe, Fisch, Reis mit Fleisch etc. kaufen konnte. Das brachte sie auf eine Idee, und nun recherchierten sie: Was wäre nötig, fragten sie sich, um z.B. einen solchen Stand aufzumachen (Currywurst, Pommes-Frites oder gebackene Kartoffeln für Figurbewußte)?

Aber schon bald gaben sie frustriert auf. Sie hätten 2 bis 3 Kilo Anträge stellen müssen, und mindestens 15 verschiedene behördliche Stellen wären für sie zuständig gewesen. Bis sie alle Genehmigungen, Stempel etc. gehabt hätten, wäre wohl ein Dreivierteljahr vergangen. So nehmen wir angeblich mündigen (jungen) Bürgern die Möglichkeit, etwas aufzubauen. Merke: **China ist genauso bürokratisch.** Schließlich hat man seit 3.500 Jahren gelernt, wie man richtig verwaltet. Aber in den **Sonderwirtschaftszonen** kann man in zwei Tagen eine Firma gründen. **Warum machen wir das nicht?** Ich meine, jedem Bürger wäre bewusst, dass eine Currywurst, die er in einer Sonderwirtschaftszone kauft, **nicht** 1.000 bürokratische Hürden

alte BÜRO-KRATIE: 3500 Ja.

durchlaufen hat. Nehmen wir das Risiko auf uns? Ich wette, wir würden es tun! In ganz Asien verkaufen Leute auf offener Straße Speisen unter Bedingungen, die hier – unter der Aufsicht unserer Gesundheitsämter – undenkbar wären. Aber diese Leute sind gesund und werden ziemlich alt. Das gilt insbesondere für Japan (dort leben die meisten über 100jährigen). Bei uns nehmen die **Allergien** seit Jahren zu, weil wir unser Immunsystem mit unserem **krankhaften** (im Wortsinn) **Drang nach übertriebener Hygiene** ständig schwächen. Auch darüber könnte man einmal nachdenken...

FASSADE – wie wichtig ist sie?

Marec Bela STEFFEN: „Verhandeln in China – ein Leitfaden", in: SEEGER, Christoph: „China. Das Land verstehen – Verhandlungen führen – Konkurrenten abwehren"

Die Fassade spielt eine große Rolle. Wenn Sie mit Chinesen verhandeln und zwischen **äußerer Form** und **Inhalt** wählen müssen, entscheiden Sie sich für die **äußere Form** – vor allem solange Sie Ihre Verhandlungspartner noch nicht sehr gut kennen. Und erwarten Sie **nicht**, daß hinter deren Fassade immer das steckt, was sie vorgeben. Überprüfen Sie im Zweifelsfall alle Fakten sehr genau...

GESCHÄFTE mit Chinesen? Oder: Kennen Sie die vier Grundpfeiler chinesischer Kultur?

John L. GRAHAM und N. Mark LAM: „Geschäfte mit Chinesen", in SEEGER, Christoph: „China. Das Land verstehen – Verhandlungen führen – Konkurrenten abwehren"

GRAHAM und LAM (s. Rand) versuchen, gegen das „Unvermögen (westlicher*) Manager, den wesentlich umfangreicheren Kontext der chinesischen Kultur und ihrer Werte zu verstehen", anzugehen. Westler neigen dazu, die Chinesen als „ineffizient, indirekt und sogar unehrlich" zu beurteilen, nicht wissend, daß die Chinesen uns „als aggressiv, unpersönlich und reizbar" empfinden. Die Unterschiede

* Zwar meinen sie **amerikanische** Manager, aber auch Deutsche, die in China Geschäfte machen wollen, können von diesem Beitrag profitieren!

sind tief in der jeweiligen Kultur verwurzelt. Man kann mit den Chinesen nur Geschäfte machen, wenn man die vier Wurzeln der chinesischen Kultur kennt und respektiert:

1. **LÄNDLICH GEPRÄGTE GESELLSCHAFTS-STRUKTUR:** „China besitzt seit 5.000 Jahren eine ländlich geprägte Gesellschafts-Struktur, auch heute noch wohnen 2/3 aller Chinesen auf dem Land, vorwiegend vom Anbau von Reis und Weizen. Chinesen sind sehr heimatverbunden." (Weshalb die Wanderarbeiter so leiden, wenn sie notgedrungen ihre Heimat verlassen müssen, vgl. Seite 31 ff.). „Die Tradition entwickelte Bauern-Gemeinden, die gewohnt sind, als Dorfgemeinschaft zu entscheiden. Im Zweifelsfall ist diese Gemeinschaft wichtiger als die Bedürfnisse eines einzelnen, da das Überleben jahrtausendelang nur innerhalb der Gruppe möglich war; davon leitet sich auch das starke Bedürfnis nach HARMONIE ab. Wenn man auf Gedeih und Verderb von anderen abhängig ist (Familien, Nachbarn), dann ist es im Zweifelsfall besser, die Harmonie zu sichern als persönliche Rechte (s. nächstes Stichwort). Aus demselben Grund ist absoluter **Gehorsam** (gemäß hierarchischer Ordnung) wie auch **Loyalilät** unbedingt notwendig; zuerst gegenüber der **eigenen Familie**, dann gegenüber dem **Dorf**. Auch wenn westliche Geschäftsleute glauben, mit Stadtbewohnern zu verhandeln, wurden die meisten von ihnen auf dem Land geboren und geprägt! Auch im Stadtleben gilt ihr Interesse zuerst jenen in der Heimat." (Deshalb ist es für Firmen schwer, Loyalität zu erzeugen, wenn die Leute keine inneren Verbindungen besitzen.)
2. **SITTLICHKEIT** (die konfuzianische Tradition) und **HARMONIE**: „Konfuzius lieferte ein über 2.000 Jahre altes Fundament der Erziehung. Kenntnisse dieser Texte gehören zu den wichtigsten Voraussetzungen für ein Regierungsamt. Es würde Westlern gut anstehen, sich mit diesen Texten auseinanderzusetzen, ehe sie in ein Land gehen, das davon geprägt wurde." Zwar wollen die Autoren dies vor allem Amerikanern ins Stammbuch schreiben, die regelmäßig in völliger Unkenntnis örtlicher Gegebenheiten versuchen,

in fremden Regionen erfolgreich zu sein, aber ich kenne wenige Deutsche, die in China Geschäfte machen (wollen), die sich mit solchen Hintergründen befaßt hätten...

3. **PIKTOGRAPHIE:** Auch diese beiden Autoren betonen, wie wichtig es ist, sich mit der ganzheitlichen Denkweise auseinanderzusetzen, die durch die (bildliche) Sprache geprägt ist. Sie zitieren eine Studie des Psychologie-Professors Michael Harris BOND (Universität Hongkong), aus der hervorgeht: **Amerikanische Kinder sind besser in der Wahrnehmung von Details, während chinesische Kinder einen besseren Überblick haben, das heißt das Ganze besser wahrnehmen können.** Er führt das darauf zurück, daß westliche Sprachen die Aufmerksamkeit mehr auf Details lenken, während die chinesische Sprache viel der Vorstellung überläßt – was übrigens auch die Notwendigkeit erhöht, herauszufinden, wie unsere chinesischen Gesprächspartner jene „Lücken" ausfüllen (vgl. auch meinen DVD-Live-Mitschnitt und/oder das gleichnamige Buch „Von Null Ahnung zu etwas Chinesisch – Dies ist kein Sprachkurs").

4. **XENOPHOBIE** (Angst vor Fremden): Da China sich jahrtausendelang gegen die Außenwelt abschirmte und die Bekanntschaft mit Fremden fast immer mit Überfällen einherging, war die Angst sogar begründet. Im Norden fielen u.a. die Mongolen des öfteren ein (die nach dem 13. Jahrhundert sogar ganz China beherrschten); zweimal überfielen die Mandschus (aus dem Nordosten) das Reich der Mitte, nach dem zweiten Überfall beherrschten sie China 300 Jahre lang; im Westen waren es (seit dem 7. Jahrhundert) die Tibeter, die später jahrhundertelang mit Hilfe der Mongolen West-China beherrschten (s. Modul „Etwas Geschichte", Seite 187 ff.). Tendieren schon wir Deutsche dazu, Fremde abzulehnen, wiewohl wir seit Jahrzehnten ständig im Ausland Urlaub machen und auch als Export-Weltmeister positive Erfahrungen mit Ausländern haben, so dürfen wir uns nicht wundern, daß Chinesen, die vor allem Negatives durch Fremde erlebt haben, zu ausgeprägter Xenophobie neigen.

GUAN.Xi (= Beziehungen)

Dies ist die wohl wichtigste Vokabel im Umgang mit Chinesen, insbesondere für Geschäfte mit ihnen (s. „Beziehungen, menschliche" Seite 95 ff.). Da die Chinesen extrem enge Bindungen an Familie, Sippe und Clan haben, hat man es als Außenseiter sowieso schwer. Verletzt man die Gesetze der HARMONIE in menschlichen Beziehungen, hat man überhaupt keine Chance. Um zu verstehen, wie sehr die Chinesen miteinander „verbandelt" sind, bieten uns EDERER und FRANZEN folgende hilfreiche **Metapher**:

> Werfen wir zwei Steine in den See, dann entwickeln sich an jedem Punkt, an dem ein Stein ins Wasser fiel, kreisförmige Wellen, die sich nach außen bewegen. Liegen die beiden Steine sehr weit auseinander, werden die Wellen sich **nicht** berühren, andernfalls aber schneiden sich die Wellen. Das symbolisiert die Berührungspunkte dieser beiden Steine (= Personen). Werfen wir 10 Steine (nicht allzu weit voneinander entfernt) ins Wasser, dann ergeben sich **weit mehr Berührungspunkte**.

Werfen wir jedoch 1,3 Mrd. Steine (derzeitige Bevölkerungszahl von China) ins Wasser, dann haben wir **Milliarden Berührungspunkte in einem Netz von sich berührenden Kreisen.** Das ist ein Bild von **Guan.xi**, dem die Autoren hinzufügen: „Unkenntnis der Regeln läßt viele Geschäftsbeziehungen scheitern."

1,3 MRD. Steine?

HARMONIE

HARMONIE ist sehr wichtig im chinesischen Leben, nicht nur als Lippenbekenntnis (wie oftmals bei uns). Das Bedürfnis, Harmonie zu leben, ist sehr real. Deshalb kann es weit wichtiger sein, die HARMONIE aufrechtzuerhalten, als recht zu haben/behalten.

1 • **HIERARCHIE:** Vier von fünf menschlichen Beziehungen (nach Konfuzius) sind hierarchisch (vgl. Seite 95 ff.); Chinesen fühlen sich in klaren Hierarchien wohler, weil jeder weiß, wohin er/sie gehört.

2 • **ART und WEISE wichtiger als Ergebnis:** Der Ton macht die Musik, und wenn der Ton nicht stimmt, verzichten die Chinesen gern auf die Musik.

3 • **RESPEKT:** Gegenseitiger Respekt, auch auf den unteren Ebenen, wird angestrebt.

4 • **MEINUNGSVERSCHIEDENHEITEN unbedingt beilegen:** Etwaige Mißverständnisse können sonst leicht eskalieren...

5 • **ÖKONOMIE und ORDNUNG:** Chinesen haben die höchste Sparquote weltweit (43 %) und lieben klare Ordnung, die jedem **Orientierung** bietet.

6 • **NORMEN:** Je mehr Menschen auf engem Raum miteinander auskommen müssen, desto wichtiger ist es, daß für alle klare Regeln

gelten; das wußte schon der erste Kaiser (im 3. vorchristlichen Jahrhundert), dessen Terrakotta-Armee wir heute noch bewundern.

- **INTERDEPENDENZ:** Wir kennen die **Independenz** (Unabhängigkeit) und die **Dependenz** (Abhängigkeit), aber das Konzept einer wechselseitigen Abhängigkeit ist uns nicht so vertraut. Diese **Interdependenz** gehört zu den grundlegendsten Erfahrungen in chinesischen Beziehungen. 7
- **ENTWICKLUNG Yin und Yang:** Kontrapunkt zu den Regeln der konfuzianischen Sittenlehre (halte dich an etablierte Regeln) ist die Lehre von der **himmlischen Harmonie** im Universum, der AUSGEWOGENHEIT zwischen den jeweiligen Polen (männlich/weiblich, schwarz/weiß, laut/leise etc. nach Lao Tse), auch als **Taoismus** bezeichnet. Wobei das Tao (neue Schreibweise Dao) den Weg zum Ziel beschreibt. Es geht vor allem um den Versuch, Balance zu erzeugen (selbst wenn es nicht immer gelingt), denn im Zweifelsfall ist der WEG das ZIEL. Eine Haltung, mit der viele Westler ihre Probleme haben. 8

IGNORANZ

Viele der Autoren, die ich für den Vortrag* und dieses Buch konsultierte, beklagen die außergewöhnliche **China-Ignoranz im Westen**. Um nur einem eine Stimme zu geben, lassen wir Kurt SEINITZ („Vorsicht, China!") sprechen:

> (Wir) die wir seit 30 Jahren China und Asien bereisen, wundern uns schon die längste Zeit über die zuweilen **erstaunliche Ignoranz im Westen**. Ignoranz ist ein Symptom erstarrter Zivilisationen – siehe altes China.

---

* Gemeint ist der gleichnamige DVD-Live-Mitschnitt, der diesem Buch-Projekt vorausging und ihm zugrunde liegt.

Wie schon an anderer Stelle dieses Moduls erwähnt (s. „XENOPHOBIE", Seite 120), fürchten wir besonders, **was wir nicht kennen.** Das alte China hatte sich ca. ein halbes Jahrtausend lang vollkommen von der Außenwelt abgeschottet, weil das Kaiserhaus der Meinung war, man hätte in China alles erfunden, was es zu erfinden gäbe. Man sei dem Rest der Welt enorm voraus (was damals auch stimmte), und es gäbe nichts, was die Fremden anbieten könnten, das man nicht selbst anbauen oder fertigen könne. Aufgrund dieser Abschottung war China nicht in der Lage, mit der europäischen Gefahr umzugehen, was dem Land letztlich 170 Jahre Leid und Elend einbrachte (vgl. Modul „Etwas Geschichte"). Das sollten wir uns klarmachen. Leider erlebe ich derzeit häufig das Gegenteil, wenn ich erzähle, welches Buch ich gerade schreibe: „Ach, China, Asien ... Hmm, womit Sie sich nicht alles beschäftigen ... Was kommt denn als nächstes?" Tja, als nächstes kommt der Beweis mangelnder Fähigkeit, auf eine Umwelt zu reagieren, die wir nicht kennen, wenn wir uns die Arroganz der China-Ignoranz noch lange leisten ... In „China erwacht" erklärt Nicholas KRISTOFF einen wesentlichen globalen Mechanismus:

170 Ja. LEID & ELEND

vfb: wie Deutschland derzeit.

> Staaten, deren Wirtschafts- und Gesellschafts-Struktur in etablierten Sonder-Interessen gefangen sind, verkalken.

Ver-än-de-run-gen?

Diese Sonder-Interessen verhindern nämlich schmerzhafte Veränderungen ... Manchmal kann erst ein **Krieg**, insbesondere eine **Niederlage**, tief verwurzelte Strukturen aufbrechen, wie in **Deutschland** und **Japan** nach dem 2. Weltkrieg. Inzwischen haben sich dermaßen starke neue Sonderinteressen gebildet, daß wir weder in der Lage sind, unsere Steuergesetze zu vereinfachen, noch können wir unsinnige Subventionen beenden oder gar Bürokratie abbauen. Bei jedem notwendigen Schritt treten andere Lobbyisten auf den Plan und wehren sich gegen jede noch so kleine Maßnahme. KRISTOFF weiter:

> Im Fall des alten China war das gesamte Land infolge Verkalkung fast vollständig paralysiert. Nach (diversen) Kriegen und Revolutionen (inklusive Maos verheerender Kultur-Revolution) brachen alte

> Strukturen auf und machten den Weg frei zu einer Komplett-Erneuerung.

NEU-Anfang

Ich stimme dem weitgehend zu, aber nicht ganz. Es wurden natürlich noch lange nicht ALLE Strukturen aufgebrochen, aber genügend, um einen Neu-Anfang in den Sonderwirtschaftszonen zu erlauben. Heute geht man ja davon aus, daß 70 % dessen, was Mao auslöste, falsch war. Aber zu den 30 % dessen, was gut für China war, gehört vielleicht seine Einsicht, daß (wie SEINITZ analysiert) die ZERSTÖRUNG des Alten wichtiger war als der Aufbau des Neuen. Mao: „Die Revolution ist ein Akt der Gewalt!" SEINITZ:

1976

> Als ... Mao 1976 starb, lagen China und die ... kommunistische Partei ausgeblutet am Boden. Das Regime war bankrott, zumal die Chinesen in Hongkong, Taiwan und Singapur längst ... den besseren Weg zum Erfolg gewiesen hatten. (Deshalb gelang DENG sein unglaublicher Erfolg): Der geniale Pragmatiker riß das Ruder mit dem Mut der Verzweiflung herum, indem er China 1979 epochal umpolte: von jahrhundertelang nach INNEN gewandt ... zur RADIKALEN ÖFFNUNG hinaus, zur Welt.

DENG

DENGs Parolen „vom kapitalistischen Klassenfeind lernen" bzw. „den Westen mit seinen eigenen Waffen schlagen" stellten perfekte Brücken vom „kommunistischen Klassenkampf" hin zur neuen Marschrichtung dar. DENG: „Wir öffnen uns der Welt, aber zu unseren Bedingungen."

Sonder-wirt-schafts-zonen

Übrigens könnten Erfolge der Sonderwirtschaftszonen in China anderen Regionen Mut und Lust machen, ähnlich erfolgreich zu werden. Vielleicht sogar in Deutschland? Vielleicht nutzen einzelne Bundesländer ihre (trotz großer Widerstände) gestärkten regionalen Möglichkeiten und definieren, welche „blühenden Landschaften" sie haben wollen? Interessant: Wenn die Entwicklungen in einigen derartigen Sonder-Zonen gut LAUFEN, beeinflußt dies das ganze Land. Deshalb sagt KRISTOFF auch:

> Immer mehr globale Wirtschafts-Entscheidungen werden in Peking und nicht in Washington getroffen.

2005

Dem stimmt SEINITZ zu, wenn er die britische Zeitschrift THE ECONOMIST (von Mitte 2005) zitiert. Dort heißt es in einem Artikel („How China runs the World Economy"): „Der chinesische RenMinBi-Yuan wird in Südost-Asien bald den Dollar als Leitwährung ablösen."

JAPAN – RUSSLAND

Raten Sie mit: Wie groß ist Japan (gemessen von der nördlichsten Insel bis zur südlichsten Insel)? _____ km

Schauen wir wieder einmal bei ROTHACHER („Mythos Asien?") nach. Dort erfahren wir, daß STALINs Taten ein halbes Jahrhundert nach seinem Tod die Beziehungen der NACHBARLÄNDER enorm belasten. **Japan ist ein extrem kleines Land.** Zwar erstrecken sich die Inseln von der Nord- bis zur Südspitze über 3.000 km, aber der größte Teil der Vulkan-Inseln besteht aus unwirtlichen Bergen (wie dem berühmten Fudschijama) – schön anzuschauen, aber nicht bewohnbar. Somit bleiben nur relativ schmale Streifen entlang den Küsten.

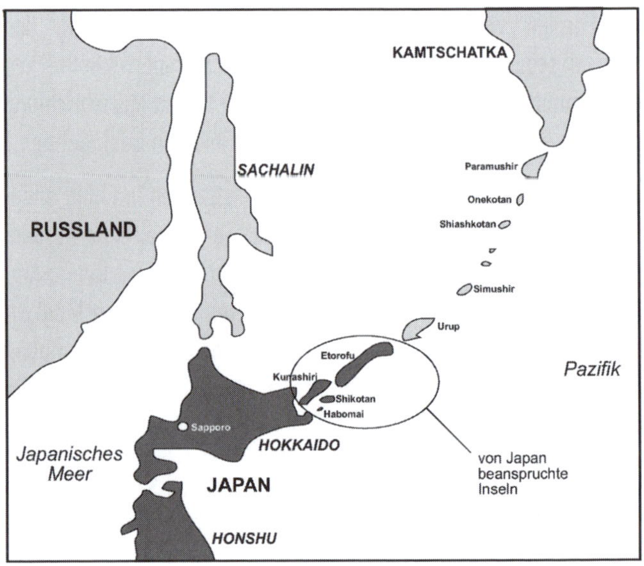

Daher ist der **Verlust von Land**, auch von wenig Land, **extrem schmerzhaft**, zumal die **Nation** – Rußland –, die Japan nach dem 2. Weltkrieg Land weggenommen hat (die Südkurilen), zu den größten der Welt gehört (bzw. **flächenmäßig** sogar das größte Land der Welt ist). ROTHACHER: Es gibt weder einen **Friedensvertrag** noch nennenswerte **Wirtschaftshilfe** (von Japan an Russland) ohne Rückgabe dieser Inseln:

Süd-Kuri-len

> (Langsam) dämmert es den Strategen im Kreml ..., daß ein russisch-japanisches Zusammengehen **gegenüber der stetig wachsenden Macht Chinas** die EINZIGE Chance für den **mittelfristigen Machterhalt Rußlands über die sich ENT-VÖLKER-ten Weiten Russisch-Fernosts** darstellt. Das Abtreten jener peripheren Inselgruppe unter gesichtswahrenden Formeln wäre eigentlich ein leicht zu verschmerzender Preis für das bedrohte Riesenreich Rußland, doch ... es wäre die 1. territoriale Konzession Rußlands seit dem 2. Weltkrieg.

Russisch Fern-ost

Tja, bin gespannt, wie es weitergeht. Falls Sie irgendwann einmal in den Nachrichten eine **25-Sekunden Meldung** bezüglich dieser **gesichtswahrenden Übergabe** hören (ehe Sie einen 5-Minuten-Bericht mit Feuer und Flammen und durcheinanderlaufenden Opfern eines Anschlags sehen), dann können Sie die Info schnell genug einordnen, um zu verstehen, worum es geht (auch wenn man es so kurz und knapp erklären wird, daß nur Insider es begreifen).

KONKUBINEN-WIRTSCHAFT (nach Frank SIEREN)

Kon-ku-binen-Wirtsch.

Diese wunderbare Metapher von Frank SIEREN („Der China-Code") erklärt eine besondere Variante von **Joint Ventures in China**. SIEREN beginnt mit einem Zitat von Sterling SEAGRAVE (aus dessen Buch „Die Konkubine auf dem Drachenthron") über die Rolle der Konkubinen (Nebenfrauen des Kaisers, deren Status sich mit der Geburt von Knaben verbesserte). SEAGRAVE beschreibt die gruppendynamischen

Kon-Ku-bi-nen-Wirt-schaft

Mechanismen innerhalb dieser Gruppe von Frauen, die es „andere auf tausendfältige Weise spüren (ließen)", wenn sie gerade eine Favoritenrolle innehatten, aber wieder zu Mägden wurden, sobald der Kaiser das Interesse an ihnen verlor. Dann beschreibt SIEREN, wie China sogenannte **Global Player** (z.B. Autobauer) einlädt, damit diese **um die Gunst der chinesischen Partner buhlen** (Partner sind in diesem Fall staatliche Firmen). Dabei werden die GLOBAL PLAYER gegeneinander ausgespielt. Hier ergeben sich **Wettbewerbs-Situationen**, denen sie sich nirgendwo auf der Welt **freiwillig** gestellt hätten. Aber hier tun sie es, um den chinesischen Markt zu erobern.

Es ist ebenfalls interessant, daß wir **diese eigenartige Wettbewerbsvariante VW verdanken.** Ohne die folgende Vorgeschichte hätte sich das, was SIEREN als **Konkubinenwirtschaft** bezeichnet, wohl nie entwickelt. Es gibt inzwischen auch andere Arten von Joint Ventures, aber die Konkubinenwirtschaft mit jenen Firmen, die schon länger dort sind, ist fest verankert. Was war geschehen?

VW hatte zunächst **ein** Joint Venture mit dem chinesischen Autohersteller **SAIC** geschlossen, meinte aber, sich **gleichzeitig** mit einem zweiten **(FAW)** „ins Bett legen zu müssen". Und als wäre das nicht schon schlimm genug, hatte VW seinen Partner auch nicht darüber informiert. So erfuhren es die SAIC-Manager erst, **nachdem VW bereits im zweiten Bett lag**. Dies bedeutete einen **unnötigen Gesichtsverlust** für **SAIC** sowie einen weit schlimmeren **Verlust an Vertrauen** zu den „fremden Partnern" (vgl. „Panne Nr. 1", Stichwort **„Transrapid – die Pannenstaffel"** Seite 167 ff.).

vgl. Transrapid

Als kurz darauf GM aus den USA äußerst motiviert war, den Chinesen zu „gefallen", meinten die **SAIC**-Manager: **Wenn VW in zwei Betten gleichzeitig liegen kann, dann können wir das auch!** So beschloß man ein SAIC-GM-Joint-Venture. Danach bot es sich förmlich an, GM bei jeder Gelegenheit gegen VW auszuspielen, und wie wir heute wissen, hat es sich langfristig für VW **nicht** gelohnt (vgl. auch das Stichwort „BEZIEHUNGEN, menschliche", Seite 95 ff.).

Nachdem China diesen Mechanismus (der Konkubinenwirtschaft) kennen und schätzen gelernt hat, nutzt es ihn natürlich gegenüber den Langnasen, da diese sich ja als nicht sehr vertrauenswürdig **erwiesen** hatten. Tja, wir werden immer von den Konsequenzen unseres Tuns „erwischt". Das gilt für **VW** und auch für **Thyssen-Krupp**. SIEREN beschließt seine Schilderung der Konkubinenwirtschaft in China wie folgt:

> Die Konkubinen am Kaiserhof „hofften auf Sicherheit und stabiles Leben, auf Macht und Einfluss ... Die internationalen Fahrzeughersteller (ebenfalls) mit einem wesentlichen Unterschied: Die Wahrscheinlichkeit, dem Kaiser einen Sohn zu gebären (und damit eventuell viel Einfluss zu gewinnen), war deutlich höher als die Chance der Global Player, heute einen bestimmenden Einfluss im chinesischen Automarkt zu bekommen.

KON-
KU-
BI-
NE

Wenn man am Anfang ein wenig mehr Geduld gehabt hätte und sich weniger wie eine Konkubine (also „**Neben**frau") benommen hätte, dann hätte VW erstens eine wirklich gute Beziehung aufbauen können, zweitens hätten nachfolgende europäische Geschäftspartner einen Vertrauensvorsprung (statt -nachteil) gehabt. Und drittens hätte sich dies **langfristig** ausgezahlt. **Asiaten denken langfristig**; deshalb nehmen manche Chinesen es uns heute noch übel, wie Europa (allen voran England) ihnen damals mitgespielt hat (vgl. Modul „Etwas Geschichte", Seite 202 ff.). Wir hatten eine Chance für einen Neu-Anfang, aber dieser scheint eher „mehr vom selben" zu bieten als wirklich Neues. Schade. Dies hat in einem Land, in dem GUAN.XI (Beziehungen) die wichtigste Vokabel für das Geschäftsleben ist, Konsequenzen.

Neben
FRAU

KRISE

Das chinesische Wort für „Krise" beinhaltet zwei Han-ji (Schriftzeichen), die beide Aspekte beleuchten: 1. Gefahr und 2. (gute) Gelegenheit

KULTUR-REVOLUTION

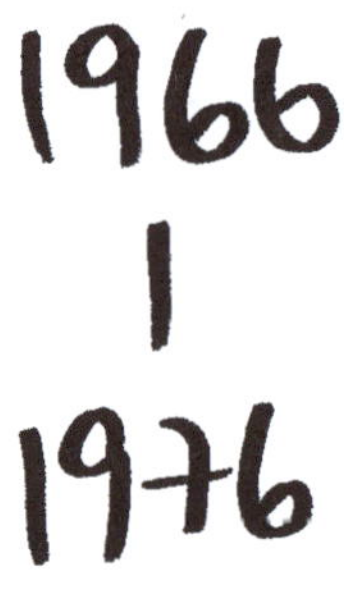

1966 bis 1976 gelten als die verlorenen Jahre Chinas. Eine Generation Intellektueller wurde aufs Land verbannt, gefoltert, eingesperrt, getötet. Die Täter waren vorwiegend Jugendliche, die Mao rekrutierte, als er merkte, daß seine Macht schwand. Damit verlängerte er seine Herrschaft um ca. 13 Jahre, aber auf Kosten des chinesischen Volkes. Neben Millionen von Opfern bedeutete es den wirtschaftlichen und intellektuellen Niedergang, den seine Witwe und ihre „Gang" nach seinem Tod noch lange fortgesetzt hätten, wäre die „Viererbande" nicht gestürzt worden. In den Jahren nach Maos Tod wurden vorsichtige Zweifel an seinen Entscheidungen laut (10 % seiner Entscheidungen waren nicht gut). Inzwischen gilt inoffiziell, daß eher 50 bis 70 % seiner Entscheidungen falsch und für das Land schädlich waren.

Warum aber hat er nicht die Armee eingesetzt, sondern die **jungen Leute** aufgehetzt? Weil in einem Land, das seit Jahrtausenden Bildung schätzt wie kaum ein anderes, Erwachsene die gesamte intellektuelle Elite einer Generation weder eingesperrt noch verkrüppelt oder getötet hätten. **Junge Leute**, die dem Pauken genauso gern entkommen wollten wie SchülerInnen hierzulande, konnten überhaupt nicht abschätzen, was es bedeutet, wenn man versucht, die gesamte Intelligenz eines Landes auszuradieren. China wird sich davon lange nicht erholen. In anderen Worten: **Ohne die Kulturrevolution hätten wir keinen Wissensvorsprung** (den wir noch haben). Wenn jedoch unser Bildungssystem so bleibt, wie es ist, löst sich dieses Problem innerhalb der nächsten 15 Jahre von allein. Dann werden wir wohl doch zum „Wurmfortsatz" Asiens (vgl. PILNY-Zitat, Seite 68).

Wenn man bedenkt, daß es DENG gelang, nur 3 Jahre nach Ende der Kultur-Revolution die erste seiner **vier Reformen** einzuleiten und das Ruder nach Jahrzehnten herumzureißen, dann sehen wir die **enormen regenerativen Kräfte** eines Volkes, das in 500 Jahren immer wieder schlimmes Leid durch Staatsgewalt erlitten hat ... Und wir sehen, was die Chinesen leisten können, wenn sie dürfen (vgl. „Chinesen als Minoritäten in anderen Ländern", Seite 98 ff.).

LEISTUNGS-ELITE (Meritokratie)

← --- Würde uns auch gut tun!

Schon im alten China bestand auch für einfache Leute die Möglichkeit, zu höchsten Ämtern aufzusteigen. Voraussetzung dafür war, daß man die entsprechende Ausbildung absolvierte und eine Reihe von äußerst strengen Prüfungen bestand. Zwar war es nötig, daß jemand diese Ausbildung finanzierte (z.B. ein wohlwollender Beamter, der ein begabtes Kind „sponsorte"), aber auch das Umgekehrte war wahr: Egal wie hoch der Vater aufgestiegen sein mochte, es gab keinen Erbadel. Jede Generation mußte diesen Weg selbst gehen. Natürlich waren Söhne gebildeter Adeliger im Vorteil*, trotzdem mußte jeder Sohn jede Prüfung höchstpersönlich durchlaufen. Und wenn er es nicht schaffte, dann konnte er sich gleich umbringen (vgl. „**SELBSTMORD**-Stati-

* Wie heute bei uns – schließlich ist Deutschland seit Jahren Pisa-Sieger in puncto „sozio-ökonomische Distanz", das heißt, auch unser Schulsystem bevorzugt Kinder aus bildungsnahen Familien.

stik", Seite 157). Auch bei den Exil-Chinesen ist es nicht leicht, später einmal den Laden (die Firma) des Vaters zu übernehmen. So berichtet SEAGRAVE (in seinem Buch „Die Herren des Pazifik"):

Exil-Chinesen

> Knaben oder junge Männer, die in das Familiengeschäft einsteigen wollten, mußten eine lange Lehrzeit absolvieren, während der ihre Fähigkeiten und ihre Vertrauenswürdigkeit (Shin Yung) sorgsam geprüft wurden. ... Nur wer sich als vertrauenswürdig erwiesen hatte (kam weiter). ... Vertrauen war alles! Das machte die Schande zu einer mächtigen Waffe ... Das Shin Yung einzubüßen kam einem **Todesurteil** gleich. Menschen aus dem Westen verstehen oft nicht, was es für einen Chinesen bedeutet, das Gesicht zu verlieren. Aber in das Vertrauen investiert und aus dem Vertrauen erbaut der Chinese sein Leben lang (alles). Aufgrund des Shin Yung konnten Geldverleiher in China oder irgendwo am Rand des Pazifik Geld OHNE Garantien verleihen und sicher sein, es MIT Zinsen zurückzubekommen.

Mikro-Finanzierung

Übrigens haben die chinesischen Wohlfahrts-Organisationen einen Aspekt der Mikro-Finanzierung vorweggenommen: Bei uns bekommt im Grunde ja nur Geld, wer es NICHT benötigt, weil er Sicherheiten besitzt. Chinesen, die (oder deren Familien) genügend Beziehungen (Guan.Xi) besitzen, bekommen Geld auf Vertrauen geliehen, da alle wissen, daß ein Nichtzurückzahlen den Verlust dieses Vertrauens und damit den Tod bedeutet. Sollte man sich nicht selbst umbringen, erledigen dies die „Vertreter" des Geldgebers. In diesem Zusammenhang sollte man begreifen, daß ein Chinese möglicherweise mit dem Leben für seine mangelnde Sorgfalt bezahlt, wenn man ihn betrügt...

MACHTVERSCHIEBUNG durch GLOBALISIERUNG

Was die meisten von uns nicht wissen, ist, wo **Macht sich zentriert** und wie sich Machtverhältnisse **verändern**. Hier eine kurze Übersicht:

REGIONAL

1. **REGIONAL-POWER:** Vor der Industrialisierung im 19. Jahrhundert war die **POWER** vorwiegend **regional**. Oft konzentrierten sich ganze Regionen auf eine Spezialität (z.B. Weinanbau, Porzellan, Wagenbau, Werkzeugherstellung, Glasherstellung, Kohlebergbau, Pferdezucht etc.). So wie einst die Bewohner eines Dorfes weitgehend autonom waren, wurden nun **Regionen autonom**. Verbindungen zu anderen Regionen wurden erst mit den Eisenbahnen und später durch den Straßenbau in größerem Maße möglich. Davor nutzte man z.B. Wasserwege. Dies war in China Tausende von Jahren (bis ins 20. Jahrhundert) die bevorzugte Route für viel Waren- und wenig Personenverkehr. Dort ersetzten Kanäle die Überlandstraßen der Neuzeit.

STAAT

2. **STAATSMACHT:** In der nächsten Phase (frühe Industrialisierung) entwickelten sich die **Nationalstaaten**. Plötzlich wurde die Flagge ein Symbol, man hatte „stehende Armeen“ (= Armeen, die auch in Friedenszeiten „Gewehr bei Fuß standen“). Dies hatte es in der Vergangenheit nur selten gegeben, denn Armeen sind teuer (Nahrung, Wohnen, Kleidung, Waffen). Davor hatte man sie nur im Kriegsfall zusammengestellt (oft auch, indem man junge Männer kidnappte und zum Militärdienst zwang). Ein **Nationalstaat** übernimmt dem Volk gegenüber eine ähnliche Rolle wie ein Vater in einer partriarchalischen Familie: **Er regelt alles** (mittels stetig wachsender Bürokratie), von der Geburt bis zur Bahre: Schulsysteme, Krankenhäuser, Rechtssystem, Gefängnisse etc. Die regionale POWER war der **STAATSMACHT** gewichen, die von einer Gruppe älterer MÄNNER ausgeübt wird. (Erst in neuerer Zeit spielen auch einige Frauen hier „tragende“ Rollen.)

GLOBAL

3. **GLOBAL-POWER:** Auch die Phase der Nationalstaaten neigt sich dem Ende zu, denn inzwischen wurden einzelne internationale (= globale) Firmen stärker als so manches LAND, und so entstand

G L O B A L

GLOBAL-POWER. Die 20 größten multinationalen Konzerne dieser Welt erwirtschaften mehr Umsatz, als den Staatshaushalten der 80 ärmsten Länder dieser Erde zur Verfügung steht. Vielleicht erlauben einige Firmen es sich deshalb immer häufiger, sich über geschriebene und ungeschriebene Gesetze hinwegzusetzen – wer soll einer solchen Firma den Prozeß machen? Wenn z.B. weltweit führende Firmen für Saatgut und Düngemittel (wie MONSANTO, USA) den armen Bauern in der 3. Welt teure **genveränderte Saatkörner** verkaufen, die angeblich ohne Pestizide auskommen (was dann doch nicht stimmt), so ist dies schon schlimm. Schlimmer aber ist, daß man den Bauern die wichtigste Info vorenthielt, nämlich daß diese Saatkörner sogenannte **TERMINATOR-Körner** sind, das heißt, sie TÖTEN den Keim ab. Das bedeutet, daß die Bauern erstmals in der Menschheitsgeschichte nicht mehr **einen Teil der Ernte** als **Saat für das kommende Jahr** nutzen können. Im Klartext: Die Ärmsten der Armen **müssen Jahr für Jahr neues Saatgut kaufen**. Und niemand schreitet ein, nicht einmal dann, wenn Tausende von Bauern sich umbringen, weil sie sich für dieses „besondere" Saatgut völlig verschuldet haben und nun ihre Kinder als Sklaven verkaufen müssen. Ja, das gibt es durchaus noch. (Auch davon hören wir in den Medien eher nichts!)

THINK GLOBAL ACT LOKAL

4. **Aber die Entwicklung bleibt auch hier nicht stehen.** Die Ära der großen supranationalen Unternehmen nähert sich dem **Zenit**. Derzeit erleben wir **parallel** sowohl **noch Nationalmacht** und **GLOBAL-POWER** als auch **schon eine neue Art der REGIONAL-POWER**. Diese Entwicklung ist besonders spannend, weil sie von angeblich „zurückgebliebenen" Drittwelt-Regionen **unmittelbar genutzt** werden kann. Dadurch können manche Gegenden den Sprung **von Renaissance-Strukturen in die Neuzeit** wesentlich leichter schaffen. Denn jetzt wird die seit ca. 1985 geäußerte Forderung der Futurologen endlich wahr: **Global denken, regional handeln!**

Beispiel: Denken Sie an die **Wirtschaftszonen im Süden Chinas und Indiens**. Beide Staaten haben hochmoderne Zonen eingerichtet, in denen sie teilweise auf die Ausübung der **Staatsmacht** verzichten, damit **neue Global Player** (wie HAIER in China) entstehen können. Gleichzeitig führt dies zur **Stärkung dieser Gegenden**, was dort zu einer **neuen REGIONAL-POWER** führt. Früher litten die Regionen oft unter Transport- und Kommunikationsproblemen, heute hingegen sind sie an Straßen-, Schienen- und Kanalnetze angebunden und kommunikationstechnisch ebenfalls autonom, weil sie **via Internet** weltweit mit jedem gewünschten Partner in Kontakt treten können.

ZONEN

Wir wissen, daß auch in unserem Land einige Gebiete sich großartig entwickeln, während andere regelrecht „aussterben". Dies wird jedoch **nicht** von der „großen" Politik in Berlin beeinflußt, sondern in weit stärkerem Maße von **Lokal-Politikern**. Es ist demnach nicht das Schicksal der Anwohner, sondern wird durch aktives Tun in dieser Region ausgelöst! **Beispiele:**

1. Wiewohl in großen Teilen Deutschlands die Geburtenrate dramatisch gesunken ist (woran staatliche finanzielle INCENTIVES nichts ändern), gibt es **einige wenige Gemeinden**, die rechtzeitig umgedacht haben. Hier sorgten **zukunftstaugliche BürgermeisterInnen** für ein **kinderfreundliches Klima in der ganzen Stadt**. Sie schufen ausreichend **Krippen** und **KiTas** und ermöglichten erschwingliche **Mieten** für Häuser, die von etwas **Lebenswelt** umgeben sind, in der Kinder und Jugendliche spielen und herumtollen können. Dies veranlaßte kleine und mittelständische **Firmen, sich dort anzusiedeln**. Dies wiederum bewirkte, daß **LadenbesitzerInnen und DienstleisterInnen blieben oder zuzogen**. Und so begannen diese Gegenden zu den **blühenden Landschaften** zu werden, die eben nicht von der „großen Politik" geschaffen werden können. Hier entscheidet die REGIONAL-POWER der lokal Verantwortlichen über die **Zukunftsmöglichkeiten** der EinwohnerInnen. Aber es gibt eine **weitere neue Möglichkeit** regionaler POWER, nämlich NGOs (= Nicht-Regierungs-Gruppen),

(1) zukunftstaugl. Gemeinden in (D)?

die sich formieren. So wie z.B. Montessori-Schulen von ELTERN-Initiativen gegründet werden (als Gegenmaßnahme zum ineffektiven Regelschulsystem vielerorts), so sehen wir weltweit immer mehr Selbstorganisation: Viele beginnen regional und entwickeln später (mit Hilfe des Internet) parallele regionale Organisationen in anderen Regionen.

(2) Privat od. Staat bzw. Land ?

2. Einige Gemeinden haben erkannt, daß die **Privatisierungswelle** inzwischen vielleicht doch **in Frage** gestellt werden sollte. Schien es ursprünglich billiger, z.B. den **MÜLL** privat entsorgen zu lassen, so wirkte dies nur deshalb so, weil man damals einen **administrativen „Wasserkopf"** mitfinanzieren mußte, der durch die Privatisierung entfiel. Nun stellen mehr und mehr Gemeinden fest, daß sie den **Müll tatsächlich billiger selbst wegräumen** lassen können. Dies führt dazu, daß dieselben Müllmänner, die vorher bei den Privaten weniger verdienten und weniger Jobsicherheit hatten, heute wieder so viel verdienen, daß sie ihre Familien ernähren (und ein wenig konsumieren) können. Des weiteren hat man inzwischen begriffen, daß man selbst für solche Arbeit FACHLEUTE benötigt, z.B. Müllmänner, die ihre Gegend sehr genau kennen, die zu gewissen Häusern Schüssel haben bzw. wissen, wer ihn hat oder wo er liegt. All das können neue Mitarbeiter bei den Privaten (mit hoher Fluktuation) kaum lernen, ehe sie wieder wechseln. Inzwischen sind einige der „uralten" Müllmänner zur Arbeit für die Gemeinde zurückgekehrt; in diversen TV-Dokus sah ich lauter deutsche Müllmänner (vor ca. 15 Jahren sah man kaum deutsche Kollegen in solchen Teams). Ähnliches gilt für andere Branchen: E-Werke, Wasserwerke, Kläranlagen – immer mehr Gemeinden beginnen, **wieder auf REGIONAL-POWER** zu setzen, durch die modernen technischen Möglichkeiten jedoch auf **einem höheren Niveau**, als das früher möglich gewesen wäre.

(3)

3. Auch die **umstrittene Föderalisierungs-Tendenz** könnte sich à la longue zum Guten auswirken, da sie **einzelnen Bundesländern die Möglichkeit** bietet, REGIONAL intelligent zu handeln,

> z.B. um ähnliche Wirtschaftszonen zu schaffen wie China und Indien. Angenommen, es gäbe ein Gewerbezentrum, in dem der ganze bürokratische Ballast, der heute die Gründung einer kleinen Firma de facto unmöglich macht, extrem reduziert würde, dann würden viele Menschen ernsthaft über solche Möglichkeiten nachdenken.

③ Föderalisierung?

So stellte z.B. die 8. Klasse einer Hauptschule fest, daß der bürokratische Aufwand für die Eröffnung eines Würstchenstands unverhältnismäßig groß ist (vgl. Stichwort „ESSEN AUF DER STRASSE?", Seite 117 f.). Wer soll da noch Lust haben, etwas zu UNTERNEHMEN? Und so tötet unser Land den Unternehmergeist jener, die letztlich in anderen Ländern etwas unternehmen, weil es zu Hause so gut wie unmöglich ist. Man muß wissen: Jene, die mit den administrativen Problemen am besten klarkommen, sind **nicht** die besten UnternehmerInnen. Und umgekehrt: **Die besten UnternehmerInnen haben andere Talente als solche, die mit Behörden gut kommunizieren können.** Deshalb können die beiden Gruppen so schlecht „miteinander". Die Tatsache, daß man es (potentiellen) UnternehmerInnen immer schwerer macht, etwas zu unternehmen, ist ein WESEN-tliches Symptom für die „deutsche Krankheit". Weitere Symptome sind **Jammern** und die **Geiz-ist-geil-Mentalität**. Solange wir diese nicht überwinden, können wir nicht hoffen, angesichts des globalen Wettbewerbs auf Dauer oben mitspielen zu können...

Essen auf der Straße als UNTERNEHMEN?

Übrigens litten auch China und Indien an einem bürokratischen Wirrwarr ohnegleichen. Aber sie waren clever genug, in den SONDERWIRTSCHAFTSZONEN eben jenen BürgerInnen Möglichkeiten zu bieten, die Verantwortung übernehmen wollen, die kreativ sind, die in besessener „Kleinarbeit" bereit sind, etwas aufzubauen, die Arbeitsplätze für andere schaffen etc. Hier werden also echte Neu-Anfänge möglich. So hätte man es in Ost-Deutschland machen müssen, statt den neuen Bundesländern unseren administrativen Ballast von Jahrzehnten aufzubürden.

Sonderwirtschaftszonen

REGIONAL können Bürgermeister und Landräte entscheiden, ob sie ihre Bürger in die Flucht schlagen oder ob sie ihnen (und Zuzüglern)

REGIONAL

RE-GIO-NAL

echte Chancen bieten wollen, kreativ und fleißig etwas Eigenes aufzubauen. Hier bewahrheitet sich, was wir alle schon gehört/gelesen haben: Das chinesische Wort für KRISE beinhaltet zwei Schriftzeichen (s. „Krise", Seite 130). Vielleicht könnte man erst einige Sonderzonen schaffen, um in einigen Jahren im zweiten Schritt die wenigen **Rumpf-Regeln der Sonderzonen**, die wirklich nur das Allernötigste umfassen, zu **Landesregeln** zu machen (darüber wird in China bereits nachgedacht). Lieber eine lange Debatte und einen großen Knall als jahrelanges Tauziehen um einzelne gesetzliche Regelungen, welche jene, die einen Vorteil davon haben, um jeden Preis verteidigen – zum Schaden aller Betroffenen (Ladenbesitzer, Dienstleister, Kunden und letztlich das Volk in Form des Finanzamts, weil nie gegründete Unternehmungen auch keine Steuern bezahlen). Wir brauchen **weniger Macht für Lobbyisten**, die nur das Wohl derer im Sinn haben, die sie bezahlen, und mehr Macht für BürgerInnen!

MADE IN GERMANY

Vgl. „RAUBKOPIEN – Warum kopieren die Chinesen eigentlich?", Seite 152 ff.

Wenn man sich fragt, zu welcher logischen Kategorie ein Etikett wie „Made in Germany" gehört, dann erhält man als häufigste Antwort „Gütesiegel". Das ist sehr interessant, da es ursprünglich das Gegenteil bezwecken sollte. Tatsache ist, daß wir Deutsche einst „Produkt-Piraterie" im großen Stil betrieben, das heißt, daß deutsche Produkte Billig-Imitate englischer und französischer Produkte waren. Bei WIKIPEDIA (http://de.wikipedia.org) können wir daher (unter „Made in Germany") nachlesen:

> Als Ende des 19. Jahrhunderts neben dem Vereinigten Königreich auch andere europäische Industrienationen aufstrebten, begann man im Vereinigten Königreich, sich mit der Kennzeichnung importierter Ware **gegen minderwertige Nachahmungsprodukte zu schützen**. Diese Kennzeichnung betraf **zunächst nur deutsche Waren** und erfolgte durch die Bezeichnung *Made in Germany* (Handelsmarkengesetz von 1887, engl. *Merchandise Marks Act 1887*).

1887

1914

Zwar waren **wir** damals die schlimmsten Schwerenöter (die deshalb ein wenig vorsichtig sein sollten, wenn sie dies den Chinesen heute vorwerfen!), aber in der Zeit vor dem ersten Weltkrieg (1914) wurde diese **Warnung vor Ramsch** auf unseren Nachbarn Österreich ausgeweitet: *Made in Austria/Hungary.* WIKIPEDIA:

> Dadurch sollten britische Produkte besser geschützt werden und es den Briten leichter gemacht werden, die **Waren des Gegners** zu erkennen und zu boykottieren. Die Kennzeichnung wurde auch nach dem Krieg beibehalten. Da die Qualität der deutschen Waren aber in der Regel gut – oft sogar besser als die der einheimischen Produkte – war, setzte sich die zunächst **gegen** deutsche Importe gerichtete Kennzeichnung **made in Germany** nicht nur in Großbritannien zunehmend als **Qualitätssiegel** durch.

1974

Interessant dabei ist, daß man in West-Deutschland 1974 dafür sorgte (Entscheidung des Bundesgerichtshofes), daß ein Etikett Waren aus Ostdeutschland von Waren aus Westdeutschland abgrenzen sollte. Ab diesem Zeitpunkt gab es zwei Kennzeichnungen: **Made in West Germany** und **Made in GDR** (GDR = German Democratic Republic). Nun, es sollte uns doch zu denken geben, daß das **ostdeutsche Gütesiegel** im ganzen Ostblock ähnlich hoch bewertet wurde wie das westdeutsche im Westen! Nach dem Fall der Mauer gab es dann wieder nur **ein** Gütesiegel, aber es wurde anscheinend zum Teil auch dort aufgeklebt, wo es nichts zu suchen hatte (weil es sich inzwischen als Wettbewerbs-Vorteil herausgestellt hatte). Wikipedia:

1995

> 1995 entschied das Oberlandesgericht Stuttgart, daß „Made in Germany" gegen das **Wettbewerbsrecht** verstößt, **wenn** der größte Teil des Produkts **nicht** aus deutschen Rohstoffen besteht oder nicht aus deutscher Fertigung kommt.

Heute laufen wir Gefahr, diesen großartigen Wettbewerbs-Vorteil, den unsere Vorfahren geschaffen haben, zu gefährden (s. „TRANSRAPID – die Pannenstaffel", Seite 167 ff.). Unsere Vorfahren, das waren jene, die noch hart arbeiten konnten; die etwas aufgebaut haben, das wir möglicherweise als ERBEN zerstören (s. Kapitel 4, Seite 86 ff.). Gerade die Geschichte dieses Gütesiegels zeigt uns, wo wir herkamen (Produkt-Piraten) und wo wir hingingen (Weltmeister in Qualität). Welchen Weg wollen wir in der Zukunft einschlagen?

MANDARIN – die offizielle Sprache Chinas

Jared DIAMOND berichtet (in seinem Buch: „Guns, Germs and Steel") über die Entwicklung der chinesischen Sprachen und stellt zwei Dinge fest. **Erstens**, daß bereits Ende der 1990er Jahre 800 Millionen Menschen MANDARIN sprachen und daß MANDARIN demzufolge die Sprache „mit mehr Sprechern ist als jede andere Sprache auf der Welt". **Zweitens** sind die **anderen** chinesischen Sprachen sowohl untereinander als auch mit MANDARIN so wenig verwandt wie z.B. Spanisch und Englisch. Der Vergleich ist deshalb besonders interessant, weil Kennern ALTER SPRACHEN (z.B. Latein) viele Parallelen zwischen beiden Sprachen auffallen, während normale (wenig gebildete) Bürger in einem englisch-sprachigen oder spanisch-sprachigen Land ihre jeweiligen Sprachen so „verschieden" empfinden, daß sie einander nicht verstehen können. Wir sehen dies am Beispiel der vielen „Hispanos", die in den USA leben und nicht mit den „normalen" Amerikanern kommunizieren können, wie auch umgekehrt.

DIAMOND weist auch darauf hin, daß China niemals ein „Schmelztiegel" war und daß die Unterschiede der Bewohner einzelner Landesteile daher enorm groß sein können, ebenso wie ihre respektiven Sprachen sich stark unterscheiden (vgl. Schwedisch, Italienisch und Irisch). Bei Hanne CHEN („Kulturschock VR China und Taiwan") finden wir ähnliche Kommentare, ebenso die Einteilung der **8 großen Sprachfamilien** (bzw. Dialekte) innerhalb Chinas:

1. **Nord-Chinesisch = MANDARIN*** – HAUPTSPRACHE
2. **Jiangsu-Zhejiang Dialekt**
3. **Nord-Fujian Dialekt**
4. **Süd-Fujian Dialekt**
5. **Jiangxi-Dialekt**
6. **Hunan-Dialekt**
7. **Kantonesisch**
8. **Hakka**

weitere Sprache = 中國

CHEN weist darauf hin, daß die Entwicklung einer großen Sprache zum **STANDARD** für alle **keine Selbstverständlichkeit** war.

PEKING-Dialekt

> Jahrhundertelang hatte sich die Elite im **Schriftverkehr** mit dem klassischen Chinesisch verständigt ... (Dieses) wurde wie das Latein im Mittelalter von den einfachen Leuten nicht beherrscht. Die Forderung nach seiner Abschaffung, die in der Revolution vom **4. Mai 1919** laut wurde, stellt einen ungeheuren Angriff auf die alte feudale Gesellschaftsordnung dar ... (Heute) wird MANDARIN in ganz China und Taiwan** von den etwas gebildeten Leuten verstanden, denn es wird in den Schulen unterrichtet ... **Es mag seltsam anmuten, daß die Muttersprache im Unterricht wie eine Fremdsprache gelehrt werden muß...**

1919

TAIWAN

Im **Gegenteil**, auch im deutschsprachigen Raum gibt es viele Regionen, in denen die Mundart so weit von der Hochsprache abweicht, daß im Unterricht Deutsch wie eine Fremdsprache **wirkt** (große Teile Süddeutschlands, Österreichs und der Schweiz). Leider gibt es m.E. zu

---

* Eine Kunstsprache, die 1955 zur Amtssprache erhoben wurde; sie basiert auf dem Peking-Dialekt (s. oben).

** Allerdings weigert sich Taiwan, die chinesische Variante einer Rechtschreibreform mitzumachen, die ähnliche Verschlimmbesserungen enthält wie die Reform hierzulande (vgl. meine DVD und gleichnamiges Buch: „Von Null Ahnung zu etwas Chinesisch – Dies ist kein Sprachkurs"); daher schreiben die Taiwanesen und viele andere Exil-Chinesen (s. Seite 47) nur die sogenannten „Langzeichen" (= klassische Variante).

MANDARIN

wenig Kontrolle, ob LehrerInnen die Hochsprache wirklich **beherrschen**. Bei großen Lehrer-Tagungen stelle ich immer wieder fest, daß so manche von ihnen vielleicht das Lehrbuch für Hochdeutsch beherrschen, nicht jedoch die Sprache selbst. So können sie zwar unnötige Grammatik-Übungen etc. durchführen*, nicht aber **durch stetiges Sprechen der Hochsprache als Modell zu Imitations-Lernen anregen**, welches **ohne jede Anstrengung vonstatten gehen würde** (vgl. meine Titel zu diesem wichtigen Thema, s. KASTEN im Literaturverzeichnis). Da MANDARIN auch die offizielle Sprache in Rundfunk und Fernsehen ist, achtet man peinlich genau darauf, daß sowohl Nachrichten- und Dokumentar-Sprecher gute Hochsprachen-Modelle abgeben als auch möglichst viele Moderatoren, so daß die Menge derer, die „regional" sprechen (z.B. Gäste in TV-Shows) relativ niedrig gehalten wird.

Es wäre gut, wenn man auch bei uns mehr darauf achten würde, daß z.B. im Fernsehen mehr Menschen auftreten, deren Sprach-Beherrschung Vorbild-Charakter hat (und Imitations-Lernen erlaubt), nicht nur in Dokus und Talk-Sendungen ab Mitternacht! Schließlich ist Sprache DAS Instrument des Denkens, und je mehr BürgerInnen eines Landes die Sprache nur rudimentär lernen (wie zu viele Jugendliche derzeit), desto weniger mündige Bürger werden wir haben. So unterstreicht Marcel GRANET z.B. eine wichtige Einsicht (in seinem Buch „Das chinesische Denken"):

> Wir sind gewohnt, Sprache als einen Bestand von SYMBOLEN zu betrachten, der besonders für die Übermittlung von Gedanken geschaffen wurde. Die Chinesen hingegen fassen die Sprach-Kunst niemals als etwas von anderen Mitteln der Verständigung und Einflußnahme Losgelöstes auf ... Für sie ist Sprache ... Teil eines umfänglichen Bestandes an **Verfahren**, deren Zweck es ist, dem In-

* Seit den 1930er Jahren ist bekannt, daß Grammatik-Übungen die Beherrschung der Sprache in keinster Weise voranbringen, vgl. Alfie KOHN: „The Schools our Children Deserve" (es enthält zahlreiche Studien, die herkömmliche Vorgehensweisen im Unterricht ad absurdum führen).

> dividuum in der von Gesellschaft und Kosmos gebildeten Ordnung seinen Platz zuzuweisen ... (Es gilt), eine AKTIVE TEILNAHME herbeizuführen. Daher (wollen) die Chinesen in Sprache und Schrift eine bestimmte Handlungsweise mit Hilfe stilisierter ... Gesten andeuten...

GRANET war der erste, der mich mit folgender Tatsache bekanntmachte: **Im Chinesischen gibt es für vieles, für das indoeuropäische Sprachen ein klar umrissenes Wort kennen, kein Wort.** Dafür gibt es zahlreiche Begriffe (von westlichen Sprachlehrern gern **fälschlicherweise** als „Synonyme" bezeichnet), die jeweils **einen** wichtigen Aspekt des Themas **klar** definieren. Beispiel **GREIS**. Ich habe das Wort in Seminaren definieren lassen und immer wieder festgestellt, daß den Leuten außer MENSCH und ALT nicht viel dazu einfällt. Das Chinesische bietet viele Begriffe, die alle im Deutschen mit Greis wiedergegeben werden **können**, aber jeder betont einen anderen Aspekt, z.B. die Ernährung, die Atmung/Gesundheit, den bevorstehenden Tod, den Abschied vom Erwerbsleben, die Erinnerung an sein Leben etc.

wenn es kein Wort gibt

(vgl. S. 34 f.)

Somit erinnern viele chinesische Begriffe an **METAPHERN**, die jeweils einen Aspekt hell beleuchten, während andere im Dunkeln bleiben. Spreche ich z.B. von meinem Wissen als einem **Wissens-NETZ**, betone ich die Ver-NETZ-theit, also die Ver-BIND-ungen der Wisseneinheiten untereinander, aber meine **Mückenschwarm-Metapher** zu unserem Wissen bezüglich bestimmter Themen zeigt uns, daß (strukturiertes) Wissen nicht bewegungslos ist (wie eine Stelle in einem Netz), sondern daß jede metaphorische Mücke mit jeder anderen in Kontakt treten kann. Somit können wir jede Idee mit jeder anderen ver-BINDEN, wenn wir wollen. Ähnlich zeigen verschiedene chinesische Begriffe für **LEHRER** diverse Aspekte auf: Ein Begriff verbindet die Idee **eines vorher geborenen Lebewesens** (= jemand, der lediglich ÄLTER) ist, also spricht sie vom ALTER. Ein anderer beschreibt einen LEHRER als jemanden, der einerseits SPRICHT, andererseits als lebendes PARADIGMA Vorbild ist, das heißt, man kann ihn **beobachten** und

METAPHERN

imitieren (was man bei manchen LehrerInnen bezüglich Deutsch eben NICHT kann, solche LehrerInnen sind wohl vor allem ÄLTER). Eine dritte Variante verbindet die Idee des DOZIERENS mit dem AUSLÖSEN EINES AHAs. Das entspricht dem Professor. Ich kenne allerdings nur wenige Professoren, die begreifen, daß das Auslösen von AHA-Momenten zu den WESEN-tlichen Tätigkeiten ihrer Arbeit gehören sollte...

先	生	講	師	教	授
xīan	shēng	jǐang	shī	jīao	shòu
erst	**geboren**	**sprechen**	**Vorbild***	**lehren**	**unterrichten**
(Lehrer)		(Dozent)		(Professor)	

Diese Art, (chinesische) Wörter zu betrachten, nenne ich WORT-ADDITION: Was uns in Lehrbüchern als „Wade" verkauft wird, heißt genaugenommen **BEIN-BÄUCH-lein**. Wenn man uns belügt und zum Vokabelpauken zwingen will, werden solche spannenden Einsichten unmöglich gemacht. So bedeutet HUNGER (= hungrig) genaugenommen „Füttere mich". MÜDIGKEIT (= müde) verbindet die Zeichen-Elemente für FELD (= Symbol für Männerarbeit) mit dem SPINNEN (= Symbol für Frauenarbeit). Eine recht demokratische Deutung, nicht wahr? Oder wir können das Schriftzeichen-Element MENSCH mit zahlreichen anderen verbinden:

MENSCH SOLO und ALS TEIL...

1. **HAN-JI** MENSCH + BAUM = **Rast, Ruhe** (Ruhetag: Mensch + Baum + Tag)
2. **HAN-JI** MENSCH + SPRACHE = **Glaube** (spiegelt, daß Glaube durch Sprache, also durch das, was man uns **erzählt**, entsteht)
3. **HAN-JI** MENSCH + BERG = **Einsiedler** (sehr einleuchtend, nicht wahr?)

---

* Dieses Zeichen bedeutet sowohl „Meister/Lehrer" als auch „Vorbild/Paradigma".

4. **HAN-JI** MENSCH + RIND = **Sache, Angelegenheit** (z.B. weil RINDer Zahlungsmittel waren; auch wir betrachten Tiere juristisch als SACHEN)
5. **HAN-JI** MENSCH + ZWEI = **Zwiegespräch** (hier sehen wir eine direkte Parallele zu europäischen Sprachen (die vom griechischen „dialogos" ausgehen) wie DIALOG, DIALOGUE etc. Auch sie enthalten die 2 (di = 2), während das französische tête-à-tête den Scheinwerfer auf die KÖPFE richtet, die man zusammensteckt)
6. **HAN-JI** MENSCH + Stellung = **Rang, Stellung** (auch hier spiegelt das Deutsche denselben Sachverhalt gut wider)

MENSCHENRECHTE?

Eines der Themen, bei denen wir uns regelmäßig international blamieren, ist, wenn wir als **Glashausbewohner** mit Steinen auf andere werfen! Hier spiegelt sich wieder unsere westliche „Brille" (vgl. SCHWEIZER-Aussagen, Kapitel 1, Seite 32 ff.), die uns blind macht. Wir geben vor, es gut zu meinen, und entmündigen unsere BürgerInnen in zunehmendem Maße. Beispiele:

GLASHAUS?

- Während **alle europäischen Länder** es Eltern freistellen, ihre Kinder in die Schule zu schicken oder sie zu Hause zu unterrichten, bestehen deutsche Behörden auf der **Schulpflicht**. Inzwischen hat sogar **ein Pädagogik-Professor** die Seiten gewechselt und fordert ebenfalls, daß man mündigen Bürgern dieses Recht zugestehen müsse – nicht daß es bislang viel genutzt hätte ... (Quelle www.netzwerk-bildungsfreiheit.de)
- In Deutschland dauert es länger, ein Zweifamilienhaus zu planen als im Mittelalter eine Kathedrale. Bei uns geht vielen die Luft aus, ehe sie eine Firma gründen können, weil die **Bürokratie** uns erdrückt (vgl. „Essen auf der Straße?", Seite 117 f.). Aber wir reden von **Menschenrechten** in China, etwas, das wir unseren eigenen Bürgern immer weniger zugestehen.

GLASHAUS?

- Wir bilden uns ein, die **Menschenrechte** zu achten, aber wir bieten den **Kleinsten** **aus bildungsfernen** oder gar **bildungsfeindlichen** Familien keinerlei Hilfe, die das Zuhause ausgleichen könnte. Ebenso muten wir unseren **Schulkindern** **bildungsfeindliche Maßnahmen** in einem völlig veralteten System zu, das eindeutig auf die **Bedürfnisse des vergangenen Industriezeitalters zugeschnitten** ist, aber keinesfalls für das derzeitige Wissens-Zeitalter taugt.
- Wir haben unsere „**Gast-Arbeiter**" **immer** schlecht behandelt. In den 1960er brachten wir sie zu acht in 12-qm-Zimmern (in Stockbetten) unter, in denen es nur einen Tisch gab (Toilette am Ende des Gangs, keine Dusche/kein Bad). Heute schieben wir regelmäßig sogenannte „**geduldete Ausländer**" ab, oft hervorragend integrierte Menschen, von denen viele besser Deutsch sprechen als so mancher Deutsche. Wir lassen sie gerade noch die Schule (oft Gymnasium) beenden und schieben sie dann in ein sogenanntes Heimatland ab, das sie **nicht** kennen, weil sie z.B. während des Krieges im früheren Jugoslawien als **Kinder** von dort nach Deutschland kamen. Warum senden wir diese zu **100 Prozent integrierten Menschen** mit deutschem Freundeskreis in ein völlig heruntergekommenes Gebiet, das noch keineswegs befriedet ist, und sprechen von „Rückführung", während wir ansonsten beklagen, daß sich sogenannte Migranten angeblich nicht integrieren wollen?

Warum begreifen wir nicht, daß **wir im Glashaus** sitzen, wenn wir nach China reisen und „denen dort" klarmachen wollen, „wo der Bartl den Most holt"? Im Spiegel (Nr. 21, 2007) wird uns dies wieder einmal vor Augen geführt (Hervorhebungen meine):

> **Diplomatie – Pekinger Empfindlichkeiten**
>
> Vor dem Staatsbesuch von Bundespräsident Horst KÖHLER diese Woche und der für August geplanten Visite von Bundeskanzlerin Angela MERKEL (CDU) in China häufen sich die **Irritationen zwischen Berlin und Peking**. **Auslöser** ist die **deutsche Kritik an der**

> **Lage der Menschenrechte** und an der weitverbreiteten Produktpiraterie in China, die seit Merkels Amtsantritt deutlicher geäußert wird als unter ihrem Vorgänger Gerhard Schröder (SPD). Wenige Tage nachdem der **Bundestag** die Chinesen verärgerte, indem er deren **Arbeits- und Umerziehungslager** ächtete, kam es vorläufig zum letzten Konfliktpunkt: Auf einem Expertenseminar im Rahmen des **EU-China-Menschenrechtsdialogs** in Berlin verlangten die Chinesen, zwei „staatsfeindliche" Nichtregierungsorganisationen aus Hongkong auszuladen. Als sich die Bundesregierung, die derzeit die EU-Ratspräsidentschaft innehat, weigerte, reisten Pekinger Diplomaten erzürnt ab. Köhler will sich von den chinesischen Empfindlichkeiten **nicht** beeinflussen lassen: **Er werde offen alle heiklen Punkte ansprechen**, kündigte er an.

Tja, dem ist wohl nichts mehr hinzuzufügen, oder? Um jedoch allen Mißverständnissen vorzubeugen, an dieser Stelle in aller Deutlichkeit: Die Verletzungen der Menschenrechte, der Meinungs- und Pressefreiheit, die in China leider zweifellos immer noch stattfinden und von verschiedenen Seiten **zu Recht** kritisiert werden, sind nicht tolerierbar! Ich heiße diese (oder das brutale Vorgehen gegen Tibet) weder gut, noch möchte ich **versuchen**, sie zu entschuldigen. Allerdings kann ein wenig mehr (Hintergrund-)Wissen über die Kultur und Geschichte dieses Landes helfen, den Dialog mit China konstruktiver zu gestalten, als immer nur mit dem erhobenen Zeigefinger zu drohen – und das, obwohl man selbst im Glashaus sitzt...

NICHTEINMISCHUNG in fremde Angelegenheiten

Einer der Aspekte, über die wir selten nachdenken, ist die Tatsache, daß wir die kopernikanische Revolution **nie erlebt** haben. Zwar mußte der Mensch akzeptieren, daß die Erde NICHT im Zentrum des Universums liegt, aber **psychologisch empfinden wir uns doch im Zentrum der Welt** (vgl. Modul „Etwas Geschichte", Seite 188 ff.).

KOPER-NIKA-NISCHE Revolution

Wir gehen (ohne darüber nachzudenken) davon aus, andere müßten ebenso denken, empfinden und handeln wie wir. Tun sie es nicht, dann sind sie im Zweifelsfall im Unrecht. Daß das, was wir denken, empfinden oder tun, meist das **Produkt eines Erziehungsprozesses** ist, vergessen wir gern.

Einzige Ausnahme: die 30 Jahre, in denen eine chinesische Weltmachtsflotte große Reisen unternahm.

Nun halten wir unsere Art, uns einzumischen, für „normal“ (und demzufolge gut und richtig). Deshalb maßen wir uns an, ein Land wie China, das seit Jahrtausenden auf NICHTEINMISCHUNG gesetzt hat, anzugreifen, wenn es sich anders verhält als wir. Weil wir unser kleines Deutschland, das flächenmäßig 27mal in China paßt, für den Nabel der Welt halten. China hat im Zweifelsfall immer für Abschirmung von der Welt optiert und sich verbeten, daß andere sich in seine Angelegenheiten einmischen. Durch die Globalisierung wurde China in weit stärkerem Maß mit der Welt verbunden, als es für Chinesen in ca. 5 Jahrtausenden jemals denkbar gewesen wäre. Aber das hat die **Nicht-Einmischungspolitik** eher verstärkt als abgeschwächt. Chinesische Politiker möchte sich weder einmischen noch möchten sie, daß andere ihnen dreinreden – und schon gar nicht mit dem „missionarischen“ Tonfall der Selbstgerechtigkeit, zu dem sich gern der erhobene Zeigefinger gesellt (s. „MENSCHENRECHTE?, Seite 145 ff.).

QUELLEN-VERGLEICH

Zitat-Technik

Wenn ich ein neues Thema angehe, dann beginne ich immer mit dem Studium möglichst vieler Quellen, denn kein einzelner Beobachter kann die ganze Wahrheit wahrnehmen bzw. schildern. Als Teil dieser Strategie entwickelte ich vor vielen Jahren meine **ZITATE-TECHNIK** (hier werden relativ kurze Statements zum Thema gesammelt und miteinander verglichen). Jedes ZITAT wirkt ähnlich wie eine **METAPHER** (vgl. Kurz-Erklärung unter dem Stichwort „MANDARIN“, Seite 140 ff.), indem sie bestimmte Aspekte „erleuchtet“, andere hingegen im Dunkeln läßt. Deshalb sollte man für wichtige Aspekte von Themen, über die man reflektieren will (oder für Probleme, die man lösen will), **mehrere Metaphern schaffen**. Wer keine oder nur eine Metapher kennt, kennt keinen oder nur einen Aspekt der Angelegenheit. Zuwenig, um die Sache zu begreifen. So habe ich z.B. für mein Hauptthema WISSEN (und Wissens-ERWERB) inzwischen weit über 40 Metaphern geschaffen. Analog müssen wir die Aussagen von mindestens **20 bis 30 verschiedenen Menschen miteinander vergleichen**, um ein Thema „aufzuschließen“, danach erst kann sich (irgendwann) ein gewisses Verständnis bilden.

Durch diese Vergleiche können wir unsere anfänglichen Kenntnisse ver-TIEF-en und Er-WEIT-ern, und weil viele Stimmen eine Art Chor bilden, lösen sich nach einer Weile einige der Ungereimtheiten auf, die man beim Einstieg in neue Themengebiete unweigerlich erlebt, da manche der Aussagen diverser Autoren sich widersprechen. Zwei Beispiele:

Beispiel 1: Manche Autoren gehen davon aus, daß die Chinesen sich mit ihren Nachbarn (insbesondere mit denen, die sie besiegt hatten) durch Heirat vermischten (sie also genetisch auslöschten), während andere Autoren behaupten, daß genau das nicht geschehen sei und daß die Han-Chinesen zu den ethnisch reinsten Volksgruppen gezählt werden müßten (s. „SINIESIERUNG“, Seite 159 f.).

Beispiel 2: Die meisten Kenner sprechen von **zwei Opiumkriegen**, ein Autor (SUSBIELLE) hingegen listet drei auf:

- **1. Opium-Krieg** (1839 – 1843): erzwingt die Öffnung der ersten fünf Hafenstädte für europäische Händler, bringt Hongkong in die Gewalt Englands und endet mit dem zu Unrecht als „Friedensvertrag“ bezeichneten Vertrag von Nanking, in dem China u.a. zu Reparationszahlungen für einen Krieg, den es nie begonnen hatte, gezwungen wurde (vgl. Modul „Etwas Geschichte“, Seite 202 ff.).
- **2. Opium-Krieg** (1858): erzwingt – gegen den Willen der Chinesen – auch die Öffnung **innerchinesischer** Städte für den Handel mit den Langnasen. Zwar erreichen die Engländer und Fran-

zosen auch dieses Ziel, als sie aber in PEKING Fuß fassen wollen, versucht das Kaiserhaus, dies zu verhindern. Das nennt SUSBIELLE den...

- **3. Opium-Krieg** (1859): Er endet in sinnlosem Vandalismus, als englische und französische Truppen den unvergleichlichen Sommerpalast des Kaisers zerstören.

Andere Autoren (EDERER und FRANZEN) weisen (in „Der Sieg des himmlischen Kapitalismus“) darauf hin, daß noch heute Schilder in den Ruinen des Sommerpalastes (die **bewusst nicht beseitigt wurden**) darauf hinweisen, wer den Palast zerstört hat. Das soll kein Chinese, der je an dieser Stelle stand (oder die Ruinen im Fernsehen sieht) jemals vergessen...

Sie sehen, der Vergleich bringt mehr Einblick in Details (so erwähnen andere Autoren im Zusammenhang mit der Sommerpalast-Zerstörung nur die Engländer, während SUSBIELLE, ein Franzose, unumwunden zugibt, daß die Franzosen die Zerstörung mit ausgelöst hatten). Bei EDERER und FRANZEN konnte man **auch** erfahren, daß die Chinesen sich in den 1990ern extrem verraten fühlten, als die Engländer drei einzigartige kleine „Reste“ (Beute aus jenem Sommerpalast) in HONGKONG für Riesensummen versteigern ließen. Man beachte den **Doppel-Affront**. Ist die Versteigerung an sich schon schlimm genug, so muß der Versteigerungs**ort** HONGKONG, als im ersten Opiumkrieg erbeutetes Symbol, (kurz vor dessen Rückführung ins chinesische Reich) eine zweite Ohrfeige gewesen sein. Letztlich kaufte China die drei Stücke zu horrenden Summen zurück, aber wenn wir in den Nachrichten in einer 22-Sekunden Meldung hören, daß die Chinesen gegen die Versteigerung bei CHRISTIEs protestierten, versteht doch niemand, warum. Ebenso war im Spiegel (Nr. 21, 2007) zu lesen:

HONG-KONG bei CHRISTIE

> Auf einem Expertenseminar im Rahmen des **EU-China-Menschenrechtsdialogs** in Berlin verlangten die Chinesen, zwei „staatsfeindliche“ Nichtregierungsorganisationen aus Hongkong auszuladen. Als sich die Bundesregierung ... weigerte, reisten Pekinger Diplomaten erzürnt ab. (Vgl. „Menschenrechte?“, Seite 145 ff.)

Es war mir bisher weder möglich herauszufinden, um **welche** NGOs es sich dabei handelte, noch, **warum** China ihren Ausschluß wollte. Solche Kleinigkeiten wie GRÜNDE interessieren doch kaum! Das nennen wir dann gern NACHRICHTEN oder gar BERICHT-ERSTATTUNG (vgl. auch meinen DVD-Live-Mitschnitt „Wie die Medien unsere Meinung bilden").

Aber zurück zum **Quellen-Vergleich**: Ich mußte u.a. feststellen, daß die meisten Fachleute zu einigen Teilbereichen des Themas „CHINA/Asien" schweigen (oder nur eine minimale Darstellung, konform mit der in unseren Medien, liefern). Deshalb dürften die Abschnitte über das sogenannte Massaker auf dem **Tien-an-men-Platz** (Seite 161 ff.) wie auch über **Tibet** (Seite 165 f. und MERKBLATT NR. 9, Seite 249 f.) Ihnen einiges Neue bieten.

RASANTE ENTWICKLUNG in den Sonderwirtschaftszonen

Als ich 13 Jahre alt war, stand ich mit meinen Eltern auf einer Riesenfläche (etwas Rasen, einige Büsche und Felder) am Stadtrand von München, und meine Mutter sprach davon, daß ein benachbarter Stadtteil in ihrer Jugend, als sie nach München gekommen war, nur aus Feldern bestanden hatte. Ich dachte mir „Ja, ja ...", aber als ich 13 Jahre später aus den USA zurückkam, war eben jene Fläche zu einer gigantischen Straßenkreuzung (Effnerplatz) geworden, und auf dem Rest des damaligen Feldes war ein Viertel mit Banken, Hotels und jeder Menge Reihenhäuser entstanden. Nun schildert Wolfgang HIRN (in „Herausforderung China") ähnliche Entwicklungen in China, nur mit dem Unterschied, daß es dort weit schneller geht und die Veränderungen viel dramatischer sind: In den 1980ern sah man noch Felder und Hütten, wenige Jahre später Hunderte von Hochhäusern (Shanghai). Oder: Gestern fuhr man hier noch über verschlammte Wege, heute finden wir stattdessen eine 6spurige Autobahn vor (Hongkong). Oder: Hatten in den 1980er Jahren in Peking noch Abertausende von Fahrrädern die Straßen verstopft, so sind es heute Autos (darunter jede Menge BMWs). Wenn uns klar ist, daß man in China mehrspurige Autobahnen in der gleichen Zeit baut, in der wir eine Landstraße reparieren, und daß man Hochhäuser in kürzerer Zeit errichtet, als man bei uns für die nötigen Genehmigungen brauchen würde, dann erhält man einen Eindruck von dem rasanten Tempo, mit dem in den Sonderwirtschaftszonen alles vonstatten geht. Zwar gilt dies nicht für den Rest des Landes, aber es macht doch Mut (denn via Fernsehen erfahren alle BürgerInnen davon und sehen, was in ihrem Land möglich ist). Wolfgang HIRN:

> Die Schnelligkeit der Veränderungen ist atemberaubend ... In der Weltgeschichte gab es bisher nichts Vergleichbares. Noch nie hat ein so großes Volk, ein so riesiges Land, sich mit einer solchen Geschwindigkeit auf seinen Weg in die Weltwirtschaft gemacht.

RAUBKOPIEN – Warum kopieren die Chinesen eigentlich?

Ko-PIE: ich habe ver-standen

Beginnen wir mit unserer eigenen Vergangenheit: Früher sah man weltweit, also auch bei uns in Europa, eine besondere **Leistung** darin, **eine gute Kopie anzufertigen**. Auch bei uns hat man früher z.B. **die alten Künstler kopiert**, wie Sie wissen. Erst lernte man die „klassischen" Techniken, dann entwickelte man selbst Variationen oder gar etwas völlig Neues. So eilte PICASSO z.B. als Teenager durch die klassischen Techniken und begann bereits als junger Mann mit eigenen Entwicklungen, was viele veranlaßt zu glauben, er habe die alten Meister niemals studiert. Natürlich zeigt man uns vorwiegend eigenständige PICASSO-Bilder, daher weiß man nicht, daß er erst einmal lernte, was die Alten wußten, ehe er mit eigenen Entwicklungen begann. Auch unsere jungen Leute erfahren leider nichts davon (das müßten sie in der Schule hören), daher glauben sie, sie bräuchten von den Alten nichts zu lernen, sie bräuchten nichts zu kopieren, sie machten es auch ohne all das besser...

> Genaugenommen **kann** eine gute Kopie sogar eine höhere LEISTUNG (als das Original) darstellen. Denn der Künstler (bzw. Techniker, Ingenieur, Entwickler, Handwerker), der das Original schafft, hat bei den Materialien **freie Auswahl**. Der Kopierer aber muß das Werk zu 150 % verstanden haben, **um 95 % davon kopieren zu können**. Er muß u.a. die Original-Werkstoffe finden oder auch sie imitieren...

In Asien weiß man noch, welche Kunst eine gute Kopie darstellt (s. Kasten). Deshalb können Asiaten nicht verstehen, warum man im Westen so sauer reagiert. Der deutsche Elektrosägen-Hersteller STIEHL, dessen Motorsägen in China kopiert werden, berichtet, wie auf einer internationalen Messe die Chinesen zu ihm kamen, seinen Leuten ihre chinesische STIEHL-Kopie zeigten und sagten: „Können wir nicht eine Subdivision für euch sein? Schaut, wie gut wir euch nachmachen können." Das begriff man weder als **positives Angebot** noch als Stolz von Leuten, die jene Kopie als ihr **Gesellenstück** verstanden. Deshalb ist man sofort vor Gericht gezogen. Die Chinesen wußten gar nicht, wie ihnen geschah. Hätten sie nämlich ein Unrechts-Bewußtsein gehabt, dann hätten sie es den STIEHL-Leuten ja nicht voller Stolz gezeigt!

KOPIE = KUNST bzw. KUNST-FERTIGKEIT

Zwar gilt, daß manche Produkte in China auch aus anderen Gründen kopiert werden, aber womit ich meine SeminarteilnehmerInnen erstaune, wenn sie sich darüber empören, ist dies:

Als ich begann, mit **Computern** zu arbeiten (ich lernte Anfang der 1980er drei Programmiersprachen und veröffentlichte Handbücher dazu), war es vollkommen üblich, **Software schwarz zu kopieren**. Die Leute staunten immer Bauklötze, wenn sie bei mir ins Büro kamen und die vielen ORINAL-SCHACHTELN der Programme sahen, die ich gekauft hatte. Jede/r machte mir klar, daß ich ein Dummchen sei ... Wir sprechen hier von ERWACHSENEN, die professionelle Software wie Tabellenkalkulation, Textverarbeitung, Verwaltungs-Programme

Wieso regen wir uns auf? Wir sitzen doch selbst im **Glashaus**. Und wir sollten es besser wissen, denn bei uns gibt es Gesetze bezüglich Patentrecht und Copyright schon seit Generationen!

u.a. kopierten, nicht von Kindern und Computerspielen (deren **Eltern** sie übrigens in keinster Weise dazu anhalten, Programme zu KAUFEN!) NAPSTER wurde geschlossen, weil sehr viele ERWACHSENE sich Musik kostenlos herunterluden, wohl wissend, daß sie sich strafbar machten (deshalb blieben die Absender bei Napster ja anonym).

Die Idee von Programmen, die nur derjenige zahlt, der sie getestet und für gut befunden hat (sogenannte **Shareware**), ist fast völlig verschwunden – eben weil zu viele ERWACHSENE Anwender die meist nur 10 bis 20 Dollar nicht gezahlt haben.

Zuerst kopierten **die britischen Kolonisten** in Amerika ungeniert Produkte aus dem Heimatland. Später kopierten **wir Deutsche** Produkte der Engländer und der Franzosen. **Dabei waren wir so unverschämt und unbelehrbar, daß man uns zwang, auf unsere Produkte ein Etikett mit „Made in Germany" zu kleben.** Das sollte andere vor den deutschen Kopien **warnen** (vgl. „MADE IN GERMANY", Seite 138 ff.).

Die jetzige Generation von Chinesen wird sicher einige Probleme haben zu verstehen, warum Europäer und Amerikaner so verbissen reagieren. In Asien gilt der Kopierer zunächst einmal als jemand, der es GESCHAFFT HAT, diese **Leistung** nachzuahmen. Also ist er erst einmal ein **Held**. Die nächste Generation Chinesen wächst aufgrund der Debatten mit Zweifeln auf und wird eher begreifen, daß die alte Einstellung hinterfragt werden muß...

Das hätten Sie in der Schule lernen müssen. Dann würden wir alle die Gegenwart besser verstehen, von der Zukunft ganz zu schweigen. Inzwischen sind einige den Weg vom Kopisten zum Entwickler gegangen: Neben den USA und Deutschland auch Hongkong, Japan, Taiwan, Korea, Singapur – und jetzt ist eben China an der Reihe.

Im übrigen könnte China KEINLEREI Raubkopien von Schuhen/Klamotten, Musik oder Filmen, Uhren, Elektro-Artikeln etc. **verkaufen**, wenn nicht so viele Menschen im Westen, insbesondere Europäer, **bereit wären, derartige Waren zu erwerben**. Hier wäre ein **An-**

die-eigene-Nase-Fassen passender als das ganze Geschrei. Wir tun gerade so, als seien die Chinesen die einzigen, die jemals kopiert hätten. Übrigens fand ich im TRENDLETTER (06, 2007) folgenden Hinweis:

> Wenn von **Produkt-Piraterie** die Rede ist, geht es fast immer um die verursachten wirtschaftlichen Schäden – übersehen werden dabei die entstehenden **positiven Synergie-Effekte**. Das ... behaupten die Wirtschaftswissenschaftler Julio O. de CASTRO, David B. BALKIN und Dean E. SHEPHERD in einem gemeinsam verfaßten Plädoyer für den Fake, Titel: „Can entrepreneurial firms benefit from propuct piracy?" Die Kopie ... hilft in Ländern, in denen globale Marken bislang wenig Tradition haben, den Bekanntheitsgrad zu steigern und die Bindung des Konsumenten an die Marke zu stärken. **Mit zunehmender Bindung, so das Forscherteam, wachsen die Sehnsucht nach dem Original sowie die Bereitschaft, das nächste Mal eine legale Version zu erwerben.** Der Fake-Käufer von heute ist der Originalkäufer von morgen.

KOPIEN führen zu ENT-WICK-LUNG

Nun, vielleicht dauert es bis **übermorgen**, bis einige es schaffen, sich das Original zu leisten, aber den Standpunkt sollte man durchaus berücksichtigen. Darüber hinaus gilt, daß vollmundige Zahlen, insbesondere bezüglich der genauen Schadenssumme, oft ziemlich aus der Luft gegriffen sind, wobei viele Faktoren der komplexen Gleichung nicht berücksichtigt werden, aber das ist ein anderes Thema...

RELIGION in China

Chinesische Götter und Tempel

In dem bemerkenswerten Buch „Indien und China" vergleicht Gerhard SCHWEIZER die klassischen **Buch-Religionen** (Judentum, Christentum und Islam) mit dem **Hinduismus**, **Buddhismus**, **Konfuzianismus** und **Taoismus**. Dabei stellt er u.a. fest, daß die monotheistischen Religionen im WESTEN (zu dem er in diesem Zusammenhang auch den **Islam** zählt) Anspruch auf die **alleinseligmachende** Wahrheit erheben und im Zweifelsfall durchaus bereit sind, **Ungläubige zu töten**. Die meisten islamistischen Attentate richten sich übrigens nicht gegen Christen oder westliche Opfer, sondern gegen Muselmane der „falschen" Glaubensrichtung.

Die asiatische Einstellung hingegen ist **liberal**. In diesem Zusammenhang fand ich folgenden Absatz im Internet sehr spannend: Heinz und Rainer POLLMEIER teilen uns (auf www.thailand-interaktiv.de) mit (Hervorhebungen meine):

TOLERANZ?

> Der **Konfuzianismus** kümmert sich um die politischen und moralischen Seiten des Lebens, der **Taoismus** richtet seine Aufmerksamkeit auf das Glück und der **Buddhismus** befasst sich mit dem „Jenseits". **Diese weitreichende Toleranz ist von ganz anderer Art als die indische.** Der Inder lässt zwar auch jeden „nach seiner Fasson" selig werden, bekennt sich aber zu **einer** bestimmten Religion unter Ausschluss der anderen. Der Chinese sieht den Schwerpunkt seines Lebens im **Diesseits**, chinesisches Denken hat den Charakter von **Weltlichkeit**. Sein Grundmotiv ist das **Streben nach Harmonie**. Vorwiegend im **Konfuzianismus** wird die „Goldene Mitte", ein Gleichgewicht von „Maß und Mitte", angestrebt. Das führt zur Idee des **Einklangs** von Mensch und All; bei **Lao Tse** wird die Betonung des ausgewogenen Verhältnisses von Mensch und Natur besonders deutlich. Das **Harmoniestreben** vermeidet Einseitigkeit und Extreme. **Dem „Entweder-Oder"** wird das **„Sowohl-als-auch"** vorgezogen. Hiermit ist der Gedanke der **Wechselwirkung** zweier Prinzipien eng verschwistert. Wir begegnen dem aktiven und dem passiven Prinzip als **Yang und Yin**, als **Li und Ki**, als **Vernunft und Materie**...

SELBSTMORD-Statistik in China

Laut Spiegel (Nr. 30, 2006) findet jeder dritte Selbstmord weltweit in China statt. Betroffen sind vor allem JUGENDLICHE, bis zu 30 % der Teenager, wenn sie die Prüfung für den Eintritt an die Uni nicht schaffen. Früher sorgte der Staat für alles, heute lastet auf dem Individuum ein nie gekannter Druck, vor allem von den Eltern (die bei nur einem Kind enorm viel von diesem erwarten/verlangen). Im Alter von 15 bis 34 soll Selbstmord die Todesursache Nr. 1 sein. Hinzu kommen geschätzte 83 Mio. psychisch Kranke, die teilweise auf dem Land zu Hause gehalten und wie Tiere angekettet leben, weil man nicht weiß, was man mit ihnen anfangen soll. SPIEGEL:

> Lange Zeit verdammte Chinas K.P. Psychiatrie bzw. Psychotherapie als „bourgeoise" Wissenschaft ... Solche Krankheiten gelten als Ausdruck von übertriebenem Egoismus und Individualismus, als Leiden des Klassenfeindes, so daß die Bürger vom Staat keine Hilfe erhoffen können...

Das sind Aspekte, die uns klarmachen, daß China in vielen Bereichen durchaus noch Entwicklungsland ist. Allerdings liegt die Zeit, da auch wir solche Menschen noch ankettet haben, nicht so weit zurück, als daß wir uns hier brüsten sollten. Und was wir mit Kindern anstellen, die wir in Sonderschulen abschieben (ca. ein Drittel davon sind Hochbegabte!), könnte uns vielleicht veranlassen, vor unserer eigenen Tür zu kehren, ehe wir uns über die Chinesen aufregen...

Im übrigen ist es nicht neu, daß Chinesen (oder andere leistungsorientiere Asiaten, z.B. Japaner, Koreaner etc.) sich umbringen, wenn sie Prüfungen nicht schaffen. Ein weiterer Grund für Selbstmord ist der Verlust von Gesicht (= SHIN YUNG).

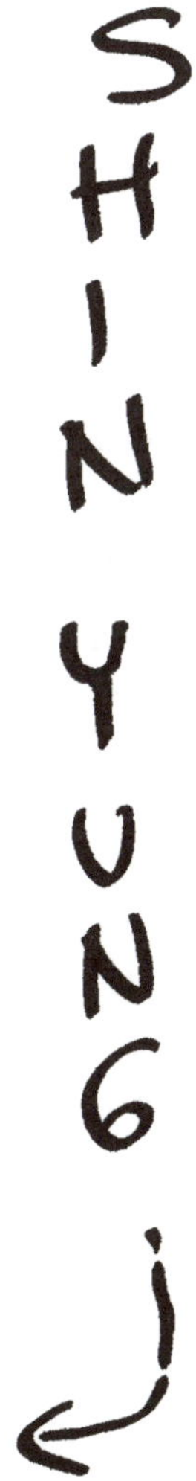

SFUMATO – eine wichtige Fähigkeit...

Es kann nicht immer alles glas-klar sein, vor allem PROG-NOSEN + Verträge nicht

Dieser Begriff bezeichnet die Fähigkeit, mit Unklarheiten, Unsicherheiten umzugehen, die Michael GELB (in „Das Leonardo-Prinzip") als eine der Fertigkeiten eines kreativen Geistes beschreibt. Diese Fähigkeit ist bei Westlern wenig ausgeprägt, sie wollen schon im Vorfeld sehr genau Bescheid wissen und hinterher alles sehr exakt „festzurren". Im Gegensatz zur chinesischen flexibleren Art zu denken. STEFFEN*:

> Es ist chinesischer Brauch, Dinge im Unklaren zu lassen und abgeschlossene Verträge erst in späteren Verhandlungen zu präzisieren ... Versuchen Sie (daher) nicht alles bis ins letzte Detail abzusichern ... Beschränken Sie sich auf die wahrscheinlichsten und gefährlichsten Risiken, sonst schrecken Sie die Chinesen ab.

Eine Parallele kennen westliche Geschäftspartner in Verhandlungen mit **Muselmanen**, die weder ein persönliches Treffen noch einen Termin im Zuge eines Projektes jemals konkret bestätigen werden. Das berühmte **„In'sha-LLah"** („So Allah es will") ist **keine Floskel**, sondern bedeutet: Wenn Allah es nicht verhindern wird, werde ich da sein (schaffen wir den folgenden Bauabschnitt) etc. Westler stoßen sich daran, weil sie Dinge gern exakt planen. Ähnlich schwer fällt es ihnen, zu begreifen, daß es in China durchaus normal ist, nach Beginn der Arbeiten an einem Projekt über einige Aspekte des Vertrages neu zu verhandeln. **Der Chinese meint, daß man im Vorfeld nicht alle Details klären könne,** weil einige dieser Dinge erst im praktischen Alltag „auftauchen" und demzufolge **nachträglich** verhandelbar sein müssen. Es geht nicht darum, ob es Ihnen gefällt, sondern darum, zu akzeptieren, daß man das in China so sieht (also daß dies auch gilt, wenn Chinesen **untereinander** verhandeln). Es ist also kein „Mätzchen", das Chinesen speziell gegenüber dem Westen benutzen. Wenn Chinesen hier im Westen etwas erreichen wollen, müssen sie

---

* Marec Bela STEFFEN: „Verhandeln in China – ein Leitfaden", in: SEEGER, Christoph: „China. Das Land verstehen – Verhandlungen führen – Konkurrenten abwehren".

sich auf uns einstellen (und tun dies auch), aber man kann **in China** nur erfolgreich sein, wenn man sich ähnlich verhält, wie Chinesen es untereinander tun...

SINISIERUNG* = Assimilierung?

EDERER und FRANZEN („Der Sieg des himmlischen Kapitalismus") vertreten folgende Meinung:

Sini-sierung

> Die größte Leistung der chinesischen Kultur ist ... der Umgang mit ihren Nachbarn, das Aufsaugen, die **SINISIERUNG der Völker**, die ... China (heute) umfaßt ... Im Umgang mit den Barbaren verhielten sich die Chinesen wie ein schwarzes Loch im Weltraum: Sie SAUGTEN die Völker regelrecht in ihre Kultur auf ... (die Völker) verschwanden darin, ASSIMILIERT, SINISIERT, als eigenständige Völker wegradiert.

Als Beispiel erwähnen die Autoren das Volk der **TOPA** (im 5. Jahrhundert n. Chr.). Der chinesische Kaiser befahl dem kleinen Volk der TOPA, Chinesen zu heiraten und chinesische Namen anzunehmen: Von diesem Volk hat man nie wieder gehört.

Mehr Details finden Sie im Modul „Etwas Geschichte", Seite 187 ff.

> Mit den XION GNU (ein großes Volk, das aus dem Norden regelmäßig in China einfiel) prügelten sich die Chinesen mehrere Jahrhunderte lang, bis diese endlich **vereinnahmt** waren. Aber die XION GNU waren zu stark, um militärisch besiegt zu werden, also verlegten sich die Chinesen auf eine andere Taktik. Sie lieferten ihren Feinden Lebensmittel und verheirateten eine Tochter der kaiserlichen Familie mit dem Stammesfürsten der XION GNU. Diese Praxis hielten sie eine Weile aufrecht (natürlich kam es auch zu weiteren Heiraten zwischen den Völkern) und nach einer Weile hatten die XION GNU aufgehört, als eigenständiges Volk zu existieren.

XION GNU: alte Feinde

* Sinisierung könnte man mit „Chinesisch-Machung" übersetzen.

> Und die Moral: Hätten sie China nicht angegriffen, wäre ihnen nichts passiert...

BRAUT-Stra-tegie

Nachdem die BRAUTSTRATEGIE erfunden worden war, wurde sie immer und immer wieder eingesetzt. Die Übergabe von Bräuten wurde bald zur Regel. Bei gefährlichen Gegnern war es eine **echte Prinzessin**, ansonsten adoptierte der Kaiser schnell eine einfache Bauerntochter, die (in kaiserlichen Gewändern) als fürstliche Braut geschickt wurde. So floß bald chinesisches Blut der Herrscherfamilie in den Adern sämtlicher Barbaren-Stämme, die immer wieder in China eingefallen waren. EDERER und FRANZEN:

Süd-China

> Die ASSIMILIERUNG im Süden Chinas erfolgte durch Zuzug der nördlichen Chinesen in den Süden. Heute sind das die wohlhabendsten Küstenregionen – von Shanghai bis Guangdong. Dort vermischten sich die einwandernden Chinesen mit ansässigen Stämmen, den MEOS, den YEOS und den THAIS. So entstanden die **südlichen chinesischen Sprachen**. Als wirklich kulturell gleichwertig sind die Südstaatler (vgl. Süden USA) heute noch immer nicht angesehen, und um so verkniffener betrachtet der Norden ihr neureiches Gehabe.

SONDERWIRTSCHAFTSZONEN – die ersten vier...

In Kapitel 2 („Etwas Geopolitik") warfen wir die Frage auf, warum DENG Xiao Ping mit der damals fragwürdigen Idee mehrerer Sonderwirtschaftszonen gerade in jenen vier Städten startete, und stellten fest: Aus diesen vier Städten stammen über 80 % der Auslands-Chinesen, von denen der Großteil **im ostasiatischen Raum verblieben** ist. Sie wohnten also in Malaysia, Singapur (damals noch nicht chinesisch), Thailand, den Philippinen etc.:

(1)

1. **SHEN ZHEN** (Grenzland zu Hongkong, heute 9 Mio. Einwohner), damals eine Art von „Was ihr in Hongkong könnt, können wir auf dem Festland ebenfalls".

2. **DONG GUAN** im Perlfluß-Delta
3. **GUAN ZHOU** (ebenfalls dort), das „Ruhrgebiet" Chinas (vgl. Mittel-England im 19. oder Deutschland im 20. Jahrhundert; jetzt im 21. Jahrhundert findet in GUAN ZHOU eine ähnliche Entwicklung statt...)
4. **PUTONG** (Finanzzentrum oder „Manhattan Asiens"), hier wurden in den Jahren 1995 bis 2000 mehr Wolkenkratzer hochgezogen als im gesamten Rest der Welt, was ohne WANDERARBEITER (s. Seite 31 f. und MERKBLATT NR. 2 Seite 225 ff.) nicht möglich gewesen wäre.

TIAN-AN-MEN-Platz?

Wiewohl ich in vielen Quellen nach den Hintergründen zu diesem Stichwort gesucht habe, fand ich die mit Abstand beste **Analyse** und **Schilderung** in „CHINA. Eine Weltmacht kehrt zurück" des ehemaligen deutschen Botschafters in Indien, Italien und von 1995 bis 1999 in China, Konrad SEITZ. Nicht nur sein Background (klassische Philologie, Geschichte und Philosophie), sondern auch seine großartige Art, komplexe Sachverhalte einfach (ohne sie unzulässig zu vereinfachen) darzustellen, machen dieses Buch zu einer der besten Quellen, wenn man das Riesenreich ein wenig verstehen möchte. Ich habe in der nachfolgenden Erklärung einige „Anleihen" aus Kapitel 26 „Das Volk steht auf (Tiananmen 15. April bis 4. Juni 1989)" genommen. Die von mir vorgenommene Einteilung in **Einzelschritte** half mir selbst, die Tatsachen chronologisch genauer zu verstehen...

Hauptquelle: Konrad SEITZ, „CHINA. Eine Weltmacht kehrt zurück". **Nebenquelle** (für diese Thematik): EDERER und FRANZEN, „Der himmlische Kapitalismus" (vergriffen).

天	安	門
tian	**an**	**men**
HIMMEL	FRIEDEN	TÜR/TOR

Einer der bekanntesten Prediger Amerikas (Billy GRAHAM) pflegte seine tägliche Radioansprache mit einigen Statements zu beginnen und dann anzukündigen, daß nun der REST DER STORY folgen werde. Nun, ich habe ähnliches vor: Hier finden Sie die wichtigsten Basis-Infos, die Sie benötigen, um zu verstehen, warum die üblichen Schilderungen FALSCH sind. Wenn Sie dann den REST DER GESCHICHTE lesen wollen, finden Sie diese im Merkblatt Nr. 8 (damit jene, die es so genau nicht wissen wollen, ihre MEMe nicht aufgeben müssen). Aber versuchen Sie, einmal folgende Gedanken wahrzunehmen:

1. **Mandat des Himmels:** Bei EDERER und FRANZEN erfahren wir (in: „Der Sieg des himmlischen Kapitalismus"), daß die **Aufgabe des Kaisers im alten China** darin bestand, das MANDAT DES HIMMELs zu realisieren (MODUL „Etwas GESCHICHTE", Seite 192 ff.).
2. **Symbol kaiserlicher Macht:** Der **Platz des himmlichen Friedens** (s. Schriftzeichen oben) war lange das Symbol der HERRschaft. Vom Turm aus wurden seit Jahrtausenden kaiserliche Edikte laut verlesen, ehe man sie im Schnabel eines Vogels (Phoenix) zu jenem Beamten herabließ, der auf dem Platz kniete, um sie in Empfang zu nehmen. Dann eilte dieser damit zum **Riten-Ministerium**. Dort wurden die kaiserlichen Befehle vervielfältigt und (an die regionalen Mandarine landesweit) verteilt. So schaffte man es im alten China, daß **dasselbe Gesetz oder dieselbe Regelung im ganzen Land gleichzeitig in Kraft treten konnte**. SEITZ: „Auch Mao hatte den Platz zum Symbol seiner Herrschaft gemacht. Vom Torturm herab rief er am 1. Oktober 1949 die Volksrepublik China aus. Er ließ den Platz **zum riesigsten Platz der Welt** erweitern und in seiner Mitte einen Granitobelisken als Monument für die Märtyrer der Revolution errichten. Die am Torturm und an der Palastmauer vorbeiführende Straße wurde zum Prachtboulevard des ‚Ewigen Friedens' verbreitert. Auf ihr zogen am Nationalfeiertag und bei anderen Anlässen die Paraden an Mao und den Führern von Partei, Regierung und Armee vorbei."

3. **Bewegung vom 4. Mai 1919:** Seit dem ersten großen Studentenprotest der Neuzeit (vom 4. Mai 1919) **war der Platz** (der weiterhin Symbol für die Macht der Herrschenden inklusive Mao blieb) **gleichzeitig zum Kontrapunkt**, **zum Symbol des politischen Protests GEGEN die Herrschaft geworden.** 3 4
4. **Öffentliche Trauer:** Es war seit langem üblich, die Toten am Tian-an-men-Platz aufzubahren, um den Massen die Möglichkeit zu geben, Abschied zu nehmen. „Am 3. April 1976, am Tag des Gedenkens für die Toten, hatten die Studenten und die Pekinger Bürger ... mit den Trauerkränzen, die sie für **ZHOU Enlai** am Monument der Märtyrer niederlegten, **machtvoll gegen die herrschende Viererbande protestiert**. (So bot) die Tradition des öffentlichen Trauerns die Möglichkeit einer legalen Massenversammlung auf dem Tiananmen-Platz."
5. **KULTUR-REVOLUTION:** Wer die Kultur-Revolution nicht erlebt hat bzw. wenig darüber weiß, kann kaum nachvollziehen, wie real die **Gefahr eines Flächenbrandes** war, **als die Demonstrationen 1989 zu eskalieren begannen**. Wenn man weiß, daß es seit Jahrtausenden „Gewohnheitsrecht" der kleinen Leute war, die Herrschenden zu entmachten (s. Modul „Etwas Geschichte", Seite 194 f.), und wenn man die entsetzlichen Auswüchse der Kultur-Revolution berücksichtigt, bei der neben Intellektuellen auch Mitglieder der Partei und der Regierung gefoltert bzw. getötet worden waren (so z.B. auch DENGs Familie; sein Sohn erlitt damals eine Querschnittslähmung), dann kann man sich die **Panik** ausmalen, die sich ausbreitete, als die Regierenden die Gefahr erkannten. Die Proteste hätten durchaus zu einer **neuen Revolution** führen können. Beim letzten Mal waren **Millionen** Menschen gestorben, weitere **Millionen verletzt** oder **gefoltert** worden, und **zigmal so viele Millionen Familien waren betroffen**, weil Familienmitglieder verletzt, verschleppt oder getötet worden waren. 5

6. **Das Riesenreich:** China ist größer, als wir uns vorstellen können. Helmut SCHMIDT stellte bei einem Flug fest*, daß die Fläche des **Westen Chinas** Ausmaße hat, in welche die **Strecke Los Angeles – New York** hineinpassen würde. Klar, daß nicht alle Bürger eines solchen Riesenreiches aus demselben (Gen-)Material „gemacht" sein können: Die Tibeter (im Westen) sind völlig andere Menschen als die Mongolen (im Norden) oder die Mandschus (im Nordosten) oder die Südchinesen bzw. die Han-Chinesen (die man fast immer meint, wenn man „Chinese" sagt). Sie alle sprechen verschiedene Sprachen, die Uiguren (ebenfalls im Westen) eine Turk-Sprache, während man in Peking Mandarin spricht etc.
7. **MEDIEN:** Ich zeige in meinem DVD-Mitschnitt „Wie die Medien unsere Meinung bilden", daß die erste Pflicht der Medien leider NICHT in konkreter BERICHT-erstattung besteht. Dies gilt für Print-Medien gleichermaßen wie für Rundfunk und Fernsehen. Deshalb dürfte es uns eigentlich nicht verwundern, wenn wir lernen, daß die Presse vom ersten Tag an WIDER BESSERES WISSEN falsch berichtet hat. Von den vielen Autoren, die ich im Zuge der Vorbereitungen (für dieses Buch und den gleichnamigen DVD-Mitschnitt) konsultierte, wußten weniger als 10 % Bescheid. Die meisten erwähnten das sogenannte „Massaker vom Tien-an-men-Platz" entweder gar nicht oder wiederholten das, was man **in den Medien** darüber erfahren hatte. Das SEITZ-Buch zeigt einige Details auf, die den meisten LeserInnen kaum bekannt sind. Aber diese Dinge sind wichtig für **DEN REST DER STORY** im **MERKBLATT NR. 8** (Seite 245 ff.).

---

* Nachzulesen in „Nachbar China" von Helmut SCHMIDT und Frank SIEREN.

Tibet

> Tibet (Xizang): Das historische Gebiet Tibet umfaßt ein Territorium von 2,5 Millionen Quadratkilometern und ist heute geteilt in die autonome Region Tibet und Gebiete, die vier anderen Provinzen zugeschlagen wurden. Dank der Pekinger Siedlungspolitik ist auch hier die ursprüngliche Bevölkerung zu einer Minderheit geworden ... Der Bau der Eisenbahnlinie dürfte die Einwanderung der Han-Chinesen noch beschleunigen. Heute leben auf dem „Dach der Welt" angeblich 8 Millionen Han und nur noch 6 Millionen Tibeter.

Quelle: Jean-François SUSBIELLE, „CHINA – USA. Der programmierte Krieg"

Wer (wie ich) jahrelang nur den tibetischen Blickwinkel kannte, tut sich schwer, zu verstehen, daß Tibeter im 7. Jahrhundert bereits mit Angriffskriegen immer wieder in China eingedrungen waren und Tibet Chinas Westen jahrhundertelang mehr oder minder stark beherrschte. Hier helfen uns einige Gedanken SUSBIELLEs weiter:

7. Jh.

> Die Tibeter gelten heute als Prototyp einer pazifistischen Kultur, doch das war nicht immer so. Ihre Vorfahren im 7. und 8. Jahrhundert waren ein KRIEGERVOLK wie ihre mongolischen Vettern. Erst die Einführung des Buddhismus ließ sie friedfertiger werden. Im 14. Jahrhundert – also in der Zeit der mogolischen Yuan-Dynastie – **wurde Tibet** (vfb: zum ersten Mal) **dem chinesischen Reich einverleibt**. Nach dem Zusammenbrechen des Mongolenreiches im Jahre 1368 gewann Tibet seine Unabhängigkeit (vom mongolisch beherrschten China) zurück. Erst 1644, als die Mandschu-Dynastie der Qing an die Macht kam, wurde es **de facto und schließlich 1751 offiziell von Peking annektiert**. Als Sun Yat-Sen 1912 die Republik ausrief, erklärte der Dalei Lama in Lhasa die Unabhängigkeit Tibets, wobei er auf die Unterstützung der Briten in Indien hoffte. Doch London zeigte ihm die kalte Schulter, hatte es doch erst 1907 gemeinsam mit Rußland den **Hoheitsanspruch Chinas über Tibet anerkannt**. In den dunklen Jahren der Republik, der japanischen Besatzung und der Bürgerkriege (1912 – 1940) dachten weder die Nationalisten noch der Kuomin-

TIBET ehe der Buddhismus kam ...
1644
1751

1912-1940

Mon-go-len: 700 Jahre

> tang noch Maos Kommunisten einen Augenblick daran, Tibet aufzugeben. Sie betrachteten es als **legitimes Erbe der Mongolen-Dynastie**, die 700 Jahre vor ihnen (China) beherrscht hatte. Die VR China wurde 1949 ausgerufen und schon im folgenden Jahr befahl MAO Ze Dong die Besetzung Tibets. Der Dalai Lama wurde gezwungen, **die Zugehörigkeit seines Landes zur VR Chinas anzuerkennen** ... 1959 ging der Dalai Lama ins indische Exil. Von Dharessalam aus leitet er seither eine Exilregierung nach dem Muster der Regierung Chian Kai-Sheks in Taiwan. Die 1966 losgetretene Kulturrevolution hatte ... auch für Tibeter verheerende Folgen. Die Roten Garden zerstörten nahezu alle 6000 tibetischen Klöster; nur ein knappes Dutzend blieb erhalten...

SUSBIELLE erwähnt noch einen interessanten Aspekt:

> Präsident BUSH senior bezeichnete Tibet als „besetztes Land". CLINTON ... nannte es einen festen Bestandteil Chinas. BUSH junior ... ernannte einen Tibet-Beauftragten und empfing den Dalai Lama mehrfach im Weißen Haus. Doch **keine** amerikanische Regierung **dachte je daran, konkrete Schritte zugunsten der Unabhängigkeit Tibets einzuleiten**. Tibets bester Freund ist und bleibt der Schauspieler Richard GERE.

Der Ausnahmezustand in Tibet wurde am 1. Mai 1990 aufgehoben. Seit diesem Zeitpunkt scheint alles friedlich, wenn man davon absieht, daß immer mehr Han-Chinesen die Tibeter zu verdrängen suchen ... (Vgl. „Sinisierung = Assimilierung?", Seite 159 f.)

Der nächste Abschnitt dürfte **Neues für Sie** beinhalten. Hier macht Frank SIEREN uns mit Aspekten der TRANSRAPID-Story bekannt, die Sie höchstwahrscheinlich aus den Medien noch nicht kennen. Er lebt seit Jahren in China und kann als Fachmann für die „absatzwirtschaft" hinter manche Kulissen schauen bzw. ist teilweise (als Journalist) hautnah dabei, wenn die Dinge passieren...

TRANSRAPID – die Pannenstaffel

Falls auch Sie schon gehört haben, wie „unzuverlässig" die Chinesen doch oft seien und daß sich das u.a. am Beispiel des TRANSRAPID gezeigt habe, könnte dieser Abschnitt Sie schockieren. Tatsache ist, daß **nicht** die Chinesen, sondern wir Deutsche, genauer die Mitarbeiter von ThyssenKrupp, mit einer regelrechten „Pannenstaffel" (nachzulesen in Frank SIERENs „Der China-Code") jede Möglichkeit einer guten Zusammenarbeit systematisch zerstört haben. Ich habe die von uns ausgelösten Probleme durchnummeriert und jeder Panne eine **logische Kategorie** zugeordnet (z.B. **Glaubwürdigkeit, Produktion, Service** etc.), weil ich inzwischen einige davon im Management-Seminar als Fallstudie einsetze (vgl. auch mein Buch: „Birkenbihl on Service").

WAS IST WIRKLICH PASSIERT?

Es folgen die ersten fünf Pannen, damit Sie sich ein Bild machen können. Bedenkt man, daß dieser Deal **auf höchster Staatsebene** von den beiden Führern (SCHRÖDER und ZHU Rongji) ausgehandelt worden war, sowie daß höchste Eile geboten war, **um** den Terminplan einzuhalten, dann sollte man doch davon ausgehen, daß die deutsche Firma ALLES daransetzen würde, sich im besten Licht zu präsentieren. **Schließlich hingen von diesem ersten Versuch theoretisch viele große Geschäfte** auf Jahrzehnte hinaus ab. Besonders kritisch war der Zeitplan, da der chinesische Führer die Demo-Strecke (vom Flughafen ins Zentrum Shanghais) noch **vor seiner Pensionierung** fertiggestellt sehen wollte. Es sollte ein Glanzpunkt seiner Regierungsarbeit werden und sicherstellen, daß die Deutschen später die lange **Strecke Shanghai – Peking** bauen würden. Diese wiederum wäre weltweit zu einem extremen PR-Produkt für Deutschland geworden, da 2008 anläßlich der Olympiade in China sicher einige Presse-Berichte diese TRANSRAPID-Strecke erwähnt hätten. Dasselbe gilt für die Weltausstellung in China 2010. Vielleicht wäre jene ja dann schon fertig gewesen. Bauwerke in China wachsen schnell! Jedenfalls war damals anzunehmen, daß diese erste Strecke nur einen **Auftakt** zu langen Strecken im ganzen Riesenreich darstellen würde. China und Deutschland standen also am **Beginn einer langen Zusammenarbeit**, die für Deutschland jede Menge an **Einkommen und Prestige innerhalb der gesamten asiatischen Welt** bedeutet hätte (ganz zu schweigen von Arbeitsplätzen in Deutschland). Also hatte man alle Gründe, nicht nur 100 %, sondern 120 % zu geben. Leider aber sorgten diverse Abteilungen des Konzerns, jede auf ihre Weise, für eine Pannenstaffel, von denen **jede einzelne** diese phänomenale Chance gefährdete. (Es folgen die ersten fünf.)

Panne Nr. 1 verletzt die Glaubwürdigkeit

Um zu verstehen, wie wichtig Attribute wie **Zuverlässigkeit** und **Ehrlichkeit** in Geschäftsbeziehungen mit Asien sind, müssen wir verstehen, welche Arten von zwischenmenschlichen Beziehungen es laut KONFUZIUS geben kann (s. Stichwort „BEZIEHUNGEN, menschliche", Seite 95 ff.). Merke: Von fünf Beziehungen sind vier stark hierarchisch:

> Nur die fünfte Beziehung, Freund – Freund, kann „auf Augenhöhe" (unter Gleichgestellten) stattfinden. Sie beschreibt demzufolge die Ebene, auf der **geschäftliche Beziehungen** geknüpft werden müssen.

Da man eine FREUND-FREUND-BEZIEHUNG unter Fremden nicht in wenigen Tagen aufbauen kann, empfehlen Fachleute, sich unbedingt **Mittelsmänner** zu suchen, **die das Vertrauen ihrer Kontakte bereits besitzen**. Gunter DENK, ein Mittelständler mit jahrelangen China-Erfahrungen, beschreibt dies in seinem sehr hilfreichen Praxis-Buch „Asien für den Mittelstand". Wenn wir Mittelsmänner überzeugen können, unsere Sache zu vertreten, dann stellen sie die **Verbindung** zwischen uns und unseren chinesischen Partnern her und halten diese aufrecht, so daß die **FREUND-FREUND-Beziehung des Mittelsmannes** unseren Erfolg ermöglichen kann. Es bedeutet, unnötige Risiken einzugehen, will man ohne solche Mittelsmänner auskommen, insbesondere wenn man weiß, daß auch Chinesen mit fremden Chinesen via Mittelsmännern in Kontakt treten.

Da aber der TRANSRAPID-DEAL auf höchster Staatsebene eingefädelt worden war, meinten anscheinend alle deutschen Beteiligten, keine Mittelsmänner zu benötigen. Wahrscheinlich dachten sie, das **Tagesgeschäft allein bewältigen** zu können, wiewohl hier alle möglichen Leute miteinander agieren müssen, um Hunderte von Details zu klären. Leute, **die noch gar keine Beziehungen aufbauen konnten**. Das wichtigste Wort für alle, die in China Geschäfte machen wollen, lautet **GUAN.XI** (BEZIEHUNGEN). **GUAN.XI** steht für alle Arten von Verbindungen zwischen Menschen (Gruppen, Clans, Mittelsmännern etc.), die nur durch **gute Beziehungen** aufgebaut werden können.

Nun versuchte gleich zu Beginn irgend jemand bei ThyssenKrupp, den Chinesen große Mengen Stahl **zu überhöhten Preisen** zu verkaufen. Diese Differenz **zu den vorher ausgehandelten Preisen** war **vertragswidrig**, weshalb man sie in die Rechnung hineinschummelte, indem man sie auf den **Transport** aufschlug. Anscheinend hatte man gehofft, daß es niemand auf der chinesischen Seite merken würde, da der Preis für den Stahl dem vertraglich ausgehandeltem **zu entsprechen schien**. Einer der Manager in Shanghai sagte zu Herrn SIEREN (dem Autor des Buches „Der China-Code"): „Die haben gemeint, bei den Chinesen kommt es nicht drauf an, die merken das ja nicht." Das ist der **Eindruck**, den ThyssenKrupp erweckt hat – und das zu **Anfang** einer **gigantischen Kooperation**, die sich über Jahre hinziehen sollte. SIEREN:

> Die ThyssenKrupp-Manager haben deshalb **nicht nur** einen lukrativen Auftrag eingebüßt, sondern auch ihr **Vertrauensverhältnis** zu den Chinesen. Immerhin ging es damals noch um die Frage, ob die 1.300 km der Strecke Peking – Shanghai mit dem deutschen Schwebesystem gebaut werden sollte (und dies wäre nur die erste LANGE Strecke gewesen, auf die man in Deutschland gehofft hatte). Nach diesem Vorfall wurde von der Shanghaier Betreibergesellschaft zu Recht die Devise ausgegeben: „Kauft so wenig wie möglich bei denen. Was wir können, stellen wir selber her."

Vertrauen verloren

Panne Nr. 2 stellt ein Problem der Qualitäts-Sicherung dar

Dieses Problem wurde von **einer anderen Abteilung** bei Thyssen-Krupp ausgelöst. Hierbei ging es um einen gravierenden **Konstruktionsfehler**. Diesen hätte man, bei guter Qualitäts-Kontrolle (s. **Kasten**) in Deutschland bereits bemerken müssen, aber nicht einmal das ist passiert. SIEREN:

> Erst nachdem rund die Hälfte der knapp 2,4 Millionen Erdungsmanschetten von „ThyssenKrupp-Umformtechnik“, einer anderen Abteilung, schon (nach China) geliefert waren, stellte sich heraus, daß sie einen **grundlegenden Konstruktionsfehler** hatten.

> Nachdem ein Amerikaner (DEMING) ein hervorragendes Qualitätssicherungs-System entwickelt hatte und es niemand in den USA einsetzen wollte, folgte er einem Ruf nach Japan, wo man sein System lernen wollte. Jahre später importierten die Amerikaner es von dort aus (wobei viele nie lernten, daß es ursprünglich keine japanische Erfindung war). Heute noch gibt es in Japan jedes Jahr den hochgeschätzten DEMING-PREIS für beste Qualitätskontrolle zu gewinnen. Hätte ThyssenKrupp dieses Thema ernst genommen, wäre Panne 2 nie passiert.

In einer Fußnote erfahren wir: „Der Winkel für die Halbröhre des Erdungskabels stimmte nicht.“ So etwas kann man relativ leicht erkennen, und zwar bevor man 1,2 Millionen Teile nach China verfrachtet! Diese Art von Konstruktionsfehler hätte man spätestens in **Versuchen** mit dem **Prototyp**, in dem jedes NEUE Teil seine Zuverlässigkeit beweisen muß, erkennen müssen – ehe man produziert und lange bevor man liefert! Aber nun erhebt sich die Frage, wie geht eine Weltfirma damit um, wenn der Kunde (also die Chinesen) auf den Fehler hinweist? Das bringt uns, Sie ahnen es, zur dritten Panne!

Panne Nr. 3 ist eine Service-Panne

Nachdem die Chinesen Konstruktionsfehler gefunden hatten und bei ihren PARTNERN nachfragten, was hätte da passieren müssen? Und was passierte tatsächlich? SIEREN: „Die ThyssenKrupp-Manager ließen **zu viele Wochen vergehen**." Bitte denken Sie mit: **Man hat nur zweieinhalb Jahre** (ein sehr enger Zeitraum für die erste Teststrecke von 17 km), und nun läßt man **Wochen** (!) **verstreichen**, bis man überhaupt zugibt, daß ein Fehler passiert ist. Die Teile mußten in Deutschland neu produziert und erneut nach China verschifft werden. **Finanzielle Gewinne** schmelzen dahin, was aber in Anbetracht der jahrzehntelangen zukünftigen erhofften Geschäftsbedingungen immer noch eine gute Investition dargestellt hätte. Aber, viel schlimmer, das **Vertrauen**, das sich ja gerade erst entwickeln sollte, war durch Panne **Nr. 1** und **3** bereits ernsthaft ramponiert, und das bereits am Anfang...

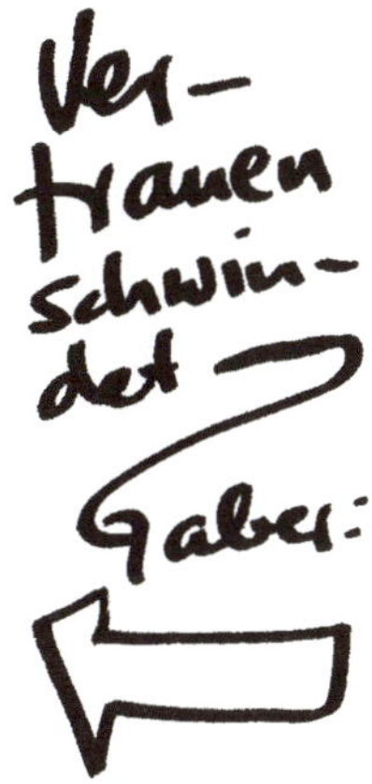

Allerdings war zu **diesem** Zeitpunkt noch nicht alles verloren, SIEREN: „... noch gab es eine Chance, **denn die Chinesen hielten diese Fehlproduktion ... für einen Ausnahmefall.**" Es handelte sich ja schließlich um eine Weltfirma, eine, die für **„Made in Germany"** einstand, und das bedeutet **Qualität auf höchstem Niveau**, oder? (Vgl. auch Stichwort „MADE IN GERMANY", Seite 138 ff.) Es kann doch nicht sein, daß solche Leute mehrfach Mist bauen. Das ist (noch) nicht denkbar.

Panne Nr. 4 ist wieder eine Schwäche der Produktion

Beim zweiten Produktionsfehler müssen wir nur eines wissen, um zu verstehen, worum es geht: Die sogenannten STRATOR-Pakete „gehören zur **Kerntechnologie der Schwebebahntechnik**", also zu dem, was ThyssenKrupp beherrschen sollte. Aber auch hier wurde keine Qualitätsprüfung vorgenommen – die Strator-Pakete hatten die falschen Maße. Tja. Aber vielleicht reagiert man diesmal besser, wenn die Chinesen es merken?

Panne Nr. 5 ist wieder ein Service-Problem

Trotz des hohen Zeitdrucks (der durch die Pannen 2 und 3 von den Deutschen gravierend erhöht worden war) bekamen die Chinesen **wieder mehrere Wochen** lang keine Antwort auf die Beanstandung. Ja wo sind wir denn? Haben die Chinesen ihre Beanstandung denn per Pferdekutsche und Frachtschiff gesendet, oder war es vielleicht doch ein Telefonat, ein Fax oder eine E-Mail? Wir wissen es nicht. Aber daß es nicht Wochen dauerte, bis die Manager von ThyssenKrupp von der neuen Panne erfuhren, darauf können Sie Gift nehmen! „Letztlich gestanden die Chinesen aufgrund des großen Zeitdrucks zu, das Fehlerhafte **in China nachzubessern**, was den Deutschen wahnsinnig viel Geld gespart hat."

5 von 16 Pannen

Das waren nur die ersten fünf (von 16) Pannen. Es gibt einige weitere Produktionsfehler, die aufgrund **mangelnder Qualitäts-Kontrolle** immer erst **in China** offensichtlich wurden.

Sie sollten diese **Fallstudie** (die sich über mehrere Seiten in SIERENs Buch hinzieht) wie auch **weitere** ähnliche Beispiele **anderer** deutscher Unternehmen, die SIEREN schildert, aufmerksam lesen, damit Sie sehen, daß er nicht nur eine Firma an den Pranger stellt. Im Gegenteil: Seine Beispiele zeigen, wie erfolgreich deutsche Firmen die Marke „Made in Germany" ruinieren.

Interessanterweise fällt im Ausland vielleicht mehr auf, was auch bei uns zu Hause ständig passiert: **Wiewohl wir seit Jahrzehnten von besserem Service sprechen, scheint er in vielen Bereichen ständig schlechter zu werden.** Darüber zu reden gibt vielen das Gefühl, sie hätten mehr Professionalität für Service entwickelt, wiewohl es in den meisten Branchen leider **nicht** stimmt: Wollten sich vor ca. 20 Jahren von 100 unzufriedenen Kunden (quer durch alle Branchen) noch 4 beschweren, so tut es heute höchstens **einer**. Die anderen 99 haben durch bittere Erfahrungen gelernt, daß es sowieso niemanden interessiert. Man erkennt dies auch daran, daß Trainer, die zum Thema SERVICE einiges zu bieten haben, Probleme haben, ihre

Veranstaltungen zu füllen, während dieselben (potentiellen) Seminar-TeilnehmerInnen in Scharen zu anderen Seminaren „rennen". Gefragt, warum sie am Thema SERVICE so wenig Interesse haben, hört man am häufigsten: „Unser Service ist vorzüglich, wir brauchen das nicht." Ich bin sicher, das hätten die Beteiligten bei ThyssenKrupp auch gesagt. Ebenso überzeugt bin ich, daß weder jene, die für die Qualitätsmängel verantwortlich waren (Produktion), noch jene, die sie nicht rechtzeitig aufspürten, wußten, daß es mit ihren jeweiligen Abteilungen **nicht** zum Besten steht. Was uns in Deutschland nämlich auch fehlt, ist ein **Problem-Bewußtsein für Fragen** dieser Art! Das ist der Grund, warum Weltfirmen derartige Giga-Chancen versieben. Sie gehen mit ihrer normalen Mentalität (für inländische Kunden) an die Sache heran, da sie ihr professionelles Niveau für ausreichend halten. Deshalb müssen wir uns die Frage stellen: **Sind wir überhaupt noch wettbewerbsfähig?** Haben wir den **Vorsprung**, von dem so viele in der Welt ausgehen, überhaupt noch? Können wir ihn (wenn er noch vorhanden ist) noch (lange) halten? Oder sind wir dabei, unseren guten Namen und damit unsere Zukunft zu verlieren?

unseren Vorsprung halten?

ÜBERSEE-CHINESEN

Erinnern Sie sich an die **WQS-Frage Nr. 8**: Wer sind die **Auslands-Investoren**, die **Chinas Aufschwung finanziert** haben? Bei der Auflösung (Seite 45 ff.) lernten wir, daß der größte Teil dieser Investoren weder aus den USA noch aus Europa kam, sondern „**Sonstigen**" (Ländern) zugerechnet werden muß, sowie daß mit SONSTIGE genaugenommen die **Exil-Chinesen** gemeint sind. Der Asien-Experte und Autor zahlreicher Bücher über diese Gegend der Welt, Sterling SEAGRAVE, hat sie in einem Buch zum Thema gemacht: „Die Herren des Pazifik – Das unsichtbare Wirtschaftsimperium der Auslands-Chinesen". Hier erfahren wir einiges über diese wichtige Gruppe von Menschen, von denen man normalerweise so gut wie nichts weiß, und zwar, weil es ein Teil ihrer Strategie ist, „unsichtbar" zu agieren. Ich

Andere Bezeichnungen: **Auslands-** bzw. **Exil-Chinesen** oder **Offshore-Chinesen**

Exil-中國人

empfehle Ihnen, dieses extrem lesenswerte Buch (notfalls via Internet gebraucht) zu erwerben (da es derzeit leider vergriffen ist).

SEAGRAVE ging 1995 von 55 Mio. Exil-Chinesen aus (wie in Kapitel 2 bereits angedeutet, rechnen manche Experten mit 65 Mio. – plus/minus 10 Mio.).

OFF-SHORE CHINA

> **Offshore-China ist ein Reich** ... das auf komplizierte Weise miteinander verbunden (ist). ... Dieses unsichtbare Reich hat **keine Grenzen, keine nationale Regierung und keine Flagge**. **Es hält sich bewußt im Verborgenen** – ein undefinierbares Gebilde aus **Konzernen** mit unterschiedlichsten Geschäftsbereichen. In den letzten Jahrzehnten sind in **Südostasien** (Hongkong und Taiwan NICHT gerechnet) über hundert sehr große **Konglomerate** ... entstanden, die fast alle aus ethnischer Sicht **Chinesen** gehören oder von ihnen beherrscht werden, und eine ganze Anzahl von ihnen sind Dollar-Milliardäre. Sie leben und arbeiten in **Indonesien**, **Malaysia** oder **Thailand**, stammen ursprünglich aber alle aus Süd-China. Traditionell werden diese **Multimilliarden-Unternehmen** vom Vater auf den Sohn **vererbt wie kleine Familienbetriebe**. Geführt werden sie von den superreichen Chefs geheimer chinesischer **Wirtschaftssyndikate**. Einige wie HOKKIEN und die TEOTSCHIU **existieren seit über 1000 Jahren**. (Sie) sind die Herren des Pazifik.

AUS-LANDS-Chinesen

Nun könnte man fragen, was macht die Auslands-Chinesen um soviel erfolgreicher als ihre Vettern und Cousinen in der Heimat? SEAGRAVE:

> Früher verhinderte die Mandarin-Bürokratie des kaiserlichen China erfolgreichen Handel (weil es unter der Würde der Würdenträger war, sich mit Handel oder seinen Ergebnissen zu befassen). Später erstickten die Kommunisten aus entgegengesetzten Motiven den Handel genauso erfolgreich.

Somit blickt China auf eine **mehrtausendjährige Tradition** zurück, in der das Volk Händler diskriminiert, es also vornehmlich aus Bauern bestand. Läßt man diese „Bauern“ aber aus dem Land, dann zeigen sie, was in ihnen steckt:

EXIL-CHINESEN

> **Das Bruttosozialprodukt der gesamten Auslands-Chinesen in Asien liegt um 25% höher als das BSP ganz Chinas.** (vfb: SEAGRAVE rechnet uns vor, was das im Klartext bedeutet.) Die Auslands-Chinesen in Asien entsprechen nur **ca. 4% der Bevölkerung ganz Chinas**, d.h., sie sind **erfolgreicher als 96% der Chinesen** (zu Hause). Zum Beispiel lagern in den Depots TAIWANs 300 Milliarden Dollar und Taiwan ist nur ein winziger Teil Offshore-Chinas. ... Ein Finanzexperte in Singapur schätzt, daß sie, die Wertpapiere NICHT berücksichtigt, über liquide Mittel in Höhe von 2 Billionen Dollar verfügen. Dieses Kapital ist vor dem begierigen Zugriff der Regierung sicher, weil es über die ganze Welt verteilt ist. Japan hatte mit einer fast doppelt so hohen Bevölkerung 1990 nur ein Vermögen im Wert von 3 Billionen Dollar und das japanische Wirtschaftswunder war das Ergebnis einer dirigistischen Industriepolitik der Regierung. Im Gegensatz dazu brachten es die Auslands-Chinesen als Immigranten oder Gäste in fremden und oft feindseligen Ländern in aller Stille zu Reichtum und Macht. ... (Sie) sind eine prosperierende multinationale Mittelschicht, an deren Spitze eine kleine, sehr reiche Oberschicht steht. Die Vertreter dieser Oberschicht unterscheiden sich gravierend von westlichen Milliardären. Gewiß sind auch sie kühl rechnende Geschäftsleute mit einem großen Organisationstalent, aber ihnen ist zugleich bewußt, daß **widerspenstige Regierungen** nur durch geschickte Winkelzüge zu politischer Unterstützung und zur Vergabe von Monopolen bewegt werden können.

Daß sie dabei auch vor Bestechung nicht zurückschrecken, berichten diverse Autoren (auch EDERER und FRANZEN), aber nach den vielen Korruptions-Skandalen der letzten Jahre können wir nicht mehr mit dem Finger auf die Asiaten zeigen, da dann die berühmten vier Finger auf uns selbst deuten. Anscheinend ist der VERSUCH, andere zu bestechen um des eigenen Vorteils willen, eher international, nur daß die Auslands-Chinesen möglicherweise auch dies erfolgreicher tun, das heißt dabei weniger Porzellan zerschlagen und vor allem seltener auffliegen. Vielleicht liegt das ja auch daran, daß sie über 2.000 Jahre Übung darin haben. Als Auslands-Chinesen haben sie einerseits der Heimat den Rücken gekehrt, während sie sie andererseits im Herzen mit in die Welt nehmen und durch enge Bande untereinander überall ein wenig China schaffen. Dieser Zusammenhalt einer ethnischen Gruppe dürfte weltweit wohl einzigartig und Teil ihres großen Erfolges sein, während man im Westen eher den Erfolg eines **Individuums**, einer **einzelnen** Firma oder einer Firmengruppe anstrebt. Wahrscheinlich ist das grundlegende HARMONIE-Bedürfnis der chinesischen Mentalität hier auch eine große Hilfe, weshalb es gerade von Westlern **nicht** negiert werden darf, wenn sie mit Chinesen (in China oder sonstwo in der Welt) Geschäfte machen wollen (s. auch „VERHANDLUNGEN mit Chinesen", Seite 178 ff.). SEAGRAVE bestätigt diesen Verdacht, wenn er feststellt:

> Die Auslands-Chinesen sind nicht nur deshalb reich, weil sie außergewöhnlich **schlau** und **fleißig** sind. Ihre Macht beruht nicht allein auf ihrer eisernen **Sparsamkeit** und **Investitionsbereitschaft**, sondern auch auf ihrer starken ethnischen **Solidarität**, ihren unsichtbaren **Beziehungsgeflechten**, ihrem **politischen Pragmatismus**, ihrem exzellenten **Überblick** und ihrer Fähigkeit, sich **rasch** – rascher sogar noch als die Japaner – **wechselnden Verhältnissen anzupassen**.

Wiewohl viele davon ausgehen, dass diese Beschreibung auf die Han-Chinesen zutrifft, sollte man bedenken, daß die meisten Exil-Chinesen aus dem Süden Chinas kommen und daß das ein anderer Menschenschlag mit einer anderen Sprache ist. Zwar gelten die Charakterzüge sicher auch für die Han-Chinesen (Nord-Chinas), aber vielleicht sind sie im Süden doch ein wenig stärker ausgeprägt? Zu guter Letzt sollten wir zwei typische Züge dieser Menschen berücksichtigen:

> Ihre **Arbeitsethik** hat **zwei** Grundprinzipien. **Erstens** ist es ehrenwert, rastlos persönlichen Reichtum zusammenzuraffen, weil dieser **Familie** und **Gemeinschaft** zugute kommt. **Zweitens** ist

es ein Beweis von Tüchtigkeit, persönlichen Reichtum vor begierlichen Regierungen zu schützen, indem man ihn in Steuerparadiesen aller Art versteckt.

Wenn man bedenkt, daß die Regierung von unserem sauer verdienten Geld vor allem administrative Wasserköpfe und sogenannte Subventionen, insbesondere für jene, die sie nicht benötigen, finanziert, kann man da schon zustimmen. Bedenken Sie auch, daß Europa mit subventionierter Milch die kleinen Milchbauern Indiens kaputtmacht oder daß von Europa subventionierte europäische Fischer in **großen** Schiffen die Küsten vor Afrika leerfischen und die gesamte Küstenfischerei der Einheimischen zunichte machen (das sind die Leute, die derzeit zu Hunderten mit ihren keinen Fischerbooten nach Europa flüchten, weil man ihnen und ihren Familien die gesamte Lebensgrundlage wegnimmt). Und das mit unseren Steuergeldern. SEAGRAVE:

- Fachleute schätzen, daß heute **60 % des Geldes der Welt in solchen Steuerparadiesen deponiert** ist. Und ein **erheblicher** Teil dieses Geldes gehört den Auslands-Chinesen. ...
- Finanziell und organisatorisch **beherrschen** die Auslands-Chinesen den ganzen Ostrand des **Pazifik**, den größten Markt der Welt und dessen größtes Arbeitskräfte-Reservoir.
- Sie sind die **größte Investorengruppe** in Kontinentalchina, und wenn die VR China nicht zerfällt, wird der Einfluß und das Machtpotential der Auslands-Chinesen ins Unermeßliche wachsen.
- Auf längere Sicht ist damit zu rechnen, daß sie ihre **wirtschaftliche Führungsrolle** auf den Rest der Welt ausdehnen werden, und wenn der Westen sich auf diese Gefahr nicht vorbereitet, steht ihm ein heftiger Schock bevor.

Wie gesagt: ein äußerst lesenswertes Buch...

Verhältnis USA – INDIEN

IRAN

Die USA gehen heute mit INDIEN ähnlich um wie einst mit dem IRAN (der damals noch PERSIEN hieß): Sie **anerkennen** Indien als Atom-Macht (so wie sie 1956 dem IRAN zugestanden haben, Atomkraftwerke zu bauen) und sie **versprechen**, Indien mit Atom-Technik zu beliefern (was auf alle Fälle wirtschaftlich interessant für die USA ist). **Wie werden sie in 50 Jahren reagieren,** wenn Indien **erstarkt** und möglicherweise USA-kritisch werden könnte (wie der IRAN heute)? Werden sie Indien dann der „Achse des Bösen" zurechnen? Hierzu sagt ROTHACHER (in seinem Buch „Mythos Asien"):

ACHSE des „BÖSEN"?

> **Der Aufstieg Chinas und die Aufrüstung des Irans** muß den Planern in Washington ... Alpträume verursacht haben, um einen so dramatischen Kurswechsel zu vollziehen. Ob der neue Partner **Indien**, der kürzlich sogar die chinesische Herrschaft über Tibet anerkannte und mit Iran, Burma (Myanmar) und Syrien gute Energie-Geschäfte macht, auf Dauer (den USA) treu bleiben wird, darf **bezweifelt** werden.

VERHANDLUNGEN mit Chinesen

John L. GRAHAM und N. Mark LAM: „Geschäfte mit Chinesen", in: SEEGER, Christoph: „China. Das Land verstehen – Verhandlungen führen – Konkurrenten abwehren"

GRAHAM und LAM (s. Rand) stellen acht Elemente vor, die den chinesischen Verhandlungsstil prägen (Interessierten sei das Buch selbst empfohlen, das auch eine Reihe weiterer hilfreicher Artikel enthält):

(1)

1. **Guan.Xi** (persönliche Kontakte): In China (wie überhaupt in Asien) ist soziale Kompetenz besonders wichtig, sowohl innerhalb der Gruppen (Familie, Verwandte, Freunde), aber auch gegenüber engen Mitarbeitern und Verhandlungspartnern, mit denen man „ernsthaft" ins Geschäft kommen will. Persönliche Beziehungen sind immer wechselseitig und müssen über einen gewissen Zeitraum REIFEN, wobei das Gedächtnis der Chinesen so funktioniert, wie wir es Elefanten gern andichten: Weder eine Ungerechtigkeit

noch eine Wohltat werden je vergessen! Firmen sind also gut beraten, eher Personen mit hoher sozialer Kompetenz nach China zu entsenden als die besten Techniker oder gar Technokraten...

2. **Zhong.Jian Ren** (Mittelsmänner): Durch die chronischen Bedrohungen von außen entwickelten sich enge Bande in Familien, Clans, Dörfern. Wenn Chinesen mit Fremden verhandeln müssen (selbst in China; es ist ein großes Land), dann suchen sie sich lokale Mittelsmänner. Privat nimmt man die Dienste von Ehevermittlern in Anspruch, beruflich sind es Leute, die gute Beziehungen (s. Punkt 1) zu lokalen Geschäftsleuten haben. Daher ist es der beste Weg, den Argwohn Fremden gegenüber abzuschwächen: Wenn Sie einen Mittelsmann überzeugen, Ihr Produkt (Anliegen) sei interessant/wertvoll, dann kann er seine guten Beziehungen aktivieren, denn die Menschen vertrauen ihm.

Das ist der beste Weg, den übrigens auch ein deutscher Mittelständler mit viel Erfolg in China dringend empfiehlt. Vgl. Gunter DENK: „Asien für den Mittelstand. Strategien statt Illusionen".

3. **She.Hui Denk.Ji** (sozialer Status): Die Autoren GRAHAM und LAM stellen fest, daß westliche Manager die Förmlichkeit chinesischer Geschäftsleute nur schwer nachvollziehen oder verstehen können. Ältere Deutsche tun sich damit leichter, jüngeren geht es meist ähnlich wie ihren amerikanischen KollegInnen. Lassen Sie mich daher zum wiederholten Male darauf hinweisen, daß von den fünf bei Konfuzius beschriebenen zwischenmenschlichen Beziehungen vier stark hierarchisch strukturiert sind. Daher machen westliche Firmen regelmäßig den Fehler, daß sie Leute nach China senden, die in den Augen der Chinesen zu jung oder hierarchisch (noch) zu unwichtig sind, was ihnen beweist, wie unwichtig westliche Firmen die Verhandlungen einschätzen. So entsandte z.B. FORD damals Technokraten der mittleren Ebene, während GM das Prinzip begriffen hatte, weshalb der Vorstands-Vorsitzende John F. Smith dreimal nach Peking reiste, bevor er die Verhandlungen an die Personen übergab, die anschließend in Peking bleiben würden.

4. **Ren.Ji He.Xie** (zwischenmenschliche Harmonie): Aufgrund der Tatsache, daß es fünf klar definierte Arten von menschlichen Beziehungen gibt, gibt es ein spezielles Konzept für die HARMONIE

4 Fortsetzung

Kennenlernen kostet Zeit!

unter PEERS (sozial Gleichgestellten), wobei für Chinesen der Begriff „Harmonie" immer Respekt und (gegenseitiges) Verantwortungsgefühl zur Grundlage hat. Da nur eine Beziehung (FREUND – FREUND) **nicht hierarchisch** strukturiert ist, kann nur sie diejenige sein, auf der man „auf Augenhöhe" mit Fremden kommunizieren kann, also müssen Geschäfts-Beziehungen hier aufgebaut werden. Nun dauert es eine Weile, wenn Fremde einander taxieren und kennenlernen, bis sie entscheiden, ob der jeweils andere ein gleichrangiger Partner werden könnte. Amerikaner sind es gewohnt, Fremde innerhalb von MINUTEN zu taxieren, Chinesen rechnen mit Tagen, Wochen oder Monaten, inklusive Privatbesuchen, Einladungen zu Sportveranstaltungen, langen Abendessen etc. Hier wird übrigens über alles geredet, nur nicht über das Geschäft! Wer dazu nicht bereit ist, sollte nicht nach China gehen. Chinesen können die westliche EILE, einen Abschluß zu erzielen, nicht verstehen. Sie gehen davon aus, daß einige Wochen mehr oder weniger doch kaum ins Gewicht fallen, wenn diese Fremden tatsächlich eine über viele Jahre dauernde Beziehung aufbauen wollen. Da ihnen im Zweifelsfall Vertrauen und Harmonie wichtiger sind als ein Vertrag, werden sie einen solchen so lange nicht unterzeichnen, solange sie nicht bereit sind, mit Handschlag (das heißt ohne Vertrag) miteinander ins Geschäft zu kommen. Keine schlechte Faustregel, oder? Die alte chinesische Weisheit (Wer nicht lächeln kann, sollte keinen Laden eröffnen) ist diesem vierten der acht Elemente ebenso zuzuordnen wie das chinesische Sprichwort: Ein positives Gemüt und Freundlichkeit bringen Geld hervor. Was wir dieser vierten Ebene darüber hinaus zurechnen müssen, ist die chinesische Angewohnheit, im Frühstadium der Verhandlungen Maßnahmen einzusetzen, die westliche Geschäftspartner durchaus als Drohung oder Erpressung empfinden könnten (z.B. die Ankündigung, auch mit dem direkten Wettbewerber zu verhandeln). Aber die Chinesen meinen, es sei doch nur logisch, im Vorfeld alle Möglichkeiten auszuloten, wenn man eine Beziehung eingehen will, die alle Betroffenen für die beste halten. Und das sagen sie auch offen (während Westler möglicherweise heimlich mit dem Wettbewerber verhandeln). Das Konzept, parallel zwei Eisen im Feuer zu haben (Liang.Shou Zhum.Bei) gilt allerdings nur, **bis man sich mit einem Partner ver-BINDET**.

Vgl. „KONKUBINEN-WIRTSCHAFT", Seite 127 ff.

5. **Zhen.Ti Guan.Nian** (ganzheitliches Denken): Westler denken eher LINEAR und individualistisch, Asiaten eher HOLISTISCH und als Gruppe. Westler neigen dazu, alles in kleinste Module aufzuteilen, während Chinesen (und Asiaten) eher mehrere Dinge parallel abwickeln. Allerdings ändert sich das im Westen, insbesondere bei der Jugend. Die Art, wie Jugendliche heute durch mehrere TV-Programme zappen, die sie parallel sehen (was vor 1980 bei uns undenkbar gewesen wäre), kann als Symbol für die wachsende Fähigkeit zur Parallelität gesehen werden. Je unterschiedlicher der Denkstil, desto eigenartiger werden viele Fragen auf Westler wirken, die Chinesen bei einem Projekt stellen. Merke: Keine dieser Fragen ist für sie unnötig (sonst würden sie sie nicht stellen). Sie sollten nicht nur jede Frage so ehrlich wie möglich beantworten, sondern auch regelmäßig fragen, ob es weitere Fragen gibt, und Zeit zum Nachdenken lassen, ehe Sie sagen „Keine weiteren Fragen, gut, dann können wir ja weitermachen ...". Dies würde nämlich implizieren, daß etwaige Fragen das Weiterkommen nur aufhalten, während sie für die Chinesen Teil des Weiterkommens sind! Weitere Zeichen für Interesse sind laut GRAHAM und LAM:
   - wenn chinesische Top-Führungskräfte an Gesprächen teilnehmen
   - wenn die Chinesen sich rege untereinander unterhalten (sie wägen ab)
   - wenn sie Angebote für weitere Treffen machen
   - wenn sie Sie auffordern, den Mittelsmann mitzubringen
   - wenn Fragen nach Extras auftauchen (z.B. nach Schulungen im Land des Fremden)

(5) alle Fragen sind wichtig!

6. **Jie.Jian** (Sparsamkeit): Der hohe Wert der Sparsamkeit hat historische Wurzeln, die zu harten Preisverhandlungen wie auch zu einem Verhalten führen, das Westler als „Feilschen" betrachten

(6)

Gemäß einer Studie (Euromotor International) spart ein Festlands-Chinese das Vierfache eines Amerikaners.

(meist mit negativer Wahrnehmung), aber dieses Feilschen zeigt, daß konkretes Interesse besteht. GRAHAM und LAM: „Die wirtschaftliche und politische Instabilität, die in der Geschichte Chinas vorherrschte, lehrte die Menschen, ihr Geld zusammenzuhalten, eine Gewohnheit, die Jie.Jan genannt wird."

7

7. **Mian.Zi** (Ansehen oder soziales Kapital): Es ist im Konfuzianismus wichtig, sowohl ANSEHEN (das heißt soziales Kapitel) als auch Kapital (im westlichen Sinne) zu erwerben, und zwar durch BILDUNG und FLEISS. Daher ist es besonders wichtig, zu verstehen, daß man auf beide Arten von Ansehen großen Wert legt und daß so manche Gewohnheiten westlicher Menschen Chinesen verletzen können. Deshalb betonen viele China-Autoren unermüdlich, daß wir uns die China-Ignoranz nicht länger leisten können (vgl. HIRN: „Herausforderung China"). Wenn wir es uns also selbst nicht zutrauen, uns auf die vielschichtigen, komplexen Aspekte von Mian.Zi einzulassen, müssen wir uns entsprechende Mittelsmänner suchen und so die Gefahr bannen, unnötig Porzellan zu zerschlagen...

8

8. **Chi.Ku Nai.Lao** (Ausdauer und Unermüdlichkeit, bittere Pillen schlucken und beständige Anstrengungen): Der Arbeits-Ethos ist (noch) weit höher als im Westen. Zum Vergleich: Amerikanische SchülerInnen haben 180 Schultage, chinesische 251. Darüber hinaus lernen letztere jeden Tag stundenlang zu Hause, oft das ganze Wochenende (dies gilt für ganz Asien und ist einer der Gründe für das schnelle Vorankommen der Tiger-Staaten). Man erwartet, daß in wichtige Projekte viel Arbeit gesteckt wird, und kann die westliche Einstellung („Wird schon klappen") überhaupt nicht nachvollziehen (vgl. „TRANSRAPID – die Pannenstaffel", Seite 167 ff., sowie „VORBEREITUNG, Seite 183 f.). Der chinesische Fleiß manifestiert sich bereits im Vorfeld neuer Geschäfte, nämlich am Verhandlungstisch: Chinesen investieren mehr Zeit und Energie in die VORBEREITUNG jedes Gesprächs, und sie erwarten längere Verhandlungsrunden, weil jede gute Sache eine gründliche Vorbereitung benötigt.

vgl TRANS-RAPID & VOR-BEREITg

VISITENKARTE

Zu diesem Thema schreibt STEFFEN:

> Es mag wie eine Lappalie erscheinen, ist aber keine in den Augen unserer chinesischen Verhandlungspartner: Überreichen Sie Ihre Visitenkarte MIT ZWEI HÄNDEN und einer angedeuteten Verbeugung (wie die Chinesen Ihnen ihre Karte übergeben)! Dies ist ein Zeichen von HARMONIE und sehr wichtig in den Augen chinesischer Verhandlungspartner. Von Fremden erwartet man das nicht, aber von (potentiellen) Partnern und Freunden sehr wohl…

Marec Bela STEFFEN: „Verhandeln in China – ein Leitfaden", in: SEEGER, Christoph: „China. Das Land verstehen – Verhandlungen führen – Konkurrenten abwehren"

VORBEREITUNG

Wir im Westen neigen dazu, Dinge manchmal nicht sehr gut vorzubereiten, wie ich auch meinen Coaching-Klienten immer wieder klarmachen muß. Da wagt es so mancher, einen ihm (fast) unbekannten Text (z.B. eine Rede, die jemand für ihn geschrieben hat) VORZUTRAGEN, ohne vorher einen Blick darauf geworfen zu haben. Ob Leiter einer Kommission oder Vorstandsvorsitzender: Wer regelmäßig vormittags Phoenix sieht, kann immer wieder erleben, wie katastrophal diese Versuche ausgehen. Schuld ist unser Regel-Schulsystem, das selten dazu anleitet, Dinge sauber vorzubereiten und mit der nötigen Sorgfalt und Ausdauer zu **üben**. Viele **Themen** (z.B. Zusammenhänge im heutigen Europa) oder **Tätigkeiten** (Wurzelziehen) werden oft **nur einmal kurz gestreift** und meist **nie wieder aufgegriffen**. Deshalb veröffentlichte ich vor Jahren meine Strategie, **jede** Rede vorzubereiten („Steine im Fluß" auf www.birkenbihl.de in der TEXT-Schublade), und bekam immer wieder erstaunte Reaktionen, weil das doch **eine Menge Arbeit** sei. Man wehrt sich insbesondere dann dagegen, wenn man diese Präsentation nur ein einziges Mal halten will/soll/muß. Nun, meine Vorträge werden meistens auch nur ein einziges Mal gehalten (sowohl diejenigen, die ich bei firmeninternen Veranstaltungen halte, als auch solche, die wir auf DVD aufzeichnen).

ÜBUNG & TRAINING

Trotzdem (oder gerade deshalb) ist für eine professionelle Vorstellung **diese Vorarbeit** nötig. Das TRAINING muß im Vorfeld laufen; der Vortrag selbst ist kein Rahmen zum Herumprobieren. Ich meine nicht, daß man nicht mal eine Folie suchen darf, aber INHALTLICH muß man im Vorfeld genau wissen, was man wie sagen will und warum! **Diese** (meine) **Einstellung entspricht auch der chinesischen**, daher empfiehlt STEFFEN (s. **Rand**):

Marec Bela STEFFEN: „Verhandeln in China – ein Leitfaden", in: SEEGER, Christoph: „China. Das Land verstehen – Verhandlungen führen – Konkurrenten abwehren"

> **Bereiten** Sie sich (z.B. auf **jedes** Gespräch mit chinesischen Partnern) **wirklich gut vor**. Studieren Sie **alle** Unterlagen im Vorhinein und **seien Sie gewiß, daß die Chinesen Ihre Unterlagen sehr genau kennen werden.**

Ich kann mir vorstellen, daß manche westliche LeserInnen gerade diesen Rat nicht wirklich beherzigen, denn auch ich stelle immer wieder fest, daß Fremde die Unterlagen meiner Coaching-Klienten teilweise besser kennen als diese selbst...

XIN-JIANG: Der „wilde Westen" Chinas

Genaugenommen ist Chinas Westen der Osten des einst als **Turkestan** bekannten Gebiets (ebenso wie unser „mittlerer Osten" aus asiatischer Sicht WEST-ASIEN heißt). Hier wurden in den letzten Jahren wichtige **Bodenschätze** gefunden, was dieses strategisch schon immer wichtige Gebiet nun auch in wirtschaftlicher Hinsicht wichtig macht. Der französische Wirtschafts-Experte Jean-François SUSBIELLE verweist (in „CHINA – USA. Der programmierte Krieg") auf ein interessantes Detail bezüglich des chinesischen Westens XIN-JIANG hin:

XIN-JIANG = NEUE GRENZE

> XIN-JIANG, ein Territorium mit 1,6 Millionen Quadratkilometern, das früher unter dem Namen **Ost-Turkestan** bekannt war, bildet eine BRÜCKE zwischen China und **sechs muslimischen Republiken** Zentralasiens, nämlich **Afghanistan, Kasachstan, Kirgistan, Tadschikistan, Pakistan** und **Usbekistan**. (Hier) stießen

> mehrere Großreiche zusammen. Alle versuchten die Region an sich zu reißen, so zum Beispiel die Russen, die Türken, die Tibeter und die Mongolen. Eine Terrororganisation, das East Turkestan Islamic Movement (**ETIM**), kämpft heute gegen die **Sinisierung der Region.** Der Bevölkerungsanteil der lokalen Ethnie, der UIGUREN, ist innerhalb der letzten 50 Jahre von 90 Prozent auf 45 Prozent im Jahr 2005 gesunken. Viele Uiguren sind nach Pakistan geflüchtet. Auf XIN-JIANG – genauer gesagt die Wüste TARIM – entfallen 30 Prozent der Ölreserven Chinas.

ETIM

Vgl. Stichwort „SINISIERUNG = ASSIMILIERUNG?“, Seite 159 f.

Und bei dem Professor für Ostasien Helwig SCHMIDT-GLINTZER („Das neue China; von den Opiumkriegen bis heute“) lesen wir über den **islamischen Nordwesten**, insbesondere über die Provinz **Qinghai** und die autonome Region XinJiang:

> Seit dem Zusammenbruch der Sowjetunion und der Gründung neuer islamischer Staaten entlang der chinesischen Westgrenze ... haben sich die Kontakte zwischen den Muslimen in XinJiang und den Nachbarn in Kasachstan, Kirgistan und Tadschikistan intensiviert. Und weil Peking das Eindringen fundamentalistischer Strömungen und dadurch hervorgerufene separatistische Tendenzen befürchtet, ergreift es immer wieder Maßnahmen, um gegenzusteuern...

Zukunftstauglichkeit?

Wie ich in meinen Management-Kollegs immer wieder feststellen muß, sind Deutsche im allgemeinen wenig für die Zukunft gerüstet, weil wir viel zu selten konkret über die Zukunft nachdenken bzw. weil wir **die Konsequenzen vieler unserer derzeitigen Handlungen nicht begreifen**. In Heinz von FOERSTERs Buch „Wissen und Gewissen“ finden wir folgende Warnung:

> Wenn wir uns kein klares Bild von der Zukunft machen, dann können wir auch nicht wissen, was wir tun sollen ... Wenn wir selbst nicht handeln, wird mit uns gehandelt werden. Wenn wir also lieber

die ZUKUNFT „Sehen"?

> Subjekt als Objekt sein wollen, dann muß unsere derzeitige Weltsicht, unsere Wahrnehmung also, auf die **Zukunft** gerichtet sein, nicht auf die **Vergangenheit**. ... Dies kann nur für diejenigen ein Schock sein, die ihr Denken von dem Prinzip leiten lassen, daß für die Zukunft ... dieselben Regeln gelten wie in der Vergangenheit ... Für diese Menschen ist die Vorstellung einer Veränderung unbegreiflich, denn Veränderung ist der Prozeß, **der die Regeln der Vergangenheit auslöscht**.

Deshalb müssen wir wiederholt die Frage stellen: **Sind wir überhaupt noch wettbewerbsfähig?** Haben wir den **Vorsprung** noch, den wir einmal hatten? Können wir ihn (so er noch vorhanden ist) in Zukunft halten? **Oder sind wir dabei, unsere Zukunft zu verlieren,** weil sie uns nicht rechtzeitig interessiert hat?

In „Birkenbihl on Management" biete ich einige der interessantesten Fragen aus HAMEL und PRAHALADs vergriffenem Werk („Wettlauf um die Zukunft"), die uns helfen können (vgl. auch Merkblatt: „Wie wird man zukunftstauglich?"). SEINITZ (in „Vorsicht, China!"):

China verändert die WELT

> China verändert sich nicht nur selbst – es verändert die (ganze) Welt! In Asien wird ... über **Chancen** gesprochen, in Europa über **Risiken** ... Der Schwerpunkt der Welt verlagert sich mit zunehmender Geschwindigkeit nach Asien, wo 2050 auch 2/3 der Menschen leben werden.

In diesem Zusammenhang erwähnt SEINITZ auch, wie viele chinesische Kinder aufgrund der Ein-Kind-Politik bis 2005 **NICHT** geboren wurden. Was meinen Sie? ____________

Nun, auch das ist eine spannende Frage, die Sie in Ihrem Freundeskreis diskutieren können, während Sie auf Getränke oder Essen warten ... Es sind 300 Mio. Das mag angesichts der realen Zahlen (1,3 Mrd.) nicht viel erscheinen, aber es sind genauso viele Einwohner, wie die **USA derzeit** haben, und zweieinhalb mal so viel wie die Einwohner Deutschlands. Mehr Ideen von SEINITZ haben Sie bereits in Kapitel 3 (Stichwort „GLOBALISIERUNG") kennengelernt (ab Seite 63).

MODUL 2: Etwas GESCHICHTE

Bevor wir uns der Geschichte Chinas ein wenig nähern, möchte ich Sie einladen, sich auf die Metapher eines besonderen Dorfes einzulassen. Ich werde Ihnen später erklären, was es damit auf sich hat ...

Vgl. auch „SINISIERUNG = ASSIMILATION?“ im ABC-Modul, Seite 159 f.; hier finden Sie die Hintergründe...

Ein metaphorisches Dorf – Teil I

Stellen Sie sich ein Dorf vor. Darin leben all unsere **Verwandten**, unsere **FreundInnen**, unsere **Bekannten**, sämtliche **KollegInnen**, die wir mögen, alle Menschen, die wir gern um uns haben, und ein paar andere Dorfbewohner – das ist **unser Dorf**. Da wir es lieben, für uns zu bleiben, schützt eine **Mauer** das Dorf. Es gibt sogar einen Torwächter, denn wir wollen nicht jede/n hereinlassen.

unser DORF

Nun kommt ein Fremder und will mit uns Handel treiben. Vor allem will er gewisse Dinge von uns kaufen, hat aber nichts zu bieten, was uns interessieren könnte. Unser Wächter erklärt ihm mehrmals geduldig: „Nein danke. Wir suchen keinen Kontakt zu Fremden und wir haben alles, was wir benötigen. Wir brauchen deine Sachen nicht.“

Eigentlich sollte man annehmen, daß der Fremde das respektiert und nach anderen Leuten sucht, die an einem Handel mit ihm Interesse haben. Aber dem ist nicht so. **Er erschießt den Wächter** und dringt in das Dorf ein. Dort besticht er einige Bewohner, kauft die Waren, die er von Angang an haben wollte, und fährt wieder nach Hause. Wir sind **erschüttert**, hoffen aber, ihn nun los zu sein.

Zu Hause berichtet der Fremde von den tollen Sachen bei uns und stachelt seine Landsleute an, mitzukommen. Und so kommen bald mehr und mehr von diesen Fremden. Zwar wollen wir sie **immer noch nicht in unserem Dorf haben**, aber da sie nicht aufgeben, erlauben wir letztlich **widerwillig** einen **begrenzten Handel** am Haupttor.

Ahnen Sie, wofür das Dorf steht? (Wir lösen die Analogie bald auf.)

China – Einige Highlights aus der Geschichte

Quellen: Günter EDERER und Jürgen FRANZEN („Der Sieg des himmlischen Kapitalismus“), Konrad SEITZ („China. Eine Weltmacht kehrt zurück“), Frank SIEREN („Der China-Code“) sowie Jean-François SUSBIELLE („CHINA-USA. Der programmierte Krieg“)

Die ZEIT: Die Anfänge (vor 4.110 Jahren)

Zwar streiten die Fachleute, ob China nun auf 5.500 oder nur 3.500 Jahre Hochkultur zurückblickt, aber mit **4.110 Jahren Geschichte und Tradition** sind wir einigermaßen auf der sicheren Seite, denn **das erste Königreich** (des Volksstammes der **Xia**) ist ca. **2100 v. Chr.** dokumentiert (das sind bis 2010 gerechnet knapp 4.110 Jahre).

DER ORT: Die zivilisierte Mitte...

Als nächstes wollen wir die Region orten, in der die Chinesen das ZENTRUM der Welt (das **einzige** Zentrum der Welt) sehen, denn hier beginnt die chinesische Geschichte:

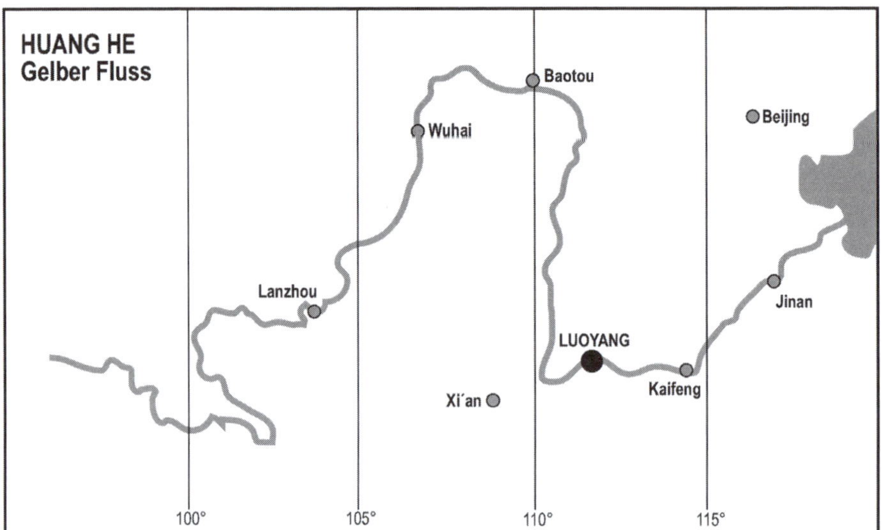

Hier finden wir **fruchtbare Lößböden***, die eine solide landwirtschaftliche Grundlage darstellen. Diese Lößregion entwickelte sehr bald eine **kulturelle, wirtschaftliche** und **militärische Kraft**, die bis zum Beginn unserer Zeitrechnung schon **das ganze nördliche China** kontrollierte.

Vom Löß stammt die **gelbe Farbe**, nach der man den **Fluß** (**gelber Fluß**) und die **Bewohner** (**gelbe Rasse**) benannt hat.

Die Täler des gelben Flusses und seiner Nebenarme eigneten sich gut zur **Besiedelung**. In die Lößberge ließen sich leicht HÖHLEN graben. Diese (Vorläufer von Häusern) boten Schutz vor der Witterung sowie wilden Tieren und ermöglichten sehr früh eine seßhafte lebensweise (s. Kasten). So entstand bald eine frühe **Hochkultur**.

Da die ersten Seßhaften ihre Tiere unter einem Dach hielten (im Gegensatz zu den Nomaden), besteht das Wort für HEIM, ZUHAUSE aus zwei Han-ji-Zeichen: Oben ein Dach und darunter ein Schwein.

家

Nun kennen wir **Zeit** und **Ort**, zu der und an dem die **frühen Chinesen** das erste Königreich gründeten. Es begann an einem Ort namens **Luoyang**. Er wurde von der Mitte aus angelegt: Im **Zentrum** steht (noch heute) eine Säule. Sie trägt eine zeremonielle Opferschale. Diese repräsentiert (nach früher chinesischer Lesart) den tatsächlichen **Mittelpunkt der Welt**. Hier war die Welt „in Ordnung", hier war man „zu Hause", „unter seinesgleichen" ... Auch das ist nichts Ungewöhnliches. Viele Völker gaben sich Namen, deren Bedeutung schlicht „Mensch" bedeutet, was darauf hinausläuft, daß alle, die nicht jenem Stamm (Volk) angehören, **nicht** als Menschen angesehen werden. In vielen Kulturen werden diese **Fremden**, diese **Nicht-Menschen** als BARBAREN bezeichnet. Der Begriff beinhaltet:

---

* **Löß** ist laut Wikipedia „ein vom Wind transportiertes und abgelagertes (deswegen auch äolisch genanntes) Sediment ... Der Tongehalt ist bei frischem Löß gering, kann aber durch Verwitterung stark ansteigen." Im Klartext: Sogenannte Lößböden bestehen aus verwittertem Material, das sich besonders zur **landwirtschaftlichen Nutzung** eignet.

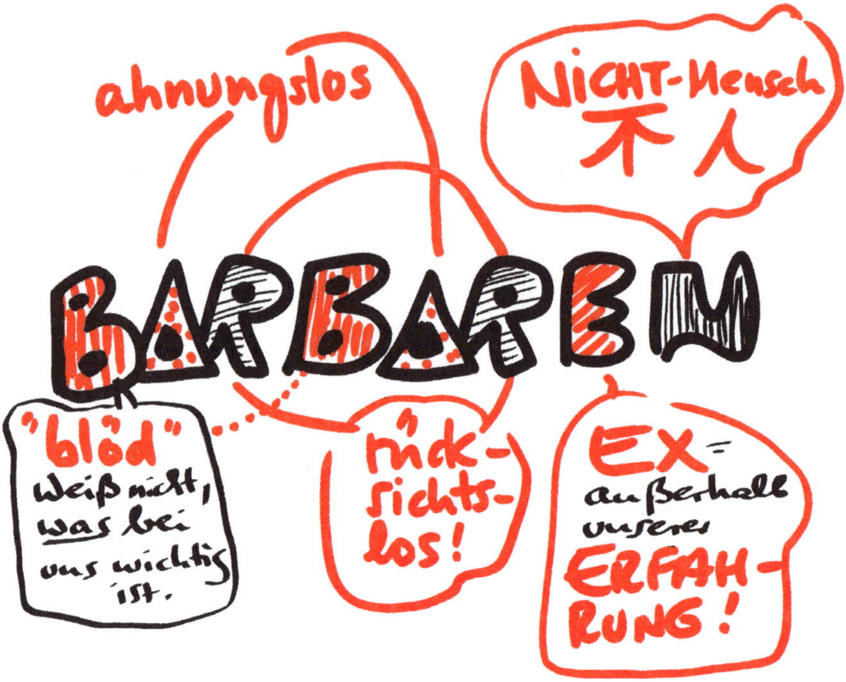

Mit „Barbaren" zu kommunizieren fällt schwer, insbesondere weil es viele unbewußte Aspekte der Übereinstimmung unter den **Mitgliedern** eines Clans, Dorfes oder in einer Gesellschaft gibt, die **bei Fremden wegfallen**. Da man damals um diese Dinge noch nicht wußte, merkte man nur, daß man sich verunsichert (unwohl) fühlte und daß die Fremden ständig Vertrautes „angriffen", indem sie sich anders kleideten, bewegten, gestikulierten, andere Dinge aßen etc. (All das fiel einem selbst dann auf, wenn die Sprachen zu verschieden für Gespräche oder Verhandlungen waren.) Das **Merkblatt** „Wahrnehmung und Wirklichkeit" (Seite 233 ff.) zeigt auf, daß die **Erfahrungen** (und die daraus resultieren **Erwartungen** an unsere Mitmenschen) wichtige **FILTER der Wahrnehmung** darstellen. Diese FILTER funktionieren bei Fremden **nicht „normal"**, weshalb man zunächst dazu neigt, sie **abzulehnen**. Deshalb kann man allen frühen Kulturen eine gewisse **Xenophobie** (= Fremdenfurcht) attestieren, die in China auch heute noch besonders ausgeprägt ist ... **Erstens**, weil viele Kontakte mit Fremden von Überfällen aus dem Norden oder Nordosten herrührten, also mit konkreter Gefahr verbunden waren, **zweitens** aufgrund der langen Abkapselung von der übrigen Welt. Nun benötigt eine intelligente Bevölkerung aber eine Erklärung, **warum sie mit Fremden umso weniger auskommen kann**, je **weiter** entfernt diese aufgewachsen sind und sozialisiert wurden. In China finden wir eine **höchst originelle** Antwort auf diese Frage: Im **Mittelpunkt** (Luoyang) ist die Welt am **heilsten**, hier im **Mittelpunkt der Welt** fühlt man sich wohl. Bewegt man sich jedoch **vom Mittelpunkt weg** (stellen Sie sich konzentrische Kreise vor), dann können wir nach jeweils **300 li** (auf Geraden, die diese Kreise schneiden) **Punkte** festmachen, und an jedem dieser Punkte wird die Welt ein wenig **barbarischer**.

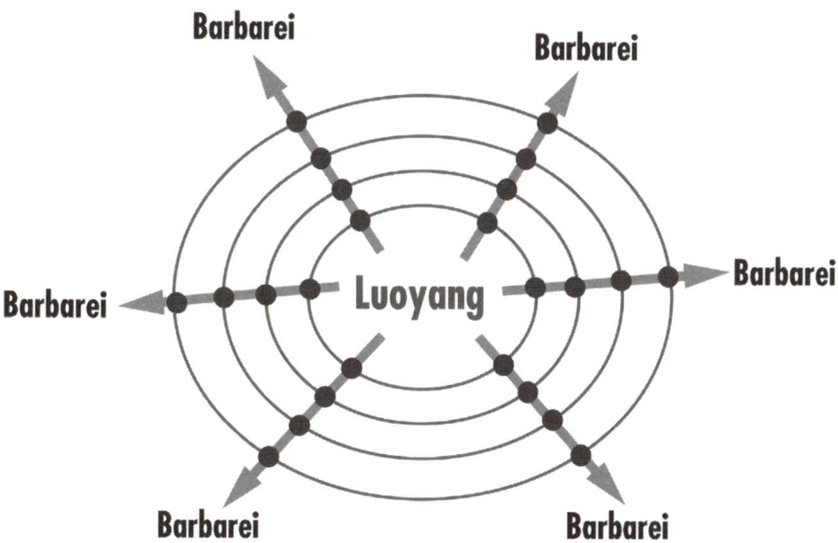

1 li = 600m

REICH der MITTE

Diese Punkte liegen jeweils **300 li** auseinander (**1 li = 600 m**); also wird die Welt nach je **300 x 600 m** (= 180 km) **um eine Einheit barbarischer**. Begegnen wir einem Fremden, der nur 20 km entfernt wohnt, so gehört er noch zum **innersten** Kreis, ist also ein Bürger unseres **Reiches der Mitte**. Seine Erziehung verlief ähnlich wie unsere, und seine Meinungen, Glaubensansätze, Vorlieben etc. dürften weitgehend mit den unsrigen übereinstimmen. Er ist also ein MENSCH (wie wir), und wir fühlen uns in seiner Nähe wohl. Kommt er hingegen aus einem **fernen** Land, das um einige Faktoren **barbarischer** ist, dann **wissen** wir, daß wir von ihm weder die „richtige" Kleidung noch „gutes Benehmen" noch die Einhaltung unserer ethischen Maximen (etc.) erwarten können.

Das MANDAT DES HIMMELS

In CHINA regierte man, indem man das sogenannte Mandat des Himmels annahm. Die Weisungen eines Herrschers, der das Mandat des Himmels verkörpert, kamen vom **Himmel**, das heißt von einer **göttlichen Kraft**, die jedoch **keine persönliche** war, also keine einzelne Gottheit (die zu einem machtvollen Priesterkult hätte führen können wie in Europa).

天

Himmel

Der HIMMEL war konkret genug, aber nicht zu detailliert, seine Wünsche galten **dem Wohl des Volkes**, und es war die **Aufgabe des Herrschers**, dafür **zu sorgen, daß es dem Volk gut ging**, daß das Volk gedieh und wuchs. Natürlich war das auch im Sinne des Herrschers, weil ein starker Führer ein starkes Volk benötigt. Hier bereits finden wir die **Grundlage chinesischer HARMONIE**, die auf **wechselseitiger Interdependenz** gründet.

Das **Mandat des Himmels** bezog übrigens **alle** Völker, die unter dem Himmel lebten, als potentielle Untertanen mit ein. Landesgrenzen gab es nicht, **denn der Himmel hört nicht auf**. Daraus leitete sich ab, daß alle Völker, die den Antrag stellten, als **Vasallen** akzeptiert zu werden, wußten, was es bedeutete: Nämlich daß man ihnen im Falle von Hungersnöten oder Angriffskriegen (gegen sie) helfen mußte. Die Vergabe der **„Zertifikate der Vasallenschaft"** (s. KASTEN) waren ausgeklügelte Rituale am Kaiserhof.

Genaugenommen handelte es sich um einen bemalten tönernen Fisch (jeder ein Unikat). Der Gesandte des neuen Vasallenstaates erhielt eine Hälfte plus einen prachtvollen Beutel, in dem er seine Hälfte am Gürtel tragen konnte. Die andere Hälfte wurde im Kaiserpalast archiviert. Wenn jemand nun um konkrete Hilfe bat, so mußte er (bzw. die von ihm gesandte Person) nur seinen halben Fisch präsentieren und konnte in den kaiserlichen Archiven „geortet" und als eingetragener Vasall identifiziert werden.

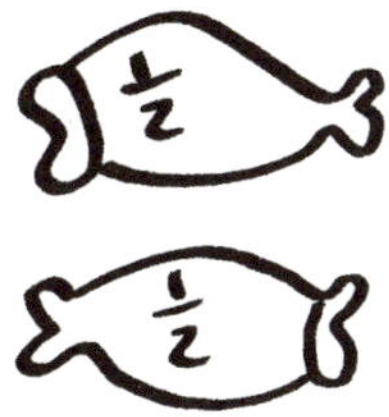

Die „Tributzahlungen" der Vasallen waren dabei lediglich **symbolisch**, da die Gesandten dieser Länder in der Regel reich beschenkt wieder von dannen gingen und der Wert dieser Geschenke den der Tributzahlung **überstieg**. Hinter dem Tribut stand wahrscheinlich eher die Idee, daß das Volk, das sich auf die (oft monatelange) Reise macht, um sich als Vasall beim Kaiser vorzustellen, einen gewissen „Eintritt" mitbringen muß – und das tut nur, **wer Wert auf die Vasallenschaft legt**. Daß man reich beschenkt nach Hause geht, wußte man ja vorher nicht. Die Länder, die zu den Vasallen gehörten, lagen oft weit auseinander, und deren Vertreter lernten sich in der Regel erst am Kaiserhof kennen (also zu spät, um **vor** der Reise zu erfahren, daß sie in den Genuß kaiserlicher Geschenke gelangen würden).

Das MANDAT DES HIMMELS ist die **chinesische Variante** dessen, was wir aus Europa kennen, denn auch unsere Könige und Kaiser herrschten „von Gottes Gnaden". Allerdings waren das **persönliche Götter**, von denen Priester behaupten konnten, sie wüßten genau, was diese forderten. Der HIMMEL hingegen war vage, und man mußte das **Wohl des Volkes** selbständig „erzeugen". Dabei konnten Priester (vor allem durch **Wahrsagungen**) zwar helfen, aber die Entscheidungen traf der Herrscher.

Es galt: Nimmt ein Monarch **das himmlische Mandat an**, so steht er im **Zentrum zwischen Himmel, Erde** und den **Menschen** und **ist dafür verantwortlich, daß diese Kräfte miteinander harmonieren** (vgl. das **Schriftzeichen** für König/Fürst/Herrscher WANG):

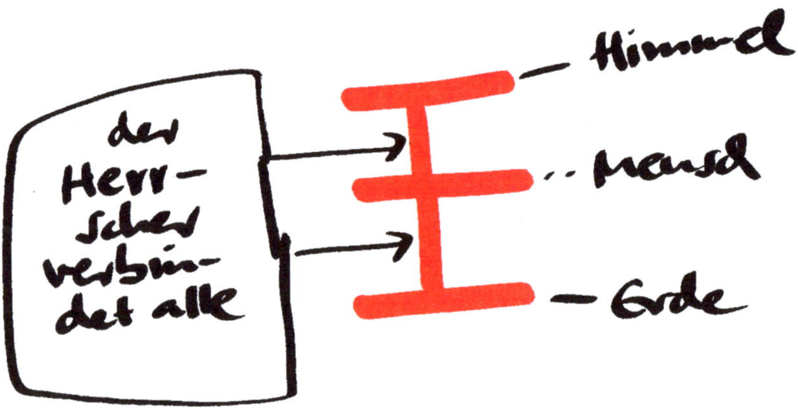

Aber es gibt **einen wesentlichen Unterschied**: Wer in Europa **gegen** den weltlichen Herrscher revoltierte, **stellte sich gegen Gott**, da der Herrscher ja angeblich nur Gottes Willen ausführte. **Die chinesische Variante ist das genaue Gegenteil:**

> Wenn das Volk der Meinung war, der König (Kaiser) verhalte sich nicht **im Sinne des himmlischen Mandats**, dann war es seine Pflicht, IM EINKLANG MIT DEM HIMMEL, den Herrscher vom Thron zu stürzen und einen neuen einzusetzen.

Dies geschah im Laufe der chinesischen Geschichte so oft, daß viele Fachleute von der „Formel“ ausgehen, es sei (im statistischen Schnitt) alle 300 Jahre passiert. Mehrere Jahre ohne Regen oder besonders starke Stürme etc. (eine konkrete Bedrohung des Landbaus) konnten durchaus als **Zeichen des Himmels** gedeutet werden und zu einer Entmachtung des Herrschenden führen. Diese **Rebellionen** gingen immer vom „Volk" aus (vgl. Tien-an-men-Platz, ABC-Modul, Seite 161 ff.).

REBEL-LION: immer vom VOLK aus

Es gab nur extrem wenige Handwerker und Kunsthandwerker und sie waren meist im Dienst der Herrschenden (entweder am Hofe des Königs/Kaisers oder an dem eines regionalen, vom Kaiser eingesetzten Fürsten). Daher bestand das Volk fast ausschließlich aus Bauern. Somit kann man **die Bauern als „heimliche Regenten"** bezeichnen, denn der wahre König/Kaiser konnte nur **regieren, solange es dem Volk nicht allzu lange schlecht ging**.

Das sollten all jene berücksichtigen, die lautstark eine Demokratie westlichen Zuschnitts in China fordern, bei der ein Teil der Bürgerschaft Leute auf Listen ankreuzt, die man nicht wirklich kennt und so das Gefühl hat, man hätte in irgendeiner Form „mitregiert". Unsere demokratischen Politiker können **gegen unseren Willen** Tornados nach Afghanistan senden und uns dort (entgegen aller Lippenbekenntnisse) in die KRIEGs-Handlungen verwickeln, Hauptsache, sie wurden von uns gewählt.

Zwar konnten auch chinesische Herrscher ähnlich falsche Entscheidungen treffen, aber erstens haben sie nie behauptet, ihr Reich sei eine Demokratie, und zweitens gehörte der chinesische Herrscher jeweils zu einer **Dynastie, die vom Volk eingesetzt worden war**, und durfte nur so lange regieren, wie das Volk annehmen konnte, daß er ihre Belange möglichst gut vertrat. Machte er zu viele Fehler, sprach das Volk (s. „Kaiser QIN(SHI)Huang", unten – ihm gab das Volk nur 14 Jahre Regierungsjahre, weil er zu grausam war).

Wir sprechen von einer Zeit vor 3.710 Jahren!

ERSTE KÖNIGREICHE

2100 vor †

Die ersten historisch **dokumentierten** **Königreiche** der **XIA** (Volksstamm) entstanden ca. **2100 v. Chr.** Für alle, die sich in europäischer Geschichte heimischer fühlen: Das ist die Zeit, in der wir auf **Kreta** die **minoische Kultur in höchster Blüte** finden.

Es folgte eine Reihe von **Kriegen** mit einfallenden Barbaren, von denen einige TIBETANISCHEN, MONGOLISCHEN und ALTAISCHEN Volksstämmen angehörten (vgl. Stichwort „CHINA – ehemalige Besatzer" im Modul „VERHÄLTNISSE", Seite 207 ff., und Merkblatt „Tibet", Seite 249 f.).

Die erste dokumentierte **Dynastie** ist die der **SHANG** (sie beherrschte das „Gelbe Land" ca. 600 Jahre lang **bis 1100 v. Chr.**)*. Dann folgten die **ZHOU**: **Ihr erster Fürst, TIAN MING**, erklärt erstmals, daß er das **Himmels-Mandat** (s. oben) angenommen habe. Eine Abfolge aller Dynastien finden Sie in MERKBLATT NR. 11, Seite 254. An dieser Stelle wollen wir nur vier weitere erwähnen, die besonders wichtig sind:

1. Kaiser QIN(SHI)HUANG (221 – 207 v. Chr.)

Der Kaiser mit der **Terrakotta-Armee**. Er herrschte von 221 v. Chr. bis 207 v. Chr., also **nur 14 Jahre!**

Dieser erste GROSSE KAISER ist ein hervorragendes Beispiel für die Maxime „Wo viel Licht, da viel Schatten". **Einerseits vereinigte er sieben Königreiche**, die sich jahrhundertelang ständig bekämpft hatten (sehr zum Leid der jeweiligen Bevölkerung), war also im Sinne des **himmlischen Mandats** ein „guter" Kaiser. **Andererseits** muß Kaiser Qin* **immens grausam** gewesen sein. Zum Beispiel liebte er es, den Leuten Hände und/oder Füße abhacken zu lassen. Einmal soll er befohlen haben, einen ganzen Berg aus abgehackten Händen und Füßen aufzutürmen. Es gibt noch andere Belege für große Grausamkeit, und damit war er **nicht mehr in Harmonie mit dem**

---

* Eines der Völker (**sein** Volk) war das der **Qin** (sprich: tschin), daher sein Name: **QIN** (SHI) **HUANG** (meist als **Qin** abgekürzt).

Mandat des Himmels. Demzufolge brachen bald die ersten Revolten gegen ihn aus. Allerdings **meldeten die Beamten diese allerersten Zeichen des Unmutes des Volkes nicht**, aus Angst, lebendig gekocht zu werden. Auch andere Unterlassungen bzw. Lügen verursachten großes Leid im Volk, aber es wehrte sich, so daß er insgesamt nur **14 Jahre Zeit** hatte, auch seine guten Pläne zu verwirklichen.

nur 14 Jahre

Es ist interessant, daß gerade **dieser Kaiser das leuchtende Vorbild für Mao war**: Es gab in der gesamten chinesischen Geschichte nur zwei Herrscher, die den Konfuzianischen Sittenkodex ablehnten. Den hatte Konfuzius übrigens nicht „erfunden“, sondern als Sammler, aus älteren Elementen der Sittenlehre herausgelöst. **Und die einzigen beiden Herrscher, die sich selbstherrlich darüber hinwegsetzten, waren Kaiser Qin und Mao**, der sich in mancher Hinsicht „kaiserlicher“ als viele echte Kaiser benahm. Leider eiferte er auch in puncto Grausamkeit seinem großen Vorbild nach ... Und es gelang ihm: So löste er gigantische Hungersnöte aus und dürfte mit dem Töten von Millionen Chinesen (und Abertausenden von Tibetern) seinem brutalen Vorbild in nichts nachstehen ...

Er & MAO

Aber zurück zu den Anfängen: **Kaiser Qin hatte nur 14 Jahre Zeit, seine Vorstellungen durchzusetzen.** Er erfand z.B. „DIN-Normen“, das heißt, er regelte die Breite der Wagen, damit jede Straße (deren Breite ebenfalls geregelt war) immer genügend Platz bot, wenn zwei Wagen einander überholten oder sich begegneten. Er regelte zahllose **Maße** und **Gewichte**, die im ganzen Land geeicht und „gleich“ waren, und er begann die erste **Rechtschreibreform** (vor 2210 Jahren!), weil er es als extrem ineffizient empfand, daß es (damals) im ganzen Land 19 verschiedene Schreibweisen für SCHWERT gab. So begann sich bereits damals eine **landesweite schriftliche Hochsprache** zu entwickeln, die **große Landstriche miteinander verband**, das heißt Menschen die Kommunikation ermöglichte, die sich bis dahin kaum verständigen konnten. Davon profitiert China heute noch, weil sich Menschen immer noch schriftlich

NOR-MEN

SPRA-CHE

austauschen können, deren gesprochene Sprachen sich stark unterscheiden. Im Überblick, Kaiser Qin hat ...

1. **die Spurweite der Wagen festgelegt** (im ganzen Reich),
2. **Straßen gebaut** (und deren Breite ebenfalls geregelt),
3. **zahlreiche Maße** und **Gewichte festgelegt,**
4. **einige Dämme errichtet** (bzw. die Errichtung in die Wege geleitet, sie wurden erst nach Ende seiner Regentschaft fertiggestellt),
5. bereits bestehende **Lehmwälle** im Norden des Reiches zu einer **zusammenhängenden Mauer** ausbauen lassen.

erste Stau-Dämme

Aber er hat diese Projekte mit einer unglaublichen BRUTALITÄT durchgesetzt, was dazu führte, daß er nur kurz regierte ...

2. Die YUAN-Dynastie (1279 – 1368 n. Chr.)

Nachdem der Enkel Dschingis Khans, **Kublai Khan**, den **gesamten Norden Chinas** unterworfen hatte und die Hauptstadt des mongolischen Reiches nach **Khanbaliq** (dem heutigen **Peking**) verlegt hatte, rief er sich als ersten Kaiser einer neuen Dynastie aus, die er Yuan nannte. Nach diesen Kämpfen betrieb er zwar eine Politik der Versöhnung, schloß die weit mehr gebildeten Chinesen aber von allen höheren Regierungsämtern aus. Auch seine Nachfolger setzten diese **Diskriminierung der Chinesen** – nicht zuletzt auf Druck des mongolischen Steppenadels – fort. So ist es nicht verwunderlich, daß sich das Volk erhob, als Überschwemmungen, Heuschreckenplagen und Epidemien das Land heimsuchten, das zu dieser Zeit bereits erste Verfallserscheinungen zeigte. Es kam zu Aufständen, welche das Mongolenregime, das in den Augen der Chinesen den Barbaren zuzurechnen war (s. Seite 189 ff.), hinwegfegte.

Volks-auf-stand

3. Die TANG-Dynastie (600 – 900 n. Chr.)

Eine weitere wichtige Dynastie für unseren extrem oberflächlichen Mini-Überblick ist die der **TANG**. In dieser Periode produzierten die

Chinesen (in regelrechten Fabriken) **Porzellan und Jade-Schnitzereien** (die teils per Schiff, teils via Seidenstraße auch ihren Weg nach Europa fanden). In dieser Zeit gedieh auch die **Dicht- und Malkunst**. Ein Fachmann:

> Vieles, was wir heute bewundern (wegen seiner feinen künstlerischen Ausdrucksweise) ... ist damals entstanden ... Damals war die chinesische Kultur der europäischen weit überlegen. Längst hatte sie **Kompass, Papier, Druck** mit beweglichen Lettern ... **Schießpulver** etc. erfunden..."

4. Die Mandschu-Dynastie (1644 – 1911)

1644 überrannten die Mandschus aus dem hohen Nordosten **Korea** und **China** und setzten sich auf den Thron des Himmels. Sie nannten sich gleich DA QING (wörtlich GROSSE QING) und ordneten sich in die Reihe der chinesischen Kaiser ein. Die HAN-Chinesen wurden im eigenen Land als **Bürger zweiter Klasse** behandelt und mußten sich äußerlich als Han-Chinesen zu erkennen geben. Was in Süd-Afrika oder in den USA an der Hautfarbe zu erkennen war, war in der Mandschu-Dynastie der **Zopf**: Als Zeichen der Unterwerfung mußten die Han-Chinesen die **vordere Stirnhälfte glatt rasieren** (damit man sie **von VORN sofort** als Han-Chinesen erkennen konnte) und **den berühmten Zopf tragen** (damit man sie auch **von HINTEN sofort als Han-Chinesen** identifizieren konnte).

Daher stammt die berühmte Redewendung von den Zöpfen die „abgeschnitten werden", das heißt, das Alte, „Verzopfte", Ineffiziente etc. muß dem Neuen weichen ... Interessanterweise trugen die Chinesen ihren Zopf auch im Ausland, in den USA z.B. kannte man sie nur mit Zopf (Zeitraum der Mandschu-Dynastie); vgl. Western-Filme aus dieser Zeit – beim Bau der Eisenbahn in den Westen ließen viele Chinesen ihr Leben.

Fast 300 Jahre lang dauerte die Erniedrigung, **bis 1911 die Zöpfe fielen** (eine Entscheidung der frühen Republikaner Chinas). Die MANDSCHUS hatten auch Mischehen verboten (was die chinesische Strategie der „Assimilation" aushebelte (vgl. „SINISIERUNG" im ABC-Modul, Seite 159 f.). Und die Mandschus ließen keine HAN in ihrem Stammland am ARMUR siedeln. Doch ihre Herrschaft zerbrach, und damit endete eine 4.000 Jahre andauernde **Kaiserzeit** in der Geschichte des Reiches der Mitte.

Heute wohnen in der Mandschurei fast nur noch Han-Chinesen (s. Modul „VERHÄLTNISSE", Seite 207 ff.).

Bezüglich der Grausamkeiten chinesischer Kaiser...

Heute neigen wir dazu, die Grausamkeit chinesischer Kaiser als völlig „fremd" einzustufen. Das sollten wir nicht. Auch bei uns herrschten ähnliche „Umgangsformen", schließlich haben sich die Handlanger der Inquisition die Folterinstrumente und Tötungsarten für Ketzer, Hexen und andere „Nicht-Menschen" nicht einfach ausgedacht. Hier wurde lediglich **gezielt angewandt**, was bereits bekannt war. Genauso wie die Amerikaner im Gefängnis von Abu Graib oder in ihrer gesetzlosen Zone in Guantanamo ebenfalls keine **neuen Grausamkeiten erfinden**, sondern lang bekannte einsetzen. Bei dem Soziologen Norbert ELIAS („Über den Prozess der Zivilisation") können wir nachlesen, daß die Grausamkeiten unter den Menschen graduell über Jahrhunderte abgenommen hat, und **archäologische Funde** aus aller Welt beweisen ebenfalls, daß **derartiges Verhalten früher eher die Norm als die Ausnahme war**.

überall gibt es GRAUSAMKEIT

Ob Hohepriester bei den Azteken lebenden Menschen ein pulsierendes Herz herausrissen oder ob Maos jugendliche Kulturrevolutionäre ihre eigenen Lehrer folterten oder in Tibet wüteten, ob russische Soldaten regelmäßig Kameraden totprügeln oder ob deutsche Neonazis Ausländer in ihren Häusern verbrennen oder an Bushaltestellen totschlagen ... Wir alle sind noch nah an der Grenze zum „Barbarentum". Oft ist eine verbale Beleidigung nur eine Variante. Die reale Verletzung oder die psychologische Kränkung kommt nur zustande, wenn ich den Menschen, dem ich es antue, zuwenig respektiere. In dem Maße, in dem wir lernen, einander zu respektieren – auch wenn der andere anders sozialisiert wurde, anders denkt oder handelt, andere Ziele verfolgen mag –, in dem Maße werden wir uns etwas von den Wurzeln entfernen. Aber die Grausamkeiten chinesischer Herrscher von damals und der Menschen heute im Umgang miteinander unterscheiden sich nur graduell, nicht grundsätzlich.

auch bei uns...

Die Grausamkeit von Herrschern ist am schlimmsten, wenn sie **ohne äußeren Anlaß** stattfindet, so daß man nie weiß, wann es einen treffen kann. Diese **unvorhersehbaren** Grausamkeiten von Herrschern (auch regionalen, denen man als Bauer oder Leibeigener ausgeliefert war) führten nach Meinung vieler Fachleute zu den extrem engen Bindungen der Chinesen an Familie und Clan. **Sie lebten nach INNEN**, wo sie sicher sein konnten, daß man ihnen helfen würde. Sie orientierten sich demzufolge wenig nach „draußen", denn das „Draußen" war oft ein gefährlicher Ort. So können wir (etwas frei) nach EDERER und FRANZEN sagen:

> Jahrtausende ohne individuellen Schutz vor dem Staat haben de facto ... ein gemeinsames chinesisches Staatsbewußtsein verhindert.

Hier zitieren die beiden Autoren SUN Yatsen, den „Vater" des modernen China:

SUN Yatsen

> (Wir) Chinesen haben ein stark ausgeprägtes Familien- und **Sippenbewußtsein**. Dabei fehlt uns grundsätzlich ein chinesisches **Staatsbewußtsein** ... Das Zusammenhalten der Familien und Sippen ist ungeheuer stark. Um Angehörige ihrer Familien zu schützen, opfern (wir) freiwillig Geld und Gut, Leib und Leben. Niemals aber gibt es in Bezug auf den Staat einen derartigen Geist der Opferbereitschaft.

EDERER und FRANZEN stellen fest, daß inzwischen mehr als 90 Jahre vergangen sind und daß sich noch immer nicht viel an SUNs Analyse geändert hat:

> **Die Familie ist nach wie vor wichtiger als der Staat.** Denn noch immer gibt es keine individuelle Sicherheit vor dem autoritären Regime, noch immer ist die Familie der einzige verläßliche Schutz.

Die Metapher vom Dorf – Teil II

unser DORF

Sie erinnern sich an die **Geschichte vom Dorf**, in das fremde Händler kamen, die mit uns Handel treiben wollten (s. Seite 187 f.). Nun, jetzt folgt der REST der STORY (wie Billy GRAHAM zu sagen pflegte). Es geht um **Fremde** (also Barbaren), die unnützen Tand anboten und dafür **beste chinesische Produkte** kaufen wollten. Sie gaben sich als Händler aus und standen damit automatisch, wie ihre chinesischen Händler-Kollegen, ganz unten auf der Skala der chinesischen Gesellschaft. Wenn es in China ein Kastensystem gegeben hätte (vgl. Indien und Japan), dann wären die Händler auf der untersten Stufe angesiedelt.

Das Dorf repräsentiert **CHINA**, und die ersten jener Fremden waren **Engländer**. Bitte bedenken Sie: Es ist **nicht** so, daß China absolut keinen Handel getrieben hätte, aber der **reduzierte Handel** wurde im extremen Süden durch **Agenten des Kaiserreichs** gemanagt (und so gelangte über die Seidenstraße bzw. per Schiff doch einiges, z.B. SEIDE, in arabische Länder wie auch nach Europa). Aber das Dort repräsentiert MAINLAND CHINA, das gigantische **Innenland**, das **Reich der Mitte**, und dort wollte man **keine fremden Händler**. Erstens meinte man (wie EDERER und FRANZEN uns versichern), sowieso schon alles Wesentliche selbst erfunden zu haben, zweitens war man genügsam und trachtete nicht nach unnützen Waren (man war also **nicht konsumhungrig**). Dann tauchten die langnasigen Barbaren auf und

HISTORIE

übten Druck aus. Zuerst erschien ein Schiffskapitän (er war es, der sich den **Weg** an den kaiserlichen Beamten vorbei **frei geschossen** hatte). Er war es, der nach Hause fuhr und mit weiteren Schiffen zurückkam. All das begann eine Generation bevor England den ersten und einzigen offiziellen Botschafter zum Kaiserhaus schickte, auf daß der Handel nun offiziell werde. Aufgrund jener im Vorfeld aufgetauchten Langnasen und deren rauher Sitten hatte man bereits nachgegeben und einen begrenzten Handel an der Küste erlaubt.

Natürlich ging die letzte kaiserliche Mandschu-Dynastie davon aus, daß diese Fremden bei uns mit **Silber** einkaufen würden. Die Waren, auf die man in England so scharf war, waren vor allem **Tee**, **Seide** sowie **Porzellan**, alles **extrem arbeitsintensive Produkte**. Weder pflückt man Teeblätter einfach so und wirft sie in einen Beutel, noch wächst Seide am Strauch, und auch die Manufaktur von Porzellan erfordert viel Aufwand, bei chinesischem Porzellan mindestens drei (bis zu zwölf) verschiedene Brennvorgänge. Aber die Engländer hatten nicht vor, auf Dauer zu **bezahlen**. Sie wollten tauschen, auch wenn die Chinesen an ihrem Tauschobjekt (Wolle) kein Interesse hatten. Schließlich sollten ihre Schiffe nicht weitgehend leer fahren, ehe sie mit asiatischen Waren gefüllt nach England zurücksegelten. Aber was ist das für ein Tausch: Wolle gegen Tee und Seide! **Daraufhin entschieden die Engländer** in den **1760ern**, **die Chinesen mit Opium zu vergiften**. Es hatte bisher nur wenig Opium in China gegeben und war einer extrem kleinen Elite vorbehalten, ähnlich wie das Kokain bei uns in den 1920er Jahren. Aber durch die massive EINFUHR durch die Engländer (man nannte das EXPORT) änderte sich das bald:

Genaugenommen war Großbritannien **das größte Drogenkartell, das es bis dahin jemals gegeben hatte**.

Nachdem die Engländer einige Jahre später **ca. 10 %** des chinesischen Volkes mit Opium vergiftet hatten (meistens Familienväter, was bedeutete, daß deren Familien elend hungern mußten), wachte der Kaiser endlich auf. Die Mandschu-Dynastie war leider eine der unfähigsten, die China je regiert hatte. Aber die Verhandlungen kamen nicht voran, weil die Engländer einfach weitermachten. Betrachten wir den Grund:

Wir regen uns auf, wenn die Chinesen einen Sportschuh **kopieren** (vgl. „RAUBKOPIEN" im ABC-Modul, Seite 152 ff.).

Weil die Chinesen nicht bereit waren, extrem arbeitsintensive Produkte gegen Wolle einzutauschen, verkaufte man einigen von ihnen **Opium gegen Silber** und kaufte dann **MIT DIESEM SILBER deren arbeitsintensive Produkte**, wohl wissend, daß man im Begriff war, eine sowieso bereits **geschwächte Volkswirtschaft** vollends zugrunde zu richten. Ohne jede Scham.

die BRITEN als Drogenkartell?

Nach vier weiteren Jahrzehnten versuchten die Chinesen in einer letzten verzweifelten Aktion, das grausame Spiel zu beenden. Der damalige Mandschu-Kaiser war leider ebenfalls sehr schwach, aber er wagte einen Versuch, indem er den hohen unbestechlichen Mandarin LIN Xezu in den Süden nach Guangzhou (Provinz Kanton) schickte. Dieser konfiszierte alles **Opium**, inklusive das der korrupten chinesischen Zwischenhändler, und **ließ es ins Meer werfen**.

Daraufhin fuhren die Engländer nach Hause und überredeten die Krone und die Lords (mit Lügen), den sogenannten **ersten Opium-Krieg** zu beginnen, das heißt, sie haben den Krieg vom Zaun gebrochen, **weil sie ihre „Kunden" nicht länger mit Opium verseuchen durften.** **Das ist so, als wenn heute ein großes Drogenkartell einen Krieg gegen Amerika begänne, damit es seine Drogen weiterhin nach Amerika verkaufen darf.**

Es ist interessant, daß so gut wie alle Schilderungen diverser Autoren mit dem ersten Opium-Krieg beginnen und die Jahrzehnte davor einfach unterschlagen. Da es nicht möglich ist, die Ungeheuerlichkeiten „positiv" oder „objektiv" darzustellen, läßt man sie einfach weg. Nachdem die Geschichte immer von den SIEGERN geschrieben wird und die Europäer (später auch Russen und Japaner) ca. 100 Jahre lang eindeutige SIEGER in China waren, spiegeln unsere Geschichtsbücher wie auch populär-wissenschaftliche Beschreibungen der meisten China-Bücher heute diese Präferenz (vgl. „Quellen-Vergleich" im ABC-Modul, Seite 148 ff.).

Nachdem die Chinesen aufgrund ihrer kleinen, schwachen Kanonen gegen die schweren Kanonen der Engländer nicht ankamen und nach drei Jahren um Waffenstillstand bitten mußten, wurde China der **sogenannte Friedensvertrag** von Nanjing (früher Nanking) **aufgezwungen**. Interessant ist, daß kaum ein Autor erwähnt, was wir bei SUSBIELLE („CHINA – USA. Der programmierte Krieg") nachlesen können:

Vertrag von Nanking (Nanjing) 1842

> Der Krieg wurde 1842 mit dem demütigenden Friedensvertrag von Nanking beendet, den die Briten nicht ohne Sinn für Ironie „Vertrag über Frieden und ewige Freundschaft" nannten. Während China bisher alle übrigen Länder als ... Vasallen behandelt hatte, mußte es sich nun selbst einem ausländischen Barbarenvolk beugen. Die Engländer hatten ihr Ziel erreicht. Hongkong gehörte vorerst ihnen und außer Guanzhou wurden ihnen vier weitere Häfen geöffnet: Shanghai, Fuzhou, Ningbo und Xiamen ... Diese erhielten das Privileg der Extraterritorialität und konnten sich deshalb der Kontrolle des Reiches entziehen. Der Gipfel war, daß die Chiensen den Briten eine hohe Kriegsentschädigung zahlen mußten ...

1842 mußte China Honkong an die Engländer abtreten.

Und das, wiewohl sie den Opium-Krieg ja nicht begonnen hatten! Viele Autoren (inklusive SUSBIELLE) erwähnen, daß Peking diese Verträge als UNGLEICH bezeichnete, aber genaugenommen steht dieses Wort für „demütigend" oder „schändlich".

OPIUM-KRIEG

Und als die Chinesen sich **weiterhin** weigerten, Städte im **Inneren** ihres eigenen Landes für die Barbaren zu öffnen, zwang man sie mit dem **sogenannten zweiten Opium-Krieg** (1858) dazu. Man konnte den Hals einfach nicht vollkriegen und mußte das Rauschgift weiter in rauhen Mengen ins Land bringen, wiewohl zu diesem Zeitpunkt der volkswirtschaftliche Schaden bereits offenkundig war. Diverse Autoren sprechen von 10 % der Bevölkerung (überwiegend Familienväter), andere sagen, daß in einigen Gebieten so gut wie alle Erwachsenen süchtig waren. Eine ähnliche Katastrophe ist heute die Verseuchung mit AIDS in großen Teilen der 3. Welt. So wie unzählige

1858 2. OPIUM-KRIEG

Übrigens haben sich die Engländer meines Wissens noch nie bei den Chinesen entschuldigt.

AIDS-Waisen dahinvegetieren, weil niemand sich um sie kümmert, so muß es damals in großen Teilen Chinas gewesen sein! Einige andere europäische Länder plus USA fanden das Vorgehen so toll, daß sie darum baten, bei diesem perfiden Spiel mitmachen zu dürfen. Und so kamen **noch mehr Fremde ins Land**: Franzosen, Russen, Amerikaner, Deutsche. Sie alle schnitten Stücke aus dem Kuchen...

Damals wurden übrigens auch jene **Freihandelszonen** geschaffen, die China niemals wollte und die jene Globalisierung mit einleiteten, die mancher Europäer heute gern ungeschehen machen würde. Man baute in ausgewählten chinesischen Städten **Ghettos für die Langnasen**, in denen die **Landesbewohner** (das heißt die Chinesen) **nur tagsüber als Kulis** geduldet waren und vor deren PARKS Schilder standen mit der Aufschrift:

Die Chinesen kennen ihre Vergangenheit, aber die meisten Europäer und Amerikaner wissen so gut wie nichts darüber. Wußten Sie es?

SIEREN: „Der Westen fühlt sich bis heute moralisch überlegen..."

Vielleicht rührt unsere „gefühlte" moralische Überlegenheit auch daher, weil wir nichts wissen?

MODUL 3: VERHÄLTNISSE – China und andere Länder

NICHTEINMISCHUNG

Wie der Beitrag „**NICHTEINMISCHUNG**" (ABC-Modul, Seite 147 f.) gezeigt hat, praktiziert China seit Jahrtausenden eine Politik, die man grob vereinfacht wie folgt beschreiben kann:

1. **Was andere Länder im Inneren machen, geht uns genauso wenig an wie das, was andere Familien im Dorf hinter verschlossenen Türen tun.** Diese NICHTEINMISCHUNG ist für uns westliche Menschen schwer zu verstehen. Aber das hat mehr mit unterschiedlichen kulturellen MEMen (s. MERKBLATT NR. 3, Seite 233 ff.) zu tun als mit Moral. Wir entrüsten uns ja (wie ich an verschiedenen Stellen dieses Buches zeige) gern, ohne zu berücksichtigen, daß auch wir im Glashaus sitzen.
2. **Tust du mir nichts, tu ich dir auch nichts,** andernfalls werden wir später dafür sorgen, daß deins dann unseres wird (s. Seite 210 f.).

Aufgrund dieser **Nichteinmischungs-Politik** (solange man China nicht verletzt) fühlt China sich frei, mit jedem Land der Welt Verträge zu schließen, unabhängig davon, ob andere sich dagegen verwehren. Wir Deutsche redeten hingegen nach dem sogenannten Massaker auf dem Tian-an-men-Platz lieber „gescheit daher" (s. „TIAN-AN-MEN-Platz?" im ABC-Modul, Seite 161 ff.) und blockierten sämtliche Geschäfts-Transaktionen, bis wir merkten, daß der Rest der Welt schneller als wir wieder mit China Geschäfte machte, und spielten dann auch wieder mit. Nach dem Motto: Erst Forderungen stellen (vgl. „Menschenrechte?", Seite 145 ff.), dann ein wenig beleidigte Leberwurst spielen und letztlich doch nachgeben. Die Chinesen sparen sich all das. Deshalb konnten sie die vielversprechende **China-Irak-Verbindung** aufbauen, die der **2. Irak-Krieg** erfolgreich kappte (vgl. **Kapitel 2 „Etwas Geopolitik"**, Seite 39 ff.), anschließend eine neue **China-Iran-Verbindung** aufbauen und schließlich diverse Verbindungen nach **Afrika** (s. nächster Absatz).

CHINA – AFRIKA

Derzeit engagiert sich China aktiv in einigen afrikanischen Ländern, inklusive solcher, deren Regierungen uns nicht genehm sind. Dabei handelt es sich, wie Eberhard SANDSCHNEIDER (in seinem Buch „Globale Rivalen") zeigt, vor allem um Länder, die wir im Westen seit Jahren links liegen gelassen haben!

Da China Geschäft und Moral trennt, kann es eine klare Linie fahren, auch wenn uns das nicht paßt. Sie kennen die Warnung: Wenn man mit dem Finger auf andere zeigt, zeigen immer vier Finger auf einen selbst. Deshalb sollten wir überlegen: Wie kommt es, daß gewisse Länder, über die wir uns gern moralisch entrüsten, in manchen Fragen **tun, was sie wollen** (ob das uns Europäern/Amerikanern paßt oder nicht)? Denken wir nur an den zweiten Irak-Krieg der USA, an Israels Mauer mitten in palästinensischem Land oder Rußlands Krieg gegen Tschetschenien. Sie tun es, **weil sie die Macht dazu haben**.

Ich versuche im Großteil dieses Buches aufzuzeigen, daß China bald zu den Weltmächten gehören wird und dann ebenfalls tun kann, was es will. Darüber sollten unsere Kanzlerin und unser Präsident nachdenken, ehe sie sich wieder einmal damit brüsten, daß sie **China die Leviten lesen werden** (s. „Menschenrechte?" im ABC-Modul, Seite 145 ff.). Es geht **nicht** darum, **ob** wir es persönlich richtig finden, wenn China mit Sudan, Nigeria etc. Verträge macht und in einigen weiteren Ländern die Art von Entwicklungshilfe bietet, die wir gern versprechen, aber selten durchführen. Es geht darum, inwieweit wir glauben, ein **moralisches Recht** zu haben, diese Handlungsweise Chinas zu „verdammen". Selbst wenn Sie der Meinung sind, man müsse sich entrüsten – **wenn Sie** diese Meinung nach längerem Nachdenken vertreten, so ist dies Ihr gutes Recht. Aber wer diese Meinung nur vertritt, weil er laufend **hört**, **man müsse sich entrüsten**, der sollte m. E. noch einmal nachdenken...

Mehr bei „Nichteinmischung" und „Menschenrechte?", s. Seite 147 f. und 145 ff.

Konkret: Da die Industriestaaten den Ländern der 3. Welt in der Vergangenheit **chronisch zu wenig Geld für ihre Rohstoffe gege-**

ben haben, paktieren afrikanische Führer heute mit jedem, der ihnen **faire Preise** zahlt. Zum Beispiel NIGERIA: Dort bauen die Chinesen riesige Anlagen, um Rohöl zu fördern, auf Kredit. Beide profitieren: Nigeria hätte die Anlagen nicht selbst finanzieren können, und China erhält die Rückzahlung in Form von Öl über eine Reihe von Jahren. Ein ähnliches Vorgehen finden wir im Sudan. Das paßt vielen von uns nicht, aber wir können China nicht verwehren, auch mit solchen Ländern zu verhandeln. (Diese beiden Länder werden China mehr Öl liefern als Saudi-Arabien ganz Europa.) Wenn man nur einmal bedenkt, mit welchen Diktatoren z.B. die USA jahrelang paktierten, ohne daß man es ihnen verübelte, dann sollte man sich fragen, warum manche jetzt so laut schreien – inklusive der USA...

WOBEI hier die USA mit dem Süden paktieren, weshalb es dort nicht besser wird, und die Chinesen dem Norden den Rücken stärken.

CHINA – Deutschland

Der Sinologe HIRN beschrieb in einer Talk-Show das extrem geringfügige **deutsch-chinesische Verhältnis** in drei Wellen:

ZDF-Nachtstudio: „Wem die Stunde schlägt – die chinesische Herausforderung" am 30. Juli 2006

1. **Welle: 1980er:** Deutschland will nach China **liefern**.
2. **Welle: 1990er:** Deutschland will komplexere Beziehungen – **EXPORT nach China**, aber auch **IMPORT von Arbeitsleistungen** (man beachte, daß wir dies meist als Outsourcing „verkaufen"; die Formulierung HIRNs zeigt etwas deutlicher, was hier wirklich geschieht: **Wir importieren ARBEIT**).
3. **Welle: 2000** (und danach): Deutschland und China gründen mehr **Joint Ventures** (vgl. Stichwort „KONKUBINEN-WIRTSCHAFT" im ABC-Modul, Seite 127 ff.), auch zwischen China und Europa.

CHINA – ehemalige Besatzer*
(Mongolei, Tibet, Mandschurei)

Die Behauptung, dass die Chinesen nie von sich aus irgendwelche Nachbarstaaten überfallen und eingenommen hätten (außer diese hätten die Kampfhandlungen BEGONNEN), **machte mich stutzig**. Leider bin ich historisch nicht gebildet genug, um sicher zu sein, wiewohl erste Recherchen sehr wohl andeuteten, daß die Aussage stimmen könnte.

> Einige Historiker weisen darauf hin, daß Chinas einzige Vereinnahmung fremder Gebiete im Norden und Nordwesten stattfand, als man sich gegen die regelmäßig einfallenden Horden schützen wollte (die auch Anlaß für den Bau der großen Mauer waren). Andererseits profitierten die Gebiete, die zur **Pufferzone** wurden, von Chinas Macht und Protektion.

Da mehrere Historiker und Geschichtslehrer, die ich fragte, es nicht wagten, mir eine klare Auskunft zu geben, werde ich meine eigenen (mageren) Recherchen zugrunde legen** (die meisten Autoren drükken sich um das heikle Thema). Jedenfalls **befolgen** die Chinesen in ihrer Außenpolitik seit jeher eine Regel, die der Professor für ostasiatische Kultur und Sprachwissenschaft an der Universität München, Helwig SCHIMDT-GLINTZER (in seinem Buch „Das neue China – Von den Opiumkriegen bis heute") wie folgt formuliert:

> Chinas ... besonderes Territorialprinzip: Danach erhebt China im Prinzip auf alle Teile der ostasiatischen Landesmasse Anspruch, auf die sich jemals eine chinesische Dynastie, einschließlich der soge-

* Übrigens traten die europäischen Mächte in China **niemals als Besatzer auf**, ihnen widmen wir uns im Modul „Etwas Geschichte (Seite 187 ff.).

** Wenn jemand hier einen Fehler findet, möge er/sie unter Angabe von Quellen etc. Bescheid geben. Dann können wir das bei der nächsten Auflage des Buches berücksichtigen.

nannten Fremddynastien, erstreckte ... Wegen solcher Begründung von Ansprüchen aus der Geschichte spielt die Geschichtsschreibung eine entscheidende Rolle.

Wollen wir die drei wichtigsten Fallbeispiele betrachten:

China – Mongolei

1630 erklärte China die INNERE MONGOLEI, 1691 die ÄUSSERE MONGOLEI und 1757 die WESTLICHE MONGOLEI als zum chinesischen Hoheitsgebiet gehörig. Wenn es damals schon MEDIEN-BERICHTERSTATTUNG in unserem heutigen Stil gegeben hätte, hätte man vielleicht **vergessen zu erwähnen**, daß **die Mongolen regelmäßig vom Norden in China eingebrochen waren** und daß es ihnen während der größten Ausdehnung ihres Reiches (ab dem 12. Jahrhundert) gelungen war, **ganz China zu regieren**. Kublai KHAN, der Enkel von Dschingis KHAN, hatte es geschafft, den chinesischen Thron zu besteigen. Er gründete die Yuan-Dynastie, benahm sich exakt wie ein chinesischer Kaiser. Also könnte man verstehen, daß China später sagt: **Wenn meins deins ist, dann ist deins auch meins...** Vielleicht versteht man vor diesem Hintergrund den Zorn Maos, als Stalin ihn zwang, einen Teil (die sogenannte **äußere Mongolei**) wieder freizugeben. Allerdings wurden ca. 2/3 der ehemaligen Mongolei trotzdem ins chinesische Reich „integriert". Wenn man bedenkt, daß die Mongolen den Tibetern halfen, als diese West-China nicht länger halten konnten (s. nächster Absatz), kann man die Genugtuung der Chinesen vielleicht ein wenig nachempfinden.

China – Tibet

Hier versuchte man ebenfalls, die typisch chinesische Strategie zu fahren, indem man so viele Han-Chinesen in die Gegend schickte, daß diese die Einheimischen bald mengenmäßig übertrafen. Allerdings ist die Höhenluft in Tibet für die Han-Chinesen zu dünn, so daß viele es nicht lange dort aushalten. Trotzdem leben inzwischen mehr Han-Chinesen als Tibeter in Tibet. Man benimmt sich auch besonders „chinesisch" (modern), indem man z.B. laute Musik via Lautsprecher durch die Straßen sendet. Auf diese Weise kann man ernsthafte **Meditation** und inbrünstige **Gebete** verhindern (oder erschweren).

7. Jh.

Vielleicht fragen Sie jetzt: Hat Tibet China jemals überfallen oder gar (zumindest teilweise) beherrscht? Die Frage hatte ich mir auch gestellt, insbesondere da die Autoren, die ich konsultierte, Tibet in der Regel AUSLASSEN. Also begann ich am anderen Ende zu suchen und in Bezug auf Tibet selbst zu recherchieren. Und da kam es schnell heraus: **Ja.** Es begann im 7. Jahrhundert. Danach hat Tibet China sogar zeitweise gezwungen, **Tribut** zu zahlen (die einzige Nation, der das je gelungen war!)*. Es gab Zeiten, in denen Tibet allein nicht stark genug war, die Herrschaft über die Teilgebiete im Westen CHINAs zu halten, deshalb **paktierte man mit den Mongolen** (deren Oberhoheit man damals akzeptiert hatte, im Austausch dafür nahmen die Mongolen den tibetischen Buddhismus an). Auch dieses Paktieren ist ein weiterer Grund für den Wunsch Chinas, später **die gesamte Mongolei** zu übernehmen. Ebenso kann man das „letzte Kapitel" in der langen **Tibet-China-Geschichte ein wenig besser** verstehen, was keine Rechtfertigung darstellen soll, insbesondere da Mao dieses letzte Kapitel mit besonderer Grausamkeit „schrieb". Die Übernahme der Mongolei und der Mandschurei hatte damals auf chinesische Art (ohne offenen Krieg) stattgefunden. Nun aber verfolgten MAOs junge Kulturrevolutionäre in Tibet eher eine furchtbare Stalin-Strategie. Bis jetzt habe ich erst **eine** Person getroffen, die das alles wußte: ein Herr in Australien, der an der Uni tibetischen Buddhismus studiert. Ihm war all das bekannt. Er konnte kaum fassen, daß wir in Europa so gut wie nichts davon wissen. Auch die Historiker, die ich befragte, wußten nicht davon.

Mehr über Tibet im Merkblatt „Tibet", Seite 249 f.

---

* Übrigens waren dies wirklich hohe Summen im Gegensatz zu dem eher **symbolischen Tribut**, den China von seinen Vasallenstaaten forderte (s. „Etwas Geschichte", Seite 187 ff.).

Tja, was wir im **Geschichtsunterricht** lernen, bereitet uns nicht unbedingt darauf vor, die Gegenwart zu verstehen. Ich habe den Einfall Chinas in Tibet bewußt erlebt (es war eine der ersten politischen Maßnahmen, die ich als Kind „mitbekam") und habe jahrzehntelang **nur die Position Tibets gekannt**, eben weil wir nicht wirklich informiert werden, weder in der Schule noch in den Nachrichten. Es gibt eine interessante Parallele bezüglich des Einmarsches IRAK in Kuwait (s. Merkblatt „Kuwait, Seite 241).

China – Mandschurei

Auch diese nördlichen Nachbarn starteten verschiedene Eroberungsversuche. Später herrschten sie über Teilbereiche Chinas. Von **1644 bis 1911** saßen sie auf dem chinesischen Thron (Qing-Dynastie). Leider waren sie mehr an persönlicher Bereicherung, Korruption und hedonistischem Vergnügen interessiert als an der Aufgabe, die der Thron bedeutete, nämlich das **HIMMLISCHE MANDAT** zu übernehmen: Die Aufgabe des Kaisers lag nämlich darin, daß es dem Volk wohlergehen möge, während die **Mandschus** die Chinesen im eigenen Land als Bürger zweiter Klasse behandelten, was die Europäer, als sie später einbrachen, sofort **übernahmen** (vgl. „Etwas Geschichte", Seite 199 f.). Die Mandschus verboten Mischehen. Und kein Han-Chinese durfte in der Mandschurei wohnen oder gar siedeln. Außerdem mußten die Han-Chinesen den berühmten **Zopf** tragen (vgl. „Etwas Geschichte", Seite 199 f.). Vielleicht kann man nachvollziehen, daß die Chinesen später besonders gern im Lande jener, **deren Kaiser für den totalen Absturz Chinas als Macht im asiatischen Raum** verantwortlich waren, wohnten und siedelten. Heute leben in der Mandschurei kaum noch Mandschus, fast nur noch Han-Chinesen. Diese neigen ja eher dazu, ihre Feinde im Inneren durch **Mischehen** (also genetisch) zu „dezimieren" als durch Krieg.

1644 – 1911

Zopf

CHINA – ehemalige Kolonien
(Burma, Vietnam, Kambodscha, Korea, Nepal, Siam, Philippinen)

China: Kolonialmacht?

Der in diesem Buch an einigen Stellen zitierte französische Wirtschafts-Experte Jean-François SUSBIELLE ist der einzige der von mir konsultierten Autoren, der CHINA auch als **ehemalige Kolonialmacht** ausweist – während andere eher behaupten, China habe nur aus Gründen der Verteidigung die nördlichen Gebiete und westlichen Grenzgebiete zu Pufferzonen gemacht bzw. Länder, die in China einst geherrscht hatten, später in China integriert (s. „Verhältnis China – ehemalige Besatzer", Seite 210 ff.). Aber SUSBIELLE zeichnet (in seinem Buch „CHINA – USA. Der programmierte Krieg") ein etwas anderes Bild:

> **BURMA** befand sich in der Zeit der Han-Kaiser (206 v. Chr. – 220 n. Chr.) und später wieder unter **der Mongolen-Dynastie der Yuan** (1279 – 1368) unter chinesischer Herrschaft. Es behielt seinen **Vasallenstatus** gegenüber China noch bis zur Intervention der Engländer.

Vasallen-Status

Andere Autoren schildern den Vasallen-Status eher als **hochbegehrt**, vielleicht vergleichbar mit der **freiwilligen westlichen Akzeptanz Amerikas als Schutzmacht in der Zeit nach dem 2. Weltkrieg und während der Jahre des kalten Krieges** ... Sie sehen, ich biete Ihnen **viele Stimmen**, weil keine einzige die volle Wahrheit erzählen kann. Aber der Chor der vielen kann helfen, langsam ein komplexes Bild eines komplexen Landes zu entwerfen ...

> **VIETNAM** wurde insgesamt neun Jahrhunderte lang von Peking aus regiert, so etwa unter den TANG (618 – 906) und den YUAN. Nur knapp entging das Land dem Schicksal, zu einer normalen chinesischen Provinz zu werden. **KAMBODSCHA** geriet in der Ära der TANG-Kaiser unter die Oberhoheit Pekings. **KOREA** war mehr als vier Jahrhunderte hindurch in chinesischer Hand ... Viele Elemente der chinesischen Kultur – Schrift, Verwaltungsorganisation, Religion, Architektur und Städtebau – wurden **über Korea an Japan** weitergegeben.

> Das Königreich **Siam, Nepal** und sogar die **Philippinen** (mußten) ebenfalls irgendwann einmal in ihrer Geschichte die Oberhoheit Chinas anerkennen ...
>
> Am Ende des 18. Jahrhunderts umfaßte das damals von der Mandschu-Dynastie regierte chinesische Kaiserreich eine **Fläche von 13 Millionen Quadratkilometern**, ohne das gerade verloren gegangene Vietnam.

Groß-China?

Also hat China doch einige seiner Nachbarn „unterjocht"? Nun, auch SUSBIELLE gibt etwas später zu, daß China in den Jahren, in denen europäische Länder sich die Welt untertan zu machen versuchten, in seinen Grenzen blieb und keinerlei Gelüste dieser Art zeigte, und zwar jahrhundertelang! Außerdem fügt er hinzu:

> Allerdings muß man China immerhin zugestehen, daß es – im Gegensatz etwa zu Peter dem Großen, dem Herrscher einer anderen kontinentalen Großmacht – **niemals Eroberungszüge plante**, die über seine unmittelbare Nachbarschaft hinausgingen.

Wenn wir das mit Ländern in Europa vergleichen, insbesondere **Portugal, Spanien, England und Frankreich**, die sich **die ganze Welt untertan** machen wollten, die auf fremden Kontinenten (Afrika, Südamerika, Nordamerika etc.) einfielen und dort die Bewohner dezimierten, dann kann man im Vergleich dazu China wohl kaum ernsthaft als angriffslustigen Drachen bezeichnen, oder?

CHINA – MYANMAR

Viele nennen es noch bei seinem alten Namen: BURMA bzw. BIRMA.

In dem hervorragenden Buch über die Auslands-/Exil-Chinesen von Sterling SEAGRAVE („Die Herren des Pazifik – Das unsichtbare Wirtschaftsimperium der Auslands-Chinesen") erfahren wir auch einiges über die pazifische Welt, z.B. über derzeitige Entwicklungen zwischen **China und Myanmar** (früher BURMA), einem Land, das einst zu Chinas Vasallenstaaten gehörte (und deshalb bereits oben unter

„Kolonien", Seite 214 f., auftaucht). SEAGRAVE zeigt auf, daß manche Fachleute, die den Chinesen eine Nach-uns-die-Sintflut-Mentalität (ohne Rücksicht auf etwaige Verluste) zusprechen, vielleicht auch recht haben mögen:

BURMA

> Das burmesische Militärregime hat – im Zuge seiner Waffenkäufe (mit Drogengeld) beim chinesischen Militär – seine Grenzen chinesischen Händlern und Unternehmern geöffnet. Die burmesische Armee möchte Suharto kopieren und wie in Indonesien **die Wirtschaft Burmas an die Chinesen verpachten**, während das Offizierskorps den Löwenanteil in seine Taschen stecken und die eigentliche Regierungsgewalt behalten möchte. Chinesen aus Yuannan kaufen jetzt die besten Immobilien in Nandalay und anderen ... Städten auf und verdrängen die burmesischen Ladenbesitzer. In Rangoon werden verfallene britische Kolonialbauten mit Bulldozern abgeräumt und hunderte von Touristenhotels errichtet, die auslandschinesische Investoren aus Singapur, Malaysia und Thailand finanzieren. In einem der ärmsten Länder der Welt ist eine so radikale Veränderung erstaunlich, aber den Burmesen ist die schreckliche Botschaft vollkommen klar: Wenn chinesisches Geld hereinstömt, wirkt das wie eine Heuschreckenplage. „Bevor wir irgend etwas tun können, um sie aufzuhalten", klagte ein burmesischer Intellektueller, „werden all unsere Teakwälder verschwunden sein, und das goldene Dreieck wird in einen Golfplatz verwandelt werden. Das ist eine brauchbare Methode, um den Drogenhanel auszumerzen, aber ich bin nicht sicher, ob es die beste ist."

CHINA – RUSSLAND

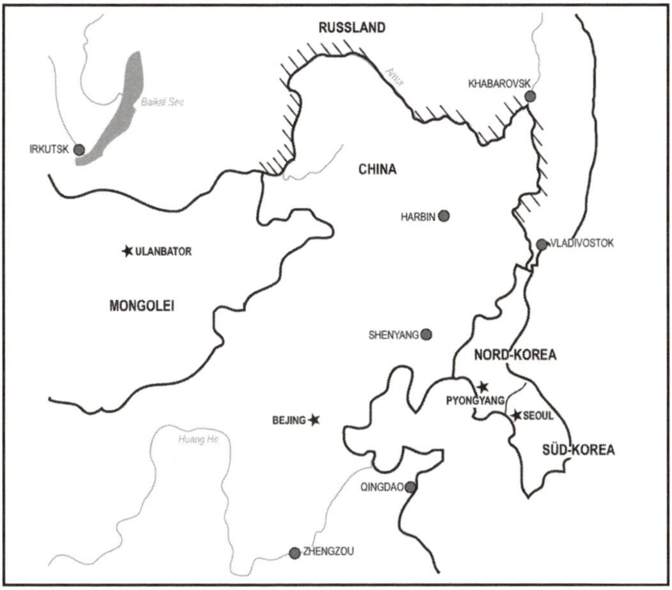

1938 hatte STALIN alle Chinesen aus der Küstenstadt Wladiwostock (ÖST-lich von CHINA!) vertreiben lassen, aber inzwischen hat sich das frühere Sowjet-Reich weitgehend aus dieser kargen Region zurückgezogen, und wer, glauben Sie, rückt nach?

Richtig. Man schätzt offiziell, daß **legal** ca. **200.000 Chinesen** in der Gegend leben (das heißt 3 % der Bevölkerung dort stellen), aber viele Fachleute schätzen, daß es **doppelt** so viele sein könnten. Was den großen Bereich **Russisch-Fernost** (nördlich der Mandschurei) angeht, so schätzt man die dort lebenden Chinesen auf ca. **2 Mio.** In dieser Gegend können die Russen aufgrund von Menschen-MANGEL nur ca. 1/3 des vorhandenen Ackerlandes bebauen, also ist es kein Wunder, wenn das Riesenreich mit der klitzekleinen Agrarfläche einen Teil davon nutzen will. **Russisch-Fernost entvölkert sich zunehmend.** Die Einwohnerzahl von einst **6 Millionen** schwindet jedes Jahr um ca. **100.000 Russen**, während mehr und mehr Chinesen in die Gegend eindringen. ROTHACHER in „Mythos Asien?“:

Chinesen in Rußland?

TERRITORIUM

> Es ist absehbar, wann das östliche Sibirien mehrheitlich chinesisch besiedelt sein wird.

Im übrigen gehen einige Fachleute (u.a. auch ROTHACHER) davon aus, daß China es darauf **abgesehen** hat, diese Gegenden **zurückzugewinnen**:

> China weiß die Zeit auf seiner Seite. Unverdrossen schafft es die infrastrukturellen Voraussetzungen für die **Rückgewinnung von Fernost**. Von **DALIEN** ausgehend (wurde) der Bau einer **Eisenbahnlinie** in Angriff genommen, die ... auf der chinesischen Seite den Osten und Norden der Mandschurei bis zur russischen Grenze verbindet. Auf russischer Seite versucht man, dem ... **Verlust an Territorium und Wissens-Macht durch Großprojekte nach sowjetischer Tradition entgegenzusteuern.** So ist seit 1966 ... eine transkontinentale **Autobahn** von Wladiwostock nach Moskau im Bau (2.200 km).

PS: Die wird den Chinesen möglicherweise in der Zukunft viel Nutzen bringen, wenn die Russen nicht rechtzeitig ein massives Rückbesiedlungs-Programm starten.

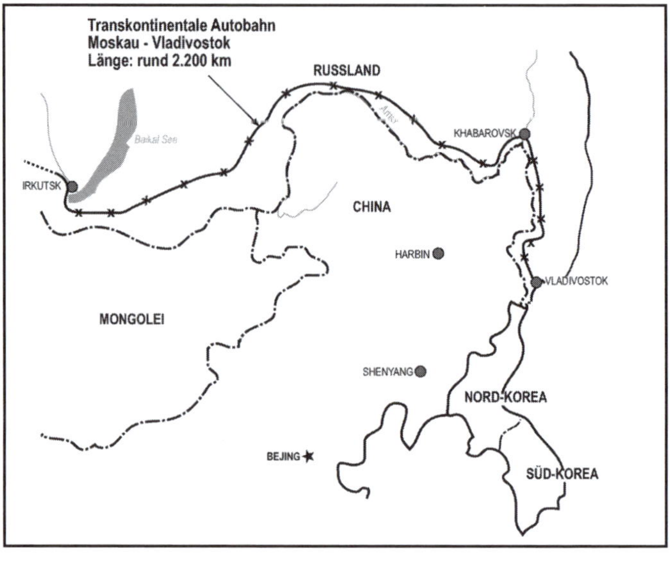

CHINA – TAIWAN

Quelle: SCHMIDT-GLINTZER: „Das neue China“

Folgende Zahlen können vielleicht helfen, die Entwicklung dieser Insel besser zu verstehen. Zunächst nannten die Portugiesen die Meerenge und die Insel Ilha (Insel) FORMOSA (Schöne). Erst später wurde FORMOSA in **Taiwan** umbenannt (ich kannte den alten Namen noch). Diese Insel durchlief einige Eroberungsphasen:

Im Jahre 1624 eroberte die holländische East-India Company die Insel und errichtete dort einen Stützpunkt. 1662 eroberte der chinesische Kaiser Ko Xinga (Ming-Dynastie) die Insel, und 21 Jahre später (1683) übernahm sie der Mandschu-Kaiser und gliederte sie endgültig ins chinesische Reich ein. 1895 überfielen die Japaner die Insel und blieben als Besatzer bis zu ihrer Niederlage nach dem 2. Weltkrieg (1945). Dann flohen die Guamindang unter Chiang Kaishek vor Maos Kommunisten.

1624
1662
1683
1945

Nun kamen erstmals enorme Menschenmengen, um die Insel zu bewohnen. Zwar fühlte sich die einheimische autronesische Bevölkerung von den Japanern befreit, aber Chiang Kaisheks Leute waren schon in China durch besondere Grausamkeit aufgefallen, so auch hier. Bald wehrten sie sich gegen die neuen Unterdrücker; es kam zum Aufstand (1947), der niedergeschlagen wurde. Man teilt die Bevölkerung wie folgt ein:

1947

- 86 % gelten als TAIWANESEN und
- 14 % als FESTLÄNDER (also aus China stammend).

Und wo sind die Einheimischen geblieben?

Übrigens hat Taiwan die sogenannte Rechtschreibreform des „Festlandes“ nicht mitgemacht, so daß Taiwanesen wie die meisten Exil-Chinesen (vgl. „Übersee-Chinesen“ im ABC-Modul, Seite 173 ff.) die ursprünglichen „langen“ Zeichen schreiben (vgl. auch meinen DVD-Mitschnitt und gleichnamiges Buch „Von Null Ahnung zu etwas Chinesisch – Dies ist kein Sprachkurs“, in denen ich dies näher ausführe).

Teil III: MERKBLÄTTER

Die Reihenfolge der Merkblätter entspricht nur teilweise der Reihenfolge, in der sie im Buch angekündigt werden; zum einen, weil das Buch ab Teil II sowieso MODULAR gelesen werden kann, zum anderen, weil sich manchmal erst am Ende herausstellt, ob der Platz für das eine oder andere Merkblatt noch reichen wird. Da Bücher in BOGEN gedruckt werden, kann eine Extra-Seite, die ein Autor wünscht, bedeuten, daß ein neuer Bogen angebrochen werden müßte, so daß das Buch wegen einer Seite weitere 15 Leer-Seiten enthalten würde. Daher entscheidet sich oft erst in letzter Minute, welches Merkblatt vielleicht „geopfert" werden muß. Das beeinflußt die Reihenfolge der Merkblätter, weil ich die, auf die ich im Notfall verzichten kann, ans Ende setze. Falls jedoch etwas aus einem Buch weggelassen werden muß, kann ich es heute in die TEXT-SCHUBLADE meiner Homepage (www.birkenbihl.de) stellen, so daß die Leser solche Infos trotzdem erhalten. Dort findet man z.B. auch Erweiterungen (z.B. das Kapitel „SEPPUKU-Effekt", das anläßlich der 3. Auflage meines Buches „Birkenbihl on Management" entstand), so daß alle Besitzer früherer Auflagen solche Ergänzungen kostenlos erhalten können. Die moderne Technik macht es möglich.

MERKBLATT NR. 1: Wissens-Quiz-Spiele (WQS)

Wie der Begriff impliziert, handelt es sich bei dem WQS um eine **Weiterentwicklung** zweier bekannter Verfahren*:

1. Quiz-Spiele vs. Wissens-Quiz-Spiele (WQS)

Wußten Sie, daß Quiz-Spiele zu den **TV-Sendungen** der allerersten Jahre gehören? (Allerdings kam man früher ohne Metallic-Dekorationen und ständiges Musik-Geriesele aus.) Wenn ich meine Seminar-TeilnehmerInnen frage, ob man bei **Quiz-Sendungen** (z.B. vom weltweit bekannten Typ MILLIONEN-QUIZ®) **lernen** würde, sagen die meisten **JA**. Auf die Zusatzfrage, wieviel man dabei lernt, optieren die meisten für „ziemlich viel". Und Sie? glauben Sie, daß man a) sehr viel, b) ziemlich viel, c) eher wenig oder d) kaum etwas lernen kann, wenn man beim Sehen miträt?

Nun, **vielleicht** erstaunt Sie das, aber da in der Regel **keinerlei Wissen** vermittelt wird (wenn wir lediglich erfahren, eine Antwort lautet b oder d), **kann man auch nichts dabei lernen**. Die KandidatInnen (und ZuschauerInnen) spielen genaugenommen mit den **vorhandenen** Inhalten im eigenen Wissens-Netz (im Kopf). Entweder man weiß die Antwort bereits oder nicht. Natürlich ist es legitim, gern mit Wissensinhalten zu spielen, darin liegt ja auch die jahrzehntelange Faszination solcher Sendungen wie auch von Rätseln (vgl. mein Taschenbuch „Intelligente Rätsel-Spiele"). Natürlich! Aber wir sollten das Spielen mit Bekanntem nicht verwechseln mit dem Lernen von Neuem. Das haben unsere Experimente mit Aufzeichnungen solcher Sendungen klar gezeigt: Bei einer Wiederholung derselben Sendung (per Aufzeichnung) Tage oder Wochen später gaben unsere Testpersonen jedesmal genau dieselben Antworten wie beim ersten Raten. Und die Qualität der Antworten auf Fragen, bei denen unsere TeilnehmerInnen ursprünglich keine oder eine falsche Antwort gaben, war ebenfalls gleich: Sie wussten **wieder** keine (oder eine falsche) Antwort. Zwar kann es sein, daß sie diesmal anders RATEN, aber nur weil sie wieder nicht mehr wissen als beim ersten Mal. Dies hat unsere Testpersonen sehr erstaunt, insbesondere jene, die überzeugt waren, sie hätten bei der ursprüng-

---

* Für alle, die dieses großartige Denk-Tool noch nicht kennen.

lichen Sendung eine Menge gelernt. Tatsächlich hat die Hirnforschung inzwischen offiziell bestätigt, was ich seit 1970 behaupte, nämlich daß wir uns isolierte Daten und Fakten überhaupt nicht merken können, weshalb alle Formen des Paukens kontraproduktiv sind (vgl. mein Buch: „Trotzdem LEHREN").

2. Fragen

Einerseits hat die Lern- und Gedächtnisforschung klar ergeben, daß Fragen **den Geist öffnen** (vgl. die großartigen Lern-Experimente der HARVARD-Professorin Ellen J. LANGER)*. **Andererseits** klagen LehrerInnen oft, daß sie zwar mit Fragen vorgehen, aber die Schüler trotzdem nicht viel dabei lernen. Das ist kein Wunder, da viele dieser Pseudo-Fragen, die Lehrkräfte stellen, extrem langweilig sind. Sie zielen darauf ab, die „einzig richtige" Antwort auszulösen (so daß SchülerInnen sich doof vorkommen, wenn ihnen das nicht gelingt). Diese Spielchen (Können wir erraten, worauf die Lehrkraft abzielt?) führen nicht gerade zu faszinierenden Erkenntnissen über das (neue) Thema. Oft haben die SchülerInnen auch das Gefühl, die Fragen sollen aufzeigen, wer was NICHT WEISS, was ebenfalls den Spaß an der Freude raubt.

Seit Jahrzehnten weisen Schulkritiker in den USA und in Europa darauf hin, daß das wichtigste Denk-Instrument des Menschen in der Schule nicht nur NICHT GEFÖRDERT, sondern genaugenommen durch die meisten Lehrer-Fragen korrumpiert wird. In der vergangenen Ära der Industrialisierung mag das ja noch angegangen sein, denn FabrikarbeiterInnen sollten ja nicht viel denken. Aber wenn wir unsere Kinder, SchülerInnen, StudentInnen und MitarbeiterInnen für das Wissens-Zeitalter fit machen wollen, dann müssen wir ihnen mehr bieten (vgl. meine Taschenbücher „Fragetechnik – schnell trainiert" und „Intelligente Rätsel-Spiele", beide bieten sowohl eine kleine theoretische Grundlage als auch zahlreiche praktische Trainings-Aufgaben, also bitte als Gruppe lesen).

* Da ihre beiden ins Deutsche übersetzten Bücher (s. Literaturverzeichnis) leider regelmäßig vergriffen sind, können Sie einige der wichtigsten Experimente, die sie mit ihren Studenten durchführte, in meinem Buch „Das innere Archiv" kennenlernen.

Das Prozedere eines WQS-Spiels

Wenn Sie das WQS als Party- oder echtes Lern-Spiel einsetzen wollen, können Sie die (einfache) Grundvariante spielen:

- **Runde 1:** Nur FRAGEN: Die TeilnehmerInnen denken nach, antworten oder raten. Nachdenken: allein oder mit Sitznachbarn (damit man vielleicht zusammen herausfindet, was man nicht weiß).
- **Runde 2:** Der/die SpielleiterIn „antwortet", meist in Form des eigentlichen VORTRAGES. Merke: Frontal-Unterricht nach einer Fragerunde kann durchaus gehirngerechten Unterricht darstellen, ohne WQS ist es oft eine Qual.
- **Runde 3:** Wie Runde 1, die TeilnehmerInnen (SchülerInnen) versuchen, ein zweites Mal zu raten, nur daß sie diesmal weit mehr wissen als beim ersten Mal. Merke: Die Qualität dessen, was man in Runde 3 weiß, hängt von der Qualität der Informationen in Runde 2 ab. Es sind also die RednerInnen verantwortlich, ebenso Lehrkräfte, VerkäuferInnen etc., nicht deren Opfer (vgl. mein Buch „Trotzdem LEHREN").

In einigen unserer Projekte arbeiten wir z.B. daran, **wie man interessante Fragen „komponieren" kann.*** Dies ist sehr hilfreich, nicht nur für Menschen, die im klassischen Sinne (be-)lehren (inklusive Chefs, Ausbilder, Trainer), sondern auch für alle, die rhetorisch geschickt Interesse wecken und Informationen nachschieben wollen (z.B. Verkäufer von erklärungsintensiven Produkten). Darüber hinaus kann man das Denk-Tool WQS auch hervorragend als Lern-Instrument einsetzen...

Übrigens steht das „Q" in WQS (Wissens-QUIZ-Spiel) sowohl für QUIZ-FRAGE als auch für QUIZ-**AUFGABE**. In Kapitel 2 „Etwas Geopolitik" finden Sie klassische Quiz-**FRAGEN**, in Kapitel 3 werden Sie eingeladen, eine Quiz-AUFGABE anzugehen, ehe Sie weiterlesen. Viel Vergnügen durch aktives Mitmachen!

---

* Vgl. mein **e-book „WQS – ein Tagesseminar"** (2. Erweiterte Auflage 2007) in der SCHUBLADE „vfb-e-books" auf www.birkenbihl.de.

MERKBLATT NR. 2: Sind Wanderarbeiter Fremde?

Wie schon erwähnt (Kapitel 1, Seite 31 f.), bringen diese Millionen Wanderarbeiter große Opfer, wenn sie oft ein ganzes Jahr* in der Fremde ausharren, um der Familie Geld zu schicken, **denn in der Fremde hilft ihnen niemand**. **Es kümmert sich niemand um ihre Nöte, weil sich niemand für sie verantwortlich fühlt,** nicht einmal eine Behörde.

Wenn man bedenkt, daß jede/r weiß, der Aufschwung, insbesondere in den Ballungszentren, wäre ohne sie gar nicht möglich, dann ist für uns Westler zunächst kaum nachzuvollziehen, warum sich NIEMAND verantwortlich fühlt, daß sie einigermaßen ordentlich wohnen können, daß ihre Kinder in Schulen gehen können etc. (vgl. MERKBLATT NR. 3, Seite 233 ff.). **Aber dies ist einer der Aspekte, die wir durch unsere westliche Brille betrachten.** Auch EDERER und FRANZEN weisen (in ihrem Buch „Der Sieg des himmlischen Kapitalismus") auf diesen Zusammenhang hin: Wenn Deutsche erfahren, daß niemand sich um die Wanderarbeiter kümmert, dann meldet sich das **christliche MEM der Nächstenliebe**, und wir haben Probleme, zu verstehen, daß das Schicksal der Wanderarbeiter die Chinesen kalt läßt. In diesem Zusammenhang denken wir selten daran, wie wir unsere „Gastarbeiter" behandeln, wie wir ihre Integration jahrzehntelang verhinderten, um ihnen dies heute vorzuwerfen. Aber selbst wenn wir daran denken, dann trösten wir uns damit, sie seien weder „deutsch" noch „christlich", also wirklich FREMDE im fremden Land, während chinesische Wanderarbeiter doch eigentlich Chinesen im Heimatland seien. Aber die meisten ziehen den Vergleich gar nicht. Ihr MEM der christlichen Nächstenliebe wurde aktiviert, und nun schütteln sie den Kopf und wundern sich über „diese Chinesen". Dabei sollten wir jedoch bedenken, daß unser MEM nicht universell gültig ist! So gilt es z.B. im größten Teil der asiatischen Welt (wie auch in Teilen Afrikas) NICHT. Die Menschen dort sind ausschließlich ihrer Familie (Clan) verpflichtet, vielleicht auch dem eigenen Dorf. Demzufolge rechnet niemand mit Hilfe von Fremden, also mit

* Da bestimmte Feiertage bei den Chinesen unbedingt im Kreis der Familie gefeiert werden „müssen", versuchen die Wanderarbeiter, wenigstens einmal pro Jahr einige Tage nach Hause zu kommen, auch wenn sie dafür extrem lange Reisezeiten in Kauf nehmen müssen.

dem, was wir als „Nächstenliebe“ bezeichnen, womit wir eine **Hinwendung zu Fremden** meinen.

Auf der anderen Seite ist man dort den Menschen in der Familie (im Clan, in der Sippe) **wirklich verpflichtet**, egal wie weit entfernt sie leben oder wie weit man selbst sich (z.B. durch Auswandern) von ihnen entfernt hat (wir kommen darauf zurück). Deshalb schicken die Wanderarbeiter jeden Cent, den sie erübrigen können, nach Hause. Aber **fremde Menschen** gehen Chinesen nichts an.

So berichten EDERER und FRANZEN auch über Situationen, in denen z.B. ein verunglückter Mensch am Straßenrand liegt (Verkehrsunfall, Herzinfarkt etc.), an dem alle achtlos vorbeigehen. (Das könnte sich in vielen asiatischen Ländern ähnlich abspielen.) Wenn ich im Seminar davon erzähle und die TeilnehmerInnen bitte, einige Fragen zu beantworten, dann bestätigen fast alle, wie erstaunt sie sind bzw. daß sie davon ausgehen, daß bei uns sofort jemand helfen würde. **Nun, hier irren die Menschen oft,** denn wir kennen die FORDERUNG, sich hilfreich zu verhalten, unabhängig davon, ob wir es auch tatsächlich tun. Denn **erstens** ist Hilfeleistung für Fremde keine angeborene Neigung, sondern unser MEM der christlichen Nächstenliebe. Es läßt uns vorschnell beurteilen, was wir für richtig halten, bzw. es läßt uns Menschen verachten und verurteilen, die sich anders verhalten, als unser MEM es fordert. **Zweitens** mußte man bei uns **unterlassene Hilfeleistung** unter Strafe stellen, weil wir **trotz 2.000 Jahre langer Forderung nach christlicher Nächstenliebe diese doch eher DENKEN als LEBEN!**

Es hat immer wieder Forschungsarbeiten und praktische Versuche gegeben (von denen Sie sicher einen im Fernsehen gesehen haben), die eindeutig belegen: Die Leute bei uns im Westen sind weit weniger hilfsbereit, als wir gern **glauben**. Insbesondere wenn die Situation gefährlich werden könnte...

Außerdem zeigen diese Studien auch immer wieder (in der gesamten westlichen Welt), daß, wenn die verletzte oder hilflose Person ein Kind oder ein alter Mensch ist, sich über 80 % der vorbeikommenden FRAUEN um den Betroffenen kümmern. Ereignet sich so etwas auf einer Landstraße, dann fahren die meisten Leute weiter, und die wenigsten versuchen, Hilfe herbeizutelefonieren. Im Zeitalter des Handys erhöht sich die Zahl der Hilfsbereiten (früher, als man ein Münz-Telefon suchen mußte, fühlte sich kaum jemand motiviert, Hilfe herbeizurufen).

Aber selbst **wenn** sich bei uns die meisten Menschen **nächstenliebend** verhalten **würden**, gibt es doch Gründe für das **Verhalten der Asiaten**. Einige Fachleute führen es darauf zurück, daß China lange Zeit hindurch von mächtigen Kaisern und einer starken Adelsschicht regiert (das heißt oft auch ver-GEWALT-igt) wurde und daß einzelne arme Normalbürger von diesen hohen Herren in der Regel wenig Gutes zu erwarten hatten. Ähnlich hatten manche Bewohner Indiens von ihren jeweiligen Regionalherren (Rajas) wenig Gutes, aber viel Schlechtes zu erwarten, denn einige haben die Menschen unter ihrer Herrschaft radikal ausgebeutet. So konnten einfache Landbewohner von ihren Herren jederzeit ohne Vorwarnung zum Kriegsdienst eingezogen werden, man konnte ganz allgemein über sie verfügen, wie man wollte, man konnte sie sogar verletzen oder töten (Willkür der Mächtigen). Der „Terrakotta-Kaiser" Chinas, dessen großartige Ton-Armee wir bewundern, tat sicher manch Gutes (s. Modul „Etwas GESCHICHTE", Seite 196 ff.), aber er war auch sehr **grausam**. Er ließ seinen Untertanen Füße und Hände abhacken, weil er das schick fand. Einmal ließ er einen Berg von Händen und Füßen aufstapeln – als Abschreckung. Ähnliches galt in anderen Gegenden Asiens. Deswegen, sagen manche Fachleute, sei der Asiate so sehr auf seine Familie, seinen Clan (und vielleicht sein Dorf) fixiert. Das war **der einzige Ort der Sicherheit**, den er kannte; das waren **die einzigen Menschen**, die sich für ihn einsetzen würden...

Deshalb bedeutet es für Chinesen ein großes Opfer, wenn sie als Wanderarbeiter den größten Teil des Jahres in der Ferne weilen müssen. Noch schlimmer ist es, wenn die Mächtigen wegen gigantischer Bauvorhaben (von der großen Mauer bis zum Drei-Schluchten-Damm) Hunderttausende bis Millionen **Bewohner** der betroffenen Gegenden einfach „auslagern", ihre Dörfer fluten etc.

Übrigens fand ich in SPIEGEL ONLINE (vom 11. März 2007) einen Artikel über Wanderarbeiter, den ich Ihnen (gekürzt) anbieten möchte, und zwar aus zwei Gründen. Zum einen beleuchtet er das Thema Wanderarbeiter in mehr Details, aber er illustriert auch, was wir im ABC-Modul zu den Stichworten **„MENSCHENRECHTE?"** (Seite 145 ff.) und **„NICHTEINMISCHUNG"** (Seite 147 ff.) sagen. Vielleicht denken Sie bei Gelegenheit darüber nach.

WANDERARBEITER IN CHINA – Knechte des Booms

Von Kai Lange

Wer zahlt den Preis für Chinas Wirtschaftswunder? Amnesty International hat den Alltag chinesischer Wanderarbeiter dokumentiert. Die Bilanz: 200 Millionen Menschen werden Tag für Tag betrogen und verheizt – und China riskiert seine Zukunft.

Hamburg – Als die 21-jährige Näherin Zhang zur Arbeit in der Textilfabrik nahe Peking erschien, wusste sie noch nicht, dass es ihr letzter Arbeitstag dort sein würde. Seit Monaten hatte das Management schon keine Löhne gezahlt. Zhang aber berichtet, sie sei nicht sonderlich nervös gewesen. Sie war erst einen Monat lang dabei. Wanderarbeiterin in einem Zug in Heifei: „Es ist hart für uns. Aber wir hatten nicht angenommen, dass es für unsere Kinder genauso schwierig wird." An diesem Tag kam es zum Streit: „Die Kollegen sagten dem Fabrikleiter, dass sie nicht mehr zur Arbeit kämen, wenn sie nicht endlich bezahlt würden", berichtet Zhang. Und weiter: „Der Fabrikleiter sagte, wer gehen wolle, könne gehen. Doch wir hatten nicht einmal Geld für die Busfahrt nach Peking." ... Die Menschenrechtsorganisation Amnesty International greift in einem neuen Bericht auf viele solcher Beispiele zurück, um die **tägliche Diskriminierung der Wanderarbeiter** zu illustrieren. Das kommunistische Regime in Peking toleriert Arbeitsbedingungen, die an die dunkelsten Stunden des Frühkapitalismus erinnern – gleichzeitig betont Ministerpräsident Wen Jiabao während des Volkskongresses, dass soziale Gleichheit und Gerechtigkeit in China „bewahrt werden" müssen.

Kosten des Wirtschaftswunders

Der Amnesty-Bericht „China: Die menschlichen Kosten des Wirtschaftswunders" unterstreicht jedoch: Bis dahin ist es noch ein weiter Weg. **Die Zahl der Wanderarbeiter, die vom Land in Chinas boomende Städte sowie in die Küstenregionen ziehen, ist seit 1980 von 2 Mio. auf rund 200 Mio. gestiegen.** Bis 2015 werden es wohl 300 Mio. Menschen sein. Beobachter sprechen von der **„größten Migrationsbewegung in Friedenszeiten"**.

Das Heer der billigen Arbeitskräfte hat Chinas Aufschwung erst ermöglicht. Sie ziehen Chinas moderne Metropolen hoch und leisten Schichtarbeit in den Fabriken an der südchinesischen Küste. Obwohl sie die gefährlichsten und schwierigsten Arbeiten leisten, werden ihnen **Grundrechte verwehrt**, betont Amnesty: Viele von ihnen seien unterbezahlt und ohne Krankenversorgung, und ihre Kinder dürften nicht die staatlichen Schulen besuchen.

Ein Lohn von umgerechnet zwei bis drei Euro pro Tag reicht kaum zum Überleben. Einer offiziellen Regierungsstatistik zufolge verdienten Wanderarbeiter im Perfluss-Delta bei Hongkong im Jahr 2005 durchschnittlich 60 bis 70 Euro pro Monat, wobei die Lebenshaltungskosten in dieser Region bei rund 80 Euro angesetzt waren. „Solch ein Einkommen reicht für vier Schüsseln gebratene Nudeln pro Tag", lautet das Fazit der Statistikbehörde.

In diesen Monatslohn sind alle Bonuszahlungen für Überstunden und Feiertagsarbeit einbezogen. Denn diese sind an der Tagesordnung: Wanderarbeiter arbeiten laut *China Labor Bulletin* in der Regel 12 bis 14 Stunden pro Tag, sieben Tage die Woche, haben einen Tag pro Monat frei...

Auch Wang Yuangcheng, Mitglied des Nationalen Volkskongresses, sieht ein wachsendes Problem auf die Regierung in Peking zukommen. „Wanderarbeiter leben in provisorischen Unterkünften, können sich nur das billigste Essen leisten. Sie haben keinen Versicherungsschutz und bekommen erst mit Verspätung ihre Löhne. **Von den Städtebewohnern werden sie als Bürger zweiter Klasse angesehen**", sagt Wang. Dennoch zögert das kommunistische Regime, das **Hukou-System** – eine der Grundlagen für die tägliche Diskriminierung von Millionen Menschen – grundlegend zu reformieren.

Ohne Meldepapiere keine Rechte

Chinas *Hukou*-System zwingt jeden Bürger, sich an seinem Wohnsitz registrieren zu lassen. Wer sich länger als drei Monate außerhalb des ihm zugewiesenen Wohnsitzes aufhält, muss eine vorübergehende Aufenthaltserlaubnis beantragen. Voraussetzungen dafür sind in der Regel ein Arbeitsvertrag, eine Arbeitserlaubnis vom Heimatstandort sowie ein polizeiliches Führungszeugnis – hinzu kommen Kosten für Ausstellungsgebühren und Schmiergelder. „Die Polizei gibt die Permits nicht so einfach heraus, man braucht gute Beziehungen **(Guanxi)**", zitiert der Bericht einen Wanderarbeiter in Peking.

Da die meisten Wanderarbeiter weder alle nötigen Dokumente noch das Geld für solch einen „temporary permit" haben, bleiben sie ohne Papiere und damit illegal in den Städten. Sie sind in der Regel der Willkür ihres Arbeitgebers als „Sponsor" ausgeliefert, der um den unsicheren Status der Arbeiter weiß und ihnen meist auch keine Arbeitsverträge ausstellt – ein Teufelskreis.

Laut einer offiziellen Statistik des State Council Research Center hat jeder zweite Wanderarbeiter keinen Arbeitsvertrag – doch nach Schätzungen von Amnesty liegt die Dunkelziffer viel höher. Eine Untersuchung im Auftrag der Nationalen Volkspartei Ende 2005 ergab, dass weniger als 20 Prozent der chinesischen Unternehmen Arbeitsverträge nutzen. In Suizhou City bei Hubei überprüfte die Arbeitsbehörde insgesamt 134 Unternehmen: Nicht eines konnte Arbeitsverträge für seine Angestellten vorweisen. (...)

Die zurückgelassenen Kinder

„Es ist hart für uns. Aber wir hatten nicht angenommen, dass es für unsere Kinder genauso schwierig wird." Mit diesen Worten reagierte ein chinesischer Wanderarbeiter in Peking darauf, dass **die Schule für seine Kinder im Herbst 2006 kurzerhand von den Behörden geschlossen wurde**. Die Serie von Schulschließungen in der Hauptstadt im vergangenen September verdeutlicht, **dass China auch die Zukunft der bis zu 20 Millionen Kinder von Wanderarbeitern riskiert**.

Da die meisten Wanderarbeiter nicht offiziell registriert sind und die Schulgebühren nicht zahlen können, ist ihren **Kindern der Besuch einer staatlichen Schule in der Regel verwehrt**. Es wird erwartet, dass die Kinder weiterhin in ihrem Heimatbezirk eine Schule besuchen, auch wenn die Eltern in die Stadt ziehen.

Oftmals greifen die Eltern zur **Selbsthilfe** und organisieren vor Ort **private Schulen für ihre Kinder**. Doch diese werden – wie jüngst in Peking – **von lokalen Behörden ... geschlossen**, wenn sie bestimmte **Auflagen** (Sportplätze, Mindestgröße von Grünflächen) nicht erfüllen.

Recht auf Schulbildung verweigert

Die Verzweiflung der Betroffenen belegt Amnesty in dem Bericht auch mit Bildern aus der chinesischen Presse. Nachdem die Behörden eine Schule für Wanderarbeiter in der Hauptstadt geschlossen hatten, kletterten viele Kinder über das verriegelte Tor und trugen ein paar Stühle hinaus. Sie hofften, anderswo weiterlernen zu können.

„Die Kinder von Wanderarbeitern werden erniedrigt und wiederholt diskriminiert. Ihre Seelen werden verwundet und sie werden die Gesellschaft, in der sie aufwachsen, hassen", warnt Parlamentarier Wang. „Sie werden eine Bedrohung für unsere Gesellschaft."

Offiziell garantiert **Chinas Verfassung** jedem Bürger das Recht auf eine 9-jährige Schulbildung. In der Praxis **wird** aber **Millionen von Kindern dieses Recht verwehrt**. Dies dürfte auch für die gesamte **Volkswirtschaft**, die zunehmend auf qualifizierte Arbeitskräfte angewiesen ist, zu einem **Problem** werden.

„Wir sehen die Kinder ein- oder zweimal im Jahr"

Viele Wanderarbeiter lassen aufgrund der Repressionen in den Städten ihre Kinder in der ländlichen Heimat zurück und geben sie in die Obhut von Verwandten. Eine Studie der Pekinger Renmin-Universität ergab, dass **rund 23 Millionen Kinder in Chinas ländlichen Gebieten ohne ihre Eltern aufwachsen**. 80 Prozent der Mütter, die sich als Wanderarbeiterinnen durchschlagen, sehen ihre Kinder nur ein- oder zweimal im Jahr, so ein weiteres Ergebnis der Studie. 12 Prozent gaben an, ihre Kinder „alle ein bis zwei Jahre" zu sehen. Die Folgen für die geistige und seelische Entwicklung der Kinder sind laut Amnesty-Bericht dramatisch: Die Vorschläge der Regierung, mehr Internate zu errichten oder Eltern und Kindern Zugang zu Videokonferenzen zu ermöglichen, werden den Verlust der Familie nicht kompensieren. Viele Eltern können selbst zum Neujahrsfest nicht zu ihren Kindern zurückkehren, da ihre Arbeitgeber über den Jahreswechsel den Lohn einbehalten. So haben sie nicht einmal Geld für die Zugfahrt nach Hause.

Die Forderungen von Amnesty International

Nach Einschätzung von Amnesty International schafft das **Hukou-System** zur Haushaltsregistrierung und Wohnsitzkontrolle noch immer die Voraussetzung dafür, dass Wanderarbeiter und ihre Kinder in vielfacher Weise **diskriminiert** werden. Es muss reformiert werden.

Zwar wurde in den neunziger Jahren die **Unterscheidung zwischen Stadt- und Land-Hukou** offiziell **abgeschafft**. Da es jedoch **noch immer die Unterscheidung zwischen Permanent und Temporary Residents gibt**, lebt die **Zweiklassengesellschaft** weiter. Wanderarbeiter dürften zudem nicht aufgrund ihres Hukou-Status vom Gesundheits- und Bildungssystem ausgeschlossen werden. Sie müssen Zugang zum Gesundheitswesen und zu Schulen bekommen. Schulgebühren, die als Mittel der Diskriminierung der Zugezogenen dienen, müssen abgeschafft werden.

Amnesty International fordert die Regierung auf, die Menschenrechte zu achten, indem sie internationale Mindeststandards am Arbeitsplatz durchsetzt: Dazu gehören eine faire Bezahlung, sichere Arbeitsbedingungen, Erholungs- und Urlaubszeiten. Die wachsende und prosperierende Volkswirtschaft müsse seine Bemühungen verstärken, um diese Ziele zu erreichen.

Natürlich finden Sie in diesem Artikel so manche Info, die Sie vielleicht empört. Es sind auch erschreckende Details, die wir hier erfahren, das will ich nicht bestreiten. Ich möchte nur darauf aufmerksam machen, daß uns das kein Recht gibt, uns von oben herab über „die Chinesen" zu empören, solange wir nicht vor unserer eigenen Tür kehren. Um nur einen Punkt aufzugreifen – **die Bildung der Kinder**:

Den Kindern der Wanderarbeiter verweigert man teilweise den Besuch einer Schule und setzt so auch ihre Zukunft aufs Spiel (erklärt uns der Spiegel-Autor). Richtig. Aber wir senden unsere Kinder in Schulen*, in denen zu viele von Ihnen nicht reüssieren können! Unser System begünstigt jene, die aus dem „richtigen" sozialen Milieu kommen, wie alle PISA- und OECD-Studien seit 2000 immer wieder zeigen. Wir gehören zur Weltspitze in puncto „sozio-ökonomische Distanz" oder wie es ein Vater neulich ausdrückte: „Arm und ungebildet hinein bedeutet automatisch auch: arm und ungebildet heraus." (Vgl. mein Büchlein „Eltern-Nachhilfe".) Die Tatsache, daß 80 % der angeblich „Lernbehinderten" männlich sind, bedeutet nicht, daß diese Jungen lernbehindert wären, sondern daß unser System sie so „macht" (vgl. mein Buch „Jungen und Mädchen – wie sie lernen"). Die Tatsache, daß viele Jugendliche im Wettbewerb mit Asien nicht einmal den „qualifizierten" Hauptschulabschluß schaffen bzw. viele, die ihn schaffen, trotzdem weder lesen (einem Text Sinn entnehmen) noch schreiben (sich schriftlich dezidiert äußern) können, ist ein **Skandal**. Wir sind kein Entwicklungsland wie China, in dem zwar die Kinder der Wanderarbeiter diskriminiert werden, aber in dem auch die Zahl jener, die auf die Uni gehen können, von Jahr zu Jahr steigt (im Gegensatz zu unseren Zahlen). Wir sind eine der reichsten Nationen der Welt, die zu vielen Kindern trotz Schule eine miserable Bildung bietet. Das sollten wir bedenken, wenn wir China verurteilen. China ist in vielem eben noch Entwicklungsland und muß 170 Jahre der Stagnation, der Ver-GEWALT-igung durch europäische Mächte, des Kommunismus (inklusive der Kulturrevolution) überwinden und hat erst vor weniger als 30 Jahren begonnen, sich an den eigenen Haaren aus dem Sumpf zu ziehen. Wir jedoch haben unseren Aufbau mithilfe der Amerikaner (Marshall-Plan) in den Jahren nach dem zweiten Weltkrieg sehr schnell geschafft und könnten unseren Kindern seit über 40 Jahren weit mehr bieten, als wir tatsächlich tun. Genauso wie wir damals unsere Flüsse in besonderem Maße vergifteten, als wir wegen des Wirtschaftswunders nicht wußten, wohin mit dem Geld in unserer Staatskasse (also ohne äußere Not), „vergiften" wir heute die Zukunft vieler unserer Kinder, ebenfalls ohne äußere Not. Was ist schlimmer?

---

* Ich spreche in diesem Zusammenhang immer nur von jenen Haupt- oder Regelschulen, auf die Kinder bildungs-**ferner** Eltern gehen müssen, jene, auf die sie von der Polizei zurückgebracht werden, wenn sie es nicht mehr aushalten, jene, die sie laut Gesetz besuchen müssen; jene, die ihnen genau das bieten sollten, was ihnen ihre bildungsfernen oder gar bildungs**feindlichen** Familien vorenthalten.

MERKBLATT NR. 3: Wahrnehmung und Wirklichkeit

Lassen Sie uns mit einem alten vfb-KaGa beginnen.*

Rechts sehen Sie sich als Wahrnehmenden mit allen Ihren **Sinnen**. Links steht das große stilisierte „W" für die **Wirklichkeit**. Dazwischen gibt es jede Menge FILTER, die das Wahrgenommene verändern. Einige Beispiele sollen dies illustrieren:

1. Der Filter der **Sprache**. Nennt jemand eine Person einen **Penner**, einen **Obdachlosen**, einen **Fixer** oder einen **Herrn**, verändert sich, wie/was wir über diese Person denken.
2. Ein weiterer FILTER sind unser **ERWA**.s (Erwartungen) die sich aus unseren **ERFA**.s (Erfahrungen) herleiten. Erscheint uns etwas **anders, als erwartet**, dann sind wir ent-TÄUSCHT (wir merken also, daß wir aufgrund unserer Erwartungshaltung einer **Täuschung** aufgesessen sind).
3. Ein dritter FILTER sind unsere **MEM**e (vgl. meinen DVD-Vortrag „Viren des Geistes"). Damit meint Richard DAWKINS **kulturelle Gene**, die nicht nur (senkrecht) von

---

* KaGa.s sind DENK-WERKZEUGE, die Zusammenhänge oder Aspekte an-SCHAU-lich „machen", sowohl uns selbst (als Teil des Denk-Prozesses) als auch, wenn wir anderen unsere Ideen vermitteln wollen. Die Grundlage ist mein Konzept ANALOGRAFFITI (analoges Denken, wie Graffiti), welches BILD-liche und/oder VERBALE Assoziationen integriert. Daraus leiten sich die beiden Kunstworte ab: **KaWa** = KREATIVES ANALOGRAFFITI, WORT-ASSOZIATIONEN und **KaGa** = KREATIVES ANALOGRAFFITI, GRAFISCHE ASSOZIATIONEN. Dieses KaGa zur KONSTRUKTION der Wirklichkeit beim Wahrnehmen kreierte ich ca. 1977.

Generation zu Generation weitergegeben werden können (wie GENE), sondern auch waagerecht. Dabei breiten sich erfolgreiche MEMe wie eine Seuche aus. Sie schaffen Annahmen (ERWA.s), und aufgrund dieser Erwartungen können wir dann nur noch wahrnehmen, was in unsere Erwartungen „paßt". Alles andere blenden wir aus. Nun sind gerade **die MEMe unserer WESTLICHEN ERWA.s sehr wesentlich**, da sie uns überhaupt nicht bewußt werden. So wie Fische das sie umgebende Wasser de facto „ausblenden" und sich auf das konzentrieren, was im Wasser schwimmt bzw. unter einem Felsen lauert, **so können wir Westlichen unsere westlichen MEMe nicht wirklich wahrnehmen**, da wir seit frühester Jugend in ihnen „schwimmen".

Alle MEMe zusammen „machen" unser Weltsicht, Weltanschauung, die unser ganzes Denken prägt. Beispiele:

1. Derzeit scheint **möglicher Terrorist** zu „passen", wenn wir es mit einer Person **muselmanischen** Glaubens zu tun haben. Das ist ein MEM, das vor einigen Jahren seinen Siegeszug durch die westliche Welt antrat. Da geben viele sich keinerlei Mühe, zwischen **Islam** und **Islamismus** zu unterscheiden. Da meinen viele über Fragen wie Kopftuch u.ä. mitreden zu können, wiewohl sie sich nie die Mühe gemacht haben, sich bei den Betroffenen zu erkundigen, wie diese das sehen (und warum). Schließlich sind die Medien nicht bie besten Quellen, wenn es gilt, Dinge zu verstehen, die außerhalb unserer MEM-Welten liegen, denn die Medien-Macher blicken ebenfalls durch ihre westlichen Filter und be-URTEIL-en die Welt dementsprechend!
2. Ähnlich „sagen" uns MEMe, daß DER ISLAM „fundamentalistisch" sei, oder? Dabei fällt es den meisten schwer, einen CHRISTLICHEN FUNDAMENTALISMUS, der in den USA seit Jahren bedrohliche Ausmaße angenommen hat, aber auch bei uns in Europa ständig zunimmt, überhaupt als fundamentalistisch wahrzunehmen. Das ist doch „christlich", also „westlich", also im Zweifelsfall „gut", oder?
3. Wir erregen uns doch viel lieber mit Inbrunst über islamische „mittelalterliche", sture Typen, die sämtliche Ergebnisse moderner Forschung leugnen. Was sind dagegen die „harmlosen" christlich-amerikanischen Bemühungen, DARWIN durch die „kreativistische These" pseudo-wissenschaftlich verbrämt zu ersetzen? Durch die westliche Brille fällt es vielen schwer, dies als **vergleichbare Haltung** wahrzunehmen. Allerdings gibt es einen Unterschied: Teile der islamischen Welt gaben ihren Fortschritt in der Forschung vor Jahrhunderten auf, während einige westliche Organisationen dies **heute** vor unser aller Augen tun. Es gibt auch in Deutschland bereits „Biologie-Bücher",

die diesem Spektrum zuzuordnen sind, und sie werden teilweise von Biologie-Lehrern nicht als „Glaubenssache" erkannt (wie ich in einer TV-Doku selbst mitverfolgen konnte). Und es gibt Lehrer, die diese „Lehre" ganz bewußt im Unterricht vortragen, und alles, was staatliche Personen (deren Aufgabe es ist, für die Trennung von Staat und Religion zu sorgen) dazu sagen, ist: „Die Eltern, die ihre Kinder in diese Schulen geben, wissen sehr genau, worauf sie sich da einlassen!" Überlegen Sie: Selbst wenn in meiner Jugend eine katholische Schule im katholischen Bayern es gewagt hätte, die Schöpfungsgeschichte als „Naturwissenschaft" zu verkaufen, so wäre das damals nie zugelassen worden. Und heute dürfen zwei Schulen (von denen ich weiß) solche Lehren im Biologie-Unterricht anbieten, die Lehrer sind machtlos und werden, wenn sie dagegen kämpfen, gefeuert. Und da wagen wir es, uns über „rückständige" Muselmanen zu erheben?! Dies ist ein gutes Beispiel der alten indischen Weisheit: Keiner ist so blind wie der, der nicht sehen will. Aber aufgrund der **Filterwirkung** von MEMen sollten wir vielleicht sagen: Keiner ist so blind wie der, der nicht sehen kann. Ein letztes Beispiel:

4. Wenn Sie eine **Sprache lernen**, die **nicht** den zahlreichen indo-europäischen Sprachfamilien zuzuordnen ist, dann versuchen indoeuropäische Grammatiker in der Regel, Ihnen weiszumachen, auch in jener Sprache gäbe es **Substantive** (Hauptwörter), **Adjektive** (Eigenschaftswörter), **Verben** (Tätigkeitswörter) etc., wiewohl dies in vielen östlichen Sprachen eben genau NICHT der Fall ist! **Hier versucht man, die fremde Sprache durch die Filter der vertrauten zu sehen.** Das ist so, als wohnten Sie zwei Wochen im Hilton in Kairo und behaupteten anschließend, Sie hätten Ägypten „kennengelernt". Sie haben sich in den **bekannten** Strukturen der europäischen Kultur bewegt, in vertrauter Umgebung Vertrautes gegessen und getrunken, in vertrauten Betten geschlafen und ihre Körper-Hygiene in vertrauter Atmosphäre betrieben. Ab und zu haben Sie vorsichtige Mini-Ausflüge in Touristenattraktionen (Bazaars, Pyramiden etc.) gewagt und jeweils einige Stunden „geschaut". Aber Sie waren genauso wenig IN Ägypten, wie Sie durch die Brille Ihrer vertrauten Grammatik fremde Sprachen wie Chinesisch, Tibetanisch, Japanisch, Arabisch etc. erkunden können.*

* Vgl. meine DVD-Vortrags-Reihe „**Von Null Ahnung zu etwas ...**". In diesem Zusammenhang interessieren Sie vielleicht folgende Titel: 1. **Chinesisch** (2006), 2. **Japanisch** und 3. **Arabisch** (2007) sowie 4. **Türkisch** (Anfang 2008). Zwei weitere Themen in dieser Reihe sind Quanten-Physik und Komplexitäts-Theorie.

MERKBLATT NR. 4: EMBARGO (Auflösung)

Falls Sie bis jetzt der Meinung waren, ein EMBARGO würde eine REGIERUNG von VerGEWALT-igungen, sich ihrem Willen zu BEUGEN, abhalten, dann denken Sie einmal daran, was es im VOLK auslöst. Frühes Beispiel waren Jahrzehnte des EMBARGOS gegen Südafrika, unter dem vor allem die „kleinen Leute“ litten. Das war nicht die Ausnahme, das ist die Regel. Es galt für den Irak vor dem 2. US-Einmarsch, und es gilt derzeit für das Embargo im Iran. Wer ernstlich darauf wartet, daß ein unterdrücktes Volk den Auslöser des Embargos zum Teufel jagt, sollte noch einmal nachdenken...

A = **ARBEITSLOSIGKEIT:** Indem man durch das Embargo die Arbeitslosigkeit verstärkt, schwächt man eine ganze Nation, denn abgesehen von den finanziellen Nachteilen ist es für das Selbstwertgefühl der betroffenen Menschen (insbesondere der Familienväter eines traditionellen Landes, in dem Männer die „Ernährer“ ihrer Familien sind) katastrophal. Wenn man bedenkt, daß der Irak eines der erfolgreichsten und reichsten arabischen Länder war ... Dabei machen die Länder, die das Embargo erzwingen, einen fatalen Fehler, übrigens denselben Fehler, den die Israelis mit den Palästinensern ma-

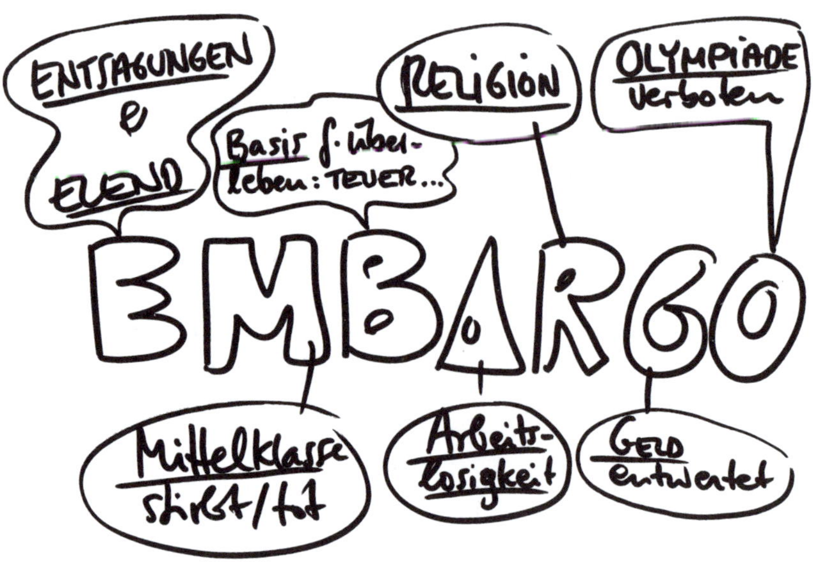

chen: Menschen, denen wir die Möglichkeit nehmen, sich zu „erhalten", nehmen wir auch die Möglichkeit, sich „höher" zu entwickeln – man vergleiche nur die MASLOWsche Bedürfnis-Hierarchie. Oder um mit Brecht zu sprechen: „Erst kommt das Fressen, dann die Moral!" Je härter der nackte Überlebenskampf und je weniger Stolz wir den Leuten lassen, desto schwächer wird ihr Selbstwertgefühl. Je schwächer aber ihr SWG, desto anfälliger sind sie für Fatalismus, Fanatismus und Selbstmord-Attentate. Menschen, die nichts mehr zu verlieren haben, sind eher bereit, alles zu geben...

B = BASIS FÜR ÜBERLEBEN: teuer: Wenn die Grundnahrungsmittel so teuer sind, daß die Armen ständig Hunger leiden, wird ein entsetzlicher Teufelkreis eingeleitet: Weil Unterernährung die Entwicklung der Intelligenz dramatisch behindert, bleiben mehr Leute auf einem „geringeren" Niveau (z.B. in puncto Denkfähigkeit). Dies wiederum verhindert, daß sich eine zukunftsfähige geistige Elite herausbildet, gerade im post-industriellen Zeitalter die einzige Eintrittskarte in die Welt „zivilisierter" Länder. Wenn man Länder unterdrücken und ihre zukünftige Entwicklung auf Generationen beschneiden will, dann ist das Embargo das beste Mittel. Bitte bedenken wir jedoch, daß mit dem Embargo angeblich ein einziger Mann (Saddam Hussein) getroffen werden sollte, während es sein Volk (Privatpersonen!) auf Jahrzehnte ruinierte...

E = ENTSAGUNGEN UND ELEND treffen nur die Zivilbevölkerung, und das, nachdem die Länder, die das Embargo befürworten, sich durch Unterzeichnung der sogenannten „Geneva Convention" dazu verpflichtet haben, keinen Krieg gegen Zivilpersonen zu führen.

G = GELD entwertet: Neben der Tatsache, daß im Inland alles teurer wird (was das Überleben der Zivilbevölkerung weiter bedroht), kann das Land auch im Ausland nicht mehr agieren. Damit aber gibt man den Herrschenden die Möglichkeit, alle Probleme auf die Embargo-Erzwinger zu schieben, so daß eine ganze Generation von Menschen heranwächst, die keine Chance hatte zu lernen, wie ein Land im normalen wirtschaftlichen internationalen Wettbewerb „mitspielt". Also ein weiterer Aspekt, aus dem hervorgeht, wie die Bevölkerung auf Jahrzehnte hinaus geschädigt wird. Das ganze Land muß leiden wegen eines Mannes, und das nennen sogenannte zivilisierte Nationen dann eine „zivile Maßnahme" (das Embargo). Unfaßbar! Wir sehen auch in Südafrika, wie lange es noch dauern wird, um sich von den Folgen des damaligen Embargos zu erholen! Embargos können nur **kurzfristig** (einige Monate lang) wirken, wenn (und nur wenn) das Embargo wichtige Prozesse verhindert, die **kurzfristig** notwendig sind, weil die **herrschende Klasse** leidet. Da diese aber in der Regel jedes Embargo umgehen kann...

M = MITTELKLASSE stirbt/tot: Der Reichtum eines Landes hängt an seiner Mittelklasse. Die reiche Elite schafft keinen (weiteren) Wohlstand (sie schwimmt ja wie die Sahne AUF der Milch), und die Armen können sich ohne eine Mittelklasse, der sie zuarbeiten und in die sie hineinwachsen können, ebenfalls nicht entwickeln (da der Bodensatz sich nicht in Sahne verwandeln kann). Verschwindet aber der Mittelstand eines Landes, dann kann erstens das alte Fett nicht mehr oben schwimmen und zweitens sich kein neues mehr bilden. Deshalb ist das System dem Tode geweiht, denn bis die alte Sahne es merkt, ist sie zu alt, um selbst noch agieren zu können. Und es gibt zuwenig Neue, die den Neuaufbau in Angriff nehmen könnten. So können Generationen vergehen, ehe ein Heilungsprozess stattfindet (wenn nicht Bürgerkriege den Prozess noch mehr in die Länge ziehen, Bürgerkriege, die Jahrzehnte oder Generationen andauern). PS 2007: Wir sehen, wie wahr diese Prognose im Irak inzwischen geworden ist...

R = RELIGION: Es gibt offene und geschlossene Religionen: Je weltoffener ein Land wird (erkennbar daran, wie ungehindert die Wissenschaft sich außerhalb des Rahmens kirchlicher Dogmen bewegen darf), desto offener wird auch die Religionsausübung. Und umgekehrt: Je verzweifelter die Lage der Menschen, desto offener (im Sinne von aufnahmebereiter) werden sie für **geschlossene Systeme**, inklusive religiöser Systeme, dann regieren **Fundamentalismus** (jeder Couleur!) und **Fanatismus**.

O = OLYMPIADE verboten: Dieser Punkt mag vielen wie ein unwichtiges Detail erscheinen, aber überlegen Sie einmal, wie viele Hunderttausende von jungen Leuten **nicht** an Ausscheidungswettbewerben teilnehmen können, auf daß einige Hunderte in die End-Ausscheidungen kommen, welche national übertragen werden und Hunderttausenden weiteren jungen Leuten Ansporn und Ziele bieten können. Gerade in „armen" Ländern kann Sport ein Instrument sein, Jugendlichen Leistungs-Werte zu geben, die sie befähigen, ihr Leben zu meistern. So sind Sport-Jugend-Programme die erfolgreichsten, um jugendliche Kriminelle zu rehabilitieren bzw. in gewissen Gegenden Jugendliche davon abzuhalten, überhaupt erst kriminell zu werden. Insbesondere dort, wo kriminelle Handlungen nicht so sehr das nackte Überlegen absichern (Mundraub), sondern in Gangs durchgeführt werden (um den Status in den Gangs zu behaupten). **Ein Olympisches Programm** wird in vielen Sportarten positive Impulse setzen, die ohne Teilnahme an der Olympiade so gut wie nicht stattfinden. Des weiteren lernen junge Leute **Teamgeist**, das heißt, gemeinsam an einem Strang zu ziehen, über längere Zeiträume zu denken und „am Ball zu bleiben" (auch angesichts kurzfristiger Trainings-Probleme) etc. PS 2007: Kennen Sie irgendeinen irakischen Sportler, der sich seither auf der internationalen Bühne etablieren konnte?

MERKBLATT NR. 5: Devisenreserven in China*

Derzeit verfügt China über Devisenreserven in Höhe von 853,6 Milliarden US-Dollar.** Damit hat China Japan überholt und liegt zum ersten Mal weltweit auf dem 1. Platz. Was bedeuten diese hohen Devisenreserven für China? Vor kurzem haben unsere Korrespondenten einige Experten danach gefragt. Die übereinstimmende Antwort lautete, dass hohe Devisenreserven für China wichtiges Kapital für die weitere Entwicklung seien. Zugleich stellten sie aber auch Herausforderungen dar.

Prof. ZHAO Xijun (Finanz- und Wertpapierforschungsinstitut der Chinesischen Volksuniversität) verwies darauf, dass die ständige Zunahme der Devisenreserven für Chinas künftige Entwicklung positiv sei:

> Vom positiven Blickwinkel her betrachtet zeigt dies erstens die Wirtschaftsstärke Chinas. Die hohen Devisenreserven sind ein Resultat der ständigen schnellen Entwicklung der Wirtschaft. Zweitens zeugen hohe Devisenreserven auch von einer gesunden chinesischen Solvenz. Dies gilt als Garantie zur Erhöhung der Kooperationszuversicht für auswärtige Investoren und Handelspartner. Drittens repräsentieren die hohen Devisenreserven eine verstärkte Fähigkeit Chinas zur Begegnung von heftigen Finanzgewittern von nicht gewollten fremden Spekulationen.

Gleichzeitig erklärte Prof. ZHAO jedoch, dass eine zu rapide Zunahme der Devisenreserven auch für Chinas stabilen Wirtschaftsverlauf gewisse latente Gefahren beinhaltet:

> Die großen Devisenreserven gelten als ein Resultat der unausgewogenen Entwicklung der Wirtschaft, hauptsächlich des Handels und der Investition. Dies zeigt, dass Chinas Wirtschaft immer abhängig von fremder Wirtschaft ist. Falls diese Lage lange andauert, können die Impulse für die Förderung der inländischen Wirtschaftsentwicklung eingedämmt werden. Zweitens kommen Einflüsse auf die Währungspolitik hinzu. Jedes Jahr hat die Zentralbank großes Kapital zum Kauf der Devisenreserven eingesetzt. Falls dies sich uneingeschränkt weiter entwickelt, würde die normale Währungszirkulation und dann auch die

* Für alle, die hierzu mehr wissen wollen.

** Quelle: www.fmprc.gov.cn/ce/cede/det/jj/t246200.htm

> Wirtschaftsstabilität beeinträchtigt. Drittens kennzeichnen die hohen Devisenreserven eine relativ große aktive Handelsbilanz Chinas, was zu Disputen beim internationalen Handel und beim Wechselkurs führen kann.

Deshalb ist es für die chinesischen Devisenverwaltungsbehörden wichtig, dass die Devisenreserven von über 850 Milliarden US-Dollar gut verwendet werden, um eventuelle Risiken zu vermeiden. Manche Experten erklären, dass auf Basis der Gewährleistung der Sicherheit und Flexibilität eine Profitgewinnung der Devisenreserven durch vielfältige Investitionsstrategien realisiert werden könne. Dazu sagte der Vizedirektor des Finanzinstituts beim Staatsrats-Forschungszentrum für Entwicklung, BA Shusong:

> Sicherheit und Flexibilität sind am wichtigsten. Auf dieser Basis können manche Devisenreserven für noch mehr effektive Investitionen eingesetzt werden. Dies könnte eine übermäßige Konzentration der Devisenreserven in Regierungen und zuständigen Behörden vermeiden. Zum Beispiel sind mehrere Gesellschaften in China international konkurrenzfähig und könnten Niederlassungen im Ausland gründen. Einerseits könnte dadurch neuer Devisenbedarf gebildet und der Druck der Devisenreserven könnte gemildert werden, andererseits könnten auch Handelsstreitereien reduziert werden.

Die chinesische Regierung hat die Nachteile von zu hohen Devisenreserven für die wirtschaftliche Entwicklung Chinas erkannt. Kürzlich hat WU Xiaoling, stellvertretende Direktorin der chinesischen Volksbank, die als chinesische Zentralbank fungiert, erklärt, daß China nicht einfach die Erhöhung der Devisenreserven anstrebe, sondern die Wahrung der internationalen Bilanz fördern wolle. Das chinesische staatliche Verwaltungsamt für Devisenreserven hat auch bekanntgegeben, daß China einen effektiveren Weg für die Anwendung der Devisenreserven aktiv suchen und die Investitionsbereiche der Devisenreserven ausbauen werde. Demnach solle China den vernünftigen Bedarf der chinesischen Bevölkerung an Devisen decken, die Beschränkungen für Deviseninvestitionen der chinesischen Unternehmen im Ausland aufheben, um den Profitgewinn von Reservevermögen zu erhöhen.

MERKBLATT NR. 6: Kuwait

Wenn Sie von „VERHÄLTNISSE CHINA – EHEMALIGE BESATZER hierhergesprungen sind, gilt:

Ähnlich erfuhren auch nur extrem wenige Menschen, die nachts um 1 noch fernsehen, daß Saddam HUSSEIN **eine Woche vor seinem „Einmarsch" in Kuwait** die amerikanische Gesandte GILLESPIE gefragt hatte, was die USA zu tun gedächten, wenn er Kuwait „annektieren" würde (irakische Sprachregelung). Darauf hatte sie (in völliger Ignoranz der Pläne des Weißen Hauses) geantwortet: „Wir mischen uns in die inneren Angelegenheiten Ihres Landes nicht ein." Das war natürlich so peinlich für das Weiße Haus, daß man fortan so tat, als hätte dieses Gespräch nie stattgefunden. Ich habe bisher nur sehr wenige Menschen kennengelernt, die davon wußten. Das kann passieren, wenn man „Untergebene" militärisch nach dem NEED-TO-KNOW-PRINZIP informiert (jeder erfährt ausschließlich, was er angeblich wissen muß, um seinen Job zu machen). Meist fehlen wichtige Infos, insbesondere bei so komplexen Aufgaben wie der einer Gesandten einer Weltmacht.

Was kann Saddam HUSSEIN mehr machen, als seine großen „Freunde", die ihn jahrelang hofiert und im Iran-Krieg massiv unterstützt hatten, zuerst um Erlaubnis zu bitten, weil er unsicher war, inwieweit diese Freundschaft vielleicht im Begriff war, zu zerbrechen? Er fragt also de facto um **Genehmigung**, erhält sie auch; man gibt ihm **grünes Licht**, und er marschiert in Kuwait ein. Dann wird er weltweit zum „Teufel" deklariert. Niemandem fiel damals auf, daß die gesamte Oberschicht von Kuwait rechtzeitig vor dem „völlig überraschenden Überfall" nach **Kairo**, **Saudi-Arabien** oder **London** geflohen war, um dort, Minuten nach dem Einmarsch, ihren Schock in die Mikrophone zu hauchen. Ebenso hat sich später gezeigt, daß die Geschichte von der kuwaitischen Krankenschwester, die davon berichtete, wie irakische Soldaten beim Einmarsch Frühgeborene aus den Inkubatoren gerissen und zu Boden geworfen hätten, nur ein Werbegag einer Londoner Werbefirma gewesen war. So hatte man damals **den ersten Einmarsch im Irak vorbereitet**, beim zweiten waren es zwei parallele Lügen (wie in Kapitel 2 „Etwas Geopolitik", Seite 42 f., bereits erwähnt). Wer nur Nachrichten schaut und ein wenig Zeitung liest, weiß nichts davon! In den wenigen Demokratien dieser Welt muß der mündige Bürger ganz schön hart arbeiten, um halbwegs informiert zu sein. Aber auch das wissen die meisten nicht…

MERKBLATT NR. 7: Singapur*

Singapurs Ruf ist ziemlich zwiespältig. Es gilt als **wirtschaftlich erfolgreich** und äußerst effizient, geschäftsmäßig als etwas **steril**, bei Touristen als **reine Shopping-Destination**, in der man nur ein, zwei Tage als Stopover bleibt. Das wird der südostasiatischen Metropole aber nicht gerecht, denn sie hat ihre ethnischen Wurzeln, die chinesischen wie die malaiischen und die indischen, wieder freigelegt. Sie präsentiert die historischen Quartiere **Chinatown**, **Arab Street** und **Little India**, die vor wenigen Jahren noch als „altmodisch" verpönt waren und vor dem Abriss standen, als gemütlich-nostalgische Oasen im Hochhausdschungel, setzt auf gutes Essen aus verschiedensten Lebenskreisen und bemüht sich um moderne Kultur aus aller Welt – nicht zuletzt im neuen Kulturzentrum an der Esplanade. Zeit, einmal einen genaueren Blick auf Singapur zu werfen.

Als **Stamford RAFFLES**, ein Agent der britischen Monopolhandelsgesellschaft East India Company, **1819** in der Mündung des heute Singapore River genannten Flusses vor Anker ging, fand er Mangrovensümpfe, Dschungel, ärmliche Hütten und vielleicht 150 Fischer vor, doch der fähige **Kolonialbeamte** erkannte bald die **strategische Lage der Insel** an den Handelsrouten und die Qualitäten des sicheren Naturhafens. **Die Ostindische Kompanie** kaufte die ganze Insel und baute sie schnell zum Umschlagplatz für den Handel mit China, Japan und den Gewürzinseln aus. **1871** wurde Singapur britische Kronkolonie.

Im Zweiten Weltkrieg besetzten die **Japaner** Singapur, **danach kehrten die Briten zunächst zurück**, wollten ihre **Kolonie jedoch bald aufgeben und mit Malaysia verschmelzen. Doch dagegen wehrten sich vor allem die chinesischen Bewohner der Insel, und die People's Action Party (PAP) strebte die Unabhängigkeit an** (die sie auch erreichte). Eine bedeutende Rolle spielte **LEE Kwan Yew**, ein Absolvent der Universität von Cambridge, dessen Großvater noch Kuli gewesen war und der 1959 zum ersten Premierminister Singapurs ernannt wurde. Von 1963 bis 1965 versuchte man ein Bündnis mit dem benachbarten Malaysia, doch nach dessen Scheitern verlegte sich LEE ganz auf einen eigenen Weg, der vor allem wirtschaftlich erfolgreich war. **Singapur gehört zu den „Tigerstaaten", die sich ab den 1960er Jahren schnell zu Industrienationen entwickelten.**

* Quelle: www.schwarzaufweiss.de/singapur/kurzportrait1.htm

Statistik

Lage: Der Stadtstaat befindet sich auf einer großen und 54 kleinen Inseln vor der **Südspitze der malaiischen Halbinsel**. Die Hauptinsel ist durch zwei Dämme mit der Halbinsel verbunden, die zu **Malaysia** gehört.

Fläche: **647,5 qkm**, durch Landaufschüttungen wurde ein Geländegewinn von **15%** in 20 Jahren erreicht.

Bevölkerung: Singapur hat knapp 3,8 Mio. Einwohner, etwa **drei Viertel von ihnen sind Chinesen**, rund **14 Prozent Malaien** und 8 Prozent **Inder**, der Rest **Europäer** und **Mischlinge**. Mit rund 5.800 Einwohnern pro qkm gehört die Insel zu den dichtbesiedeltsten Orten der Welt. Der vorherrschende Eindruck der Stadt ist **chinesisch**, zumal Chinesen auch die politische und wirtschaftliche Macht in den Händen halten. Seit etwa zehn Jahren stagniert die Bevölkerungszahl, geht zeitweise sogar leicht zurück, woraufhin es staatliche Anreize, wiederum hauptsächlich für Chinesen, gab, Familien zu gründen und Kinder bekommen.

Religion: Nach offiziellen Angaben bezeichnen sich 42% der Menschen als Buddhisten, 22% als Daoisten, 5% als Muslime, 12% als Christen, 3% als Hindus; 16% haben keine Religion. **Bei Chinesen ist die Festlegung auf eine Religion allerdings von geringer Bedeutung.** Es gibt keine Staatsreligion, und der Umgang mit Glaubensvorstellungen ist tolerant.

Sprache: **Nationalsprache ist Malaiisch, während Englisch Amtssprache ist.** Die meisten Bewohner sprechen allerdings einen der zahlreichen **chinesischen Dialekte** aus den **Heimatregionen** ihrer Vorfahren. **Die Regierung fördert zudem das Erlernen der chinesischen Hochsprache, Mandarin oder Putonghua genannt.** Da die meisten **Inder** ursprünglich aus dem Süden des Subkontinents stammen, ist **Tamil** eine weitere Hauptsprache. Im touristischen Umfeld wird Englisch gesprochen.

Politisches System: Singapur ist Republik und parlamentarische Demokratie. Staatsoberhaupt ist ein Präsident mit repräsentativen Funktionen; die Regierung wird von einem Premierminister angeführt. Der langjährige Premierminister LEE Kwan Yew kreierte jedoch seine eigene Version eines „wohlwollenden Diktators", der durchaus in der chinesischen Geschichte und Philosophie bekannt ist. Er beherrschte den Stadtstaat mit eiserner Hand und ließ immer nur so viel Opposition zu, dass sie ihm und seiner People's Action Party nicht gefährlich werden konnte. Gewerkschaften und andere gesellschaftliche Gruppierungen wurden von der Regierungspartei vereinnahmt. Seit der 1990 von LEE eingeführte Nachfolger GOH Chok Tong die Regierung anführt, hat sich daran wenig geändert. LEE agiert immer noch im Hintergrund und hat bereits seinen Sohn als nächsten Premierminister in Stellung gebracht. Die Justiz ist nur vordergründig unabhängig, tatsächlich orientiert sie sich jedoch an den politischen Vorgaben. Sie ist bekannt für strengste Strafen, selbst das Wegwerfen von Zigarettenkippen oder Kaugummis wird geahndet. Für die Beschädigung eines Autos gab es in einem spektakulären Fall nach mittelalterlichem Vorbild Stockschläge, wobei allerdings deutlich wurde, dass Urteile und Strafen verhandelbar sind.

Klima und Reisezeit: **Singapur liegt nur zwei Grad nördlich des Äquators und weist somit das ganze Jahr über ein gleichmäßig warmes, tropisches Klima auf.** Die jährliche Durchschnittstemperatur liegt bei 26,7 °C, mit Schwankungen lediglich zwischen 24 und 33 °C. Besucher leiden vor allem unter der hohen Luftfeuchtigkeit, die häufig über 90 Prozent beträgt und selten unter 70 Prozent liegt. Von November bis Januar befindet sich die Region unter dem Einfluss des Nordostmonsuns, und es regnet mehr. Der sonnigste Monat ist meist der Februar.

Einreise: Für Deutsche, Österreicher und Schweizer ist lediglich ein noch sechs Monate gültiger Reisepass sowie ein bestätigtes Rück- oder Weiterreiseticket erforderlich.

Hinweis: **Auf Einfuhr oder Besitz von Rauschmitteln steht die Todesstrafe.**

MERKBLATT NR. 8: Das Massaker am TIAN-AN-MEN-Platz

Hauptquelle: Konrad SEITZ*: „CHINA – Eine Weltmacht kehrt zurück"; **Nebenquelle** (für diese Thematik): Günter EDERER und Jürgen FRANZEN: „Der Sieg des himmlischen Kapitalismus" (vergriffen)

Die Chronologie des sogenannten Massakers vom Tian-an-men-Platz

1. **Offener Brief:** Am 6. Januar 1989 schrieb der Physiker **FANG** Lizhi einen offenen Brief an DENG Xiao Ping. Anlaß war der 40. Jahrestag der Gründung der Volksrepublik und der 70. Jahrestag des NEUEN CHINA. Intention war eine **allgemeine Amnestie politischer Gefangener**.
2. **Prominente Intellektuelle:** Eine Gruppe prominenter Intellektueller schloß sich ihm mit einer **eigenen Petition** an.
3. **Akademie der Wissenschaften:** 42 Mitglieder schlossen sich dem Protest ebenfalls an.
4. **Diverse Universitäten:** SEITZ zeigt, daß der Protest ab diesem Punkt VON den Intellektuellen an die UNIVERSITÄTEN wanderte.
5. **Tod und Trauer + Kritik an den Lebenden:** Am 15. April 1989 starb HU Yaobang, der „zum Symbol der politischen Reform geworden war". Die Trauer für einen großen Toten bot die „Möglichkeit zur legalen Massenversammlung auf dem Tian-an-men-Platz." Weiter: „Nach alter Tradition betrauerten sie die Toten, um die Lebenden zu kritisieren. Wandzeitungen prangerten die Korruption und Inkompetenz der Partei an..."
6. **Lähmung der Parteiführung:** Was die wenigsten China-Autoren verraten, erfahren wir bei SEITZ: „Die Führung begann zu fürchten, die Proteste könnten in ein Chaos führen." Wenn man bedenkt, daß **berechtigte** Ängste vor einer landesweiten Revolution die Verletzung oder den Tod von Abermillionen Menschen bedeuten könnten, so kann man verstehen, wie die Parteiführung von Tag zu Tag besorgter wurde.

---

* Alle Zitate im folgenden Text sind SEITZ entnommen (etwaige Hervorhebungen, meine).

7. **Ein Artikel:** Am 26. April 1989 machte die Führung einen taktischen Fehler: Es erschien ein Artikel in der **Volkszeitung**, der die Demonstrationen fälschlicherweise als **Aufruhr** verurteilte. So hoffte man, die Sache zu beenden, aber das Gegenteil passierte; er setzte die Dinge erst richtig in Gang, denn er bewirkte eine...
8. **Radikalisierung der Studenten**, die zuvor eigentlich nur gegen Korruption angehen wollten, nicht gegen die Regierenden. Nun schlossen sich Bürger an, und so marschierten einen Tag später (am 27. April) bereits 80.000 Menschen (Studenten und Bürger). Es war eine **6 km lange Menschenschlange**, die sich in Richtung Tian-an-men-Platz schob. Und jeden Tag wurde es schlimmer...
9. **Zum Jahrestag der Bewegung vom 4. Mai 1919** versuchten bereits 300.000 Menschen, sich auf den Tian-an-men-Platz zu schieben. Partei und Regierung waren in zwei Lager gespalten. Sie waren weder fähig, den geforderten Dialog mit den Studenten aufzunehmen, noch, die Demonstrationen mit Gewalt zu beenden. Das PATT dauerte an ... SEITZ: „Um ... die Regierung zum Durchbruch zu zwingen, traten **500 Studenten in einen Hungerstreik** vor dem Monument der Märtyrer. Sie besetzten damit genau den Ort, an dem die...
10. **Willkommens-Zeremonie für den sowjetischen Staatspräsidenten Gorbatschow** vorgesehen war, der am 15. Mai (dort) einen Kranz niederlegen sollte. Es war dies der erste Besuch eines sowjetischen Staatschefs seit dem Bruch zwischen der Sowjetunion und China ... 1960. Aus (diesem) Anlaß ... waren Tausende von Journalisten aus aller Welt nach Peking gekommen ... Es war ein unangenehmer Gesichts-Verlust für Chinas Führung und für DENG persönlich (und würde die Verhandlungs-Position Chinas gegenüber den Russen massiv verschlechtern)."*
11. **1 Million Demonstranten:** Am 17. Mai marschierten 1 Million Menschen zum Tian-an-men-Platz, u.a. Studenten ... „Professoren und Wissenschaftler, Schriftsteller und Journalisten, Regierungs- und Parteiangestellte, Lehrer der zentralen Parteischule, Kadetten der Volksbefreiungsarmee und sogar Angehörige des Staatssicherheitsdienstes – die meisten hinter **Schildern**, die

---

* Aus anderen Quellen weiß ich, daß Gorbatschow zum Hintereingang ein- und ausgelassen werden mußte...

ihre Arbeitseinheit nannten. Was aber der Partei ... besonders bedrohlich ... erscheinen mußte, war die Tatsache, daß mit den Studenten **100.000 Fabrikarbeiter** mitmarschierten, und auch sie gingen hinter stolz erhobenen Schildern, auf denen die Namen bekannter Staatsunternehmen Pekings standen ... Die Studentenbewegung weitete sich zur **Volksbewegung** aus. Die Partei fürchtete die Arbeiter ungleich mehr als die Studenten (von denen gab es nur eine kleine Elite, Arbeiter gab es Abermillionen)."

12. **Kriegsrecht:** Am 20. Mai (nach ca. 5 Wochen nervenaufreibender, ständig schlimmer werdenden Demonstrationen) rief die Führung das **Kriegsrecht** aus. Aber die Menschen konnten sich nicht vorstellen, daß die eigene Volks-Armee etwas gegen sie unternehmen würde, und hatten zunächst recht. Versuche, die öffentlichen Straßen von Demonstranten mit Hilfe der 38. Armee (die in Peking stationiert war) zu räumen, schlugen fehl. Die Soldaten waren völlig verunsichert, einige verbrüderten sich mit den Demonstranten, sie wurden also zurückgepfiffen. Deshalb entschied DENG, die **27. Armee aus dem Süden** zu holen, kampferprobte Männer. Diese Leute gehören einem anderen Menschentyp an (keine Han-Chinesen wie in Peking), sie sprechen eine andere Sprache (kantonesich), und sie mögen die Leute aus dem Norden nicht besonders. Also könnten sie sich aufgrund der fehlenden (gesprochenen) Sprache weder leicht mit den Demonstranten verbrüdern noch wäre dies sehr wahrscheinlich. Und da der Weg über 1.000 km beträgt, dauerte es zwei Wochen, um die 27. Armee nach Peking zu bringen. Am 3. Juni traf sie ein und erhielt den Befehl, den Tian-an-men-Platz zu räumen. Wie SEITZ feststellt, waren sie für diese Aufgabe weder geschult noch vorbereitet worden; sie hatten noch nie etwas ähnliches erlebt, und so kam es zu dem Ereignis, von dem wohl in Jahren noch als „Massaker vom Tian-an-men-Platz" gesprochen werden wird:

13. **Die Nacht vom 3. auf den 4. Juni 1989:** Man hatte die Bevölkerung informiert, pausenlos per Radio und TV bekanntgegeben, daß die umliegenden Straßen und der Platz von der Armee geräumt werden würden, und die Leute gebeten, friedlich nach Hause zu gehen. „Wie wir jetzt aus **geheimen** Protokollen der Politbüros ... wissen, wurde die Armee angewiesen, nur zur **Selbstverteidigung** und im **äußersten Notfall** zur **Schußwaffe** zu greifen." Sie sollte die Studenten **wegtragen** (notfalls Tausende von ihnen einzeln, auf dem

Rücken). Wenn Sie sich an Bilder unserer Atomgegner in Deutschland erinnern, die sich auch einzeln wegtragen lassen – so war das gemeint! SEITZ: „Doch die Weisung war illusorisch. **Die Bevölkerung blockierte und die Soldaten hatten für einen solchen Einsatz keinerlei ... Ausrüstung wie etwa Wasserwerfer. (Die Soldaten) verloren die Nerven und schossen in die Menge.**"

14. **Wut:** „In besinnungsloser Wut griff die Menge ihrerseits ... Panzer und Mannschaftswagen an. Einige **steckten** – wie sie es unter Mao in Vorbereitung auf einen Volkskrieg gelernt hatten – **benzingetränkte** (Stücke von) **Decken in den Auspuff der Fahrzeuge und zündeten sie an.**"

15. **Soldaten werden vom Volk gelyncht:** „SOLDATEN, die aus den brennenden Fahrzeugen ZU FLÜCHTEN VERSUCHTEN, WURDEN VON DER MENGE WIE RÄUDIGE HUNDE TOTGESCHLAGEN, JA ZERSTÜCKELT."

16. **Panik des Militärs:** „Die Soldaten schossen umso erbarmungsloser in die Menge und überrollten die Demonstranten mit den Panzern. Selbst Menschen, die bereits auf der Flucht waren, wurden niedergeschossen. Bis Mitternacht hatten sich die Einheiten der 27. Armee zum Tian-an-men-Platz durchgekämpft – blutgetränkte Straßen, Tote, Verwundete, zerstörte Busse, die als Barrikaden gedient hatten, und ausgebrannte Militärfahrzeuge hinter sich lassend. Die Truppen umzingelten den Platz systematisch. Auf ihm waren noch etwa 5000 Studenten..."

17. **Das Ende:** Wiewohl einige gegen die Soldaten kämpfen wollten, setzte sich ein vernünftiger Popsänger durch und ermöglichte Verhandlungen mit dem Militär, das die Studenten letztlich durch eine schmale Gasse abziehen ließ: Um 5 Uhr früh am 4. Juni war der Platz nach wochenlanger Belagerung zum ersten Mal wieder leer. „Auf dem Platz starb wohl KEIN MENSCH! Viele westliche Beobachter stimmen zu, andere wollen vereinzelnte Tote gesehen haben. Falsch ist ... die bis heute im Westen verbreitete Vorstellung, die die ersten Presse- und Fernsehberichte erzeugten, daß auf dem Tian-an-men-Platz hunderte, wenn nicht tausende Studenten niedergeschossen und in ihren Zelten von Panzern zermalmt wurden. Das ‚Tian-an-men-Massaker' fand AUSSERHALB DES PLATZES statt – dort, wo sich die Bevölkerung Pekings der Armee entgegenwarf (trotz tagelanger Warnungen, nach Hause zu gehen)... Hier starben hunderte. Fast alle waren Arbeiter und einige Pekinger Bürger, keine Studenten."

MERKBLATT NR. 9: Tibet – einige Jahreszahlen

Wie im Modul „Verhältnisse" (Seite 212) verspochen, hier ein paar Hintergrund-Infos zu Tibet. Bei Interesse am besten einmal im Internet nachschauen. Die beiden genannten Quellen enthalten weit mehr Material...

634 – 641: **Kriegerische Auseinandersetzungen mit China werden durch eine Heirat des Königs mit der chinesischen Prinzessin Wencheng beigelegt.**

1249 – 1350: Tibet unter der Herrschaft der 12 Sakya-Hierarchen [101 Jahre]. Sakya als Zentrum der Macht. **Tibet unter der Herrschaft der Sakya-Schule erkennt die mongolische Oberhoheit an,** im Gegenzug nehmen die Mongolen den tibeto-buddhistischen Glauben an. Damit wird die **Priester-Patron-Beziehung** zwischen den tibetischen Geistlichen und den mongolischen Khanen begründet.*

Die **Bevölkerung** stammt wahrscheinlich aus dem Huang-He-Tal und dem zentralasiatischen Raum, in dem die nomadischen Turkvölker lebten. Bis zum **6. Jahrhundert war Tibet in Fürstentümer** unterteilt. **SRONG-BRTSAN-SGAM-PO** vergrößerte seine **Militärmacht** bis nach **Nepal, Westtibet** und über **Teile Indiens** und ging durch Heirat eine Verbindung mit der **chinesischen Tang-Dynastie** ein. Er förderte den Buddhismus und übernahm **aus Indien** eine **Schrift für das Tibetische.**

Im 7. Jahrhundert versuchten tibetische Streitkräfte, nach China einzudringen. (vfb: **1. Versuch)**

763 drangen tibetische Truppen nach China ein und besetzten das heutige Xian. (vfb: **2. Versuch)** In dieser Zeit fand die größte Verbreitungswelle für den Buddhismus unter dem König KHRI-SRONG-LDE-BRTSAN statt. **Zum Ende des 10. Jahrhunderts zerfiel das tibetische Königreich wieder in kleine Fürstentümer.**

Ab dem 13. Jahrhundert wurde Tibet immer mehr von China beeinflußt, erst kulturell und ab dem 18. Jahrhundert auch politisch. Ende des 19. Jahrhunderts schaffte es Ti-

---

* Quelle: http://www.tibetswiss.com/de/exilregierung/geschichte_tibet.html

bet, sich unter der politischen und geistlichen Führung des (vorletzten) DALAI LAMA vom chinesischen Einfluß zu befreien, und kapselte sich von der Außenwelt ab. Die Briten **sicherten** durch die Kontrolle des Himalayas von Indien aus **die freiwillige Isolation Tibets.** (vfb: **Wiewohl Tibet nach wie vor als Teil Chinas gesehen wurde.** Es handelte sich also um eine **unilaterale Aktion**, ohne China einzubeziehen.) **Im Jahre 1914 beschlossen Indien, Großbritannien und Rußland die Unabhängigkeit Tibets.***

Wenn wir bedenken, welchen **Territorialanspruch** China stellt (Modul „Verhältnisse", Stichwort „Verhältnis China – ehemalige Besatzer", Seite 210 ff.), verstehen wir einiges besser...

* Quelle: www.netzpunkt.de/konflikt/tibet/GESCHICH.HTM

MERKBLATT NR. 10: Wie wird man zukunftstauglich?

Unter dem Stichwort ZUKUNFTSTAUGLICHKEIT? (ABC-Modul, Seite 185 f.) erwähnte ich die Fragen der beiden Autoren HAMEL und PRAHALAD aus ihrem vergriffenen Buch „Wettlauf im die Zukunft" (die ich in meinem „Birkenbihl on Management" zitiere), die uns sehr helfen können. Lassen Sie mich hier weitere Anregungen für Ihre Zukunftstauglichkeit geben in Form eines Beitrags der amerikanischen Management-Beraterin Jennifer JAMES: Sie unterscheidet sechs Möglichkeiten, wie wir mit dem Wandel, der uns begegnet, umgehen können.

WIE VERÄNDERUNGEN/ WANDLUNGEN IN UNSER LEBEN TRETEN (können)

Kurzdarstellung einer wesentlichen **Idee von Jennifer JAMES** aus ihrem Buch „Thinking in the Future Tense" (Achtung, der Titel ist ein Wortspiel).

JAMES stellt folgende sechs Möglichkeiten vor, wie Wandlungen in unser Leben treten (können). Dabei sollte uns klar sein, daß die ersten beiden POSITIV sind, während die letzte POSITIV GELEBT WERDEN KANN. Die Möglichkeiten 3, 4 und 5 „passieren" hingegen jenen Leuten, die sich standhaft weigern, sich auf die Zukunft einzustellen!

1. **INCREMENTAL:** Wir bewegen uns in kleinen Schritten in die Zukunft. Vgl. hierzu mein Vorwort zu Mary LoVERDEs Buch „Wege aus der Stressfalle" (in der TEXT-Schublade bei vfb-VORWORTE zu Büchern anderer Autoren auf **www.birkenbihl.de**): Ihre Mikro-Handlungen sind eine gute Analogie hierzu. Wenn Sie meinen Vorschlag aufgreifen, regelmäßig Science Fiction zu lesen – weil sf-Autoren einige wichtige Aspekte unserer heutigen Gegenwart (ihrer Zukunft vor Jahrzehnten) oft weit besser „vorweggenommen" haben als offizielle Futuristen – während Sie gleichzeitig (noch) eine gewisse Antipathie für sf hegen, dann lesen Sie jeden Tag nur 5 Minuten lang in einem der vorgeschlagenen Bücher (z.B. einem frühen Robert-HEINLEIN-Titel). Achten Sie dabei vor allem auf das, was ich als TAPETE (Hintergrund) bezeichne, also auf die Art, WIE Menschen Dinge tun (telefonieren, reisen, Konferenzen abhalten etc.). Das wäre eine INCREMENTALE Strategie, bis Sie selbst merken, wie unglaublich jene „Vorwegnahmen" sind und aufgrund Ih-

res eigenen Interesses mehr als 5 Minuten am Stück lesen wollen.

2. **SYSTEMISCH:** Wir haben ein Aha-Erlebnis, dieses löst eine neue emotionale Erfahrung aus. So manche/r meiner SeminarteilnehmerInnen meinte anfänglich, so kleine alberne Techniken wie eine ABC-Liste könnten sein/ihr Denken in keinster Weise bereichern – bis sie es in der täglichen Praxis auszuprobieren begannen und erlebten, was eine solche Liste tatsächlich bringen kann. Fortan waren sie „plötzlich" bereit, sich doch an die Spielregeln zu halten und diese Technik wirklich zu lernen und zu trainieren. Darüber schrieb ich, mit zwei Fallbeispielen aus dem normalen Leben, in meinem Taschenbüchlein „StoryPower" (das sie zum Seminar erhalten haben). Die N.E.E. (Neue emotionale Erfahrung) ändert den Pfad eingefahrener Nervenbahnen und erlaubt ein schnelles Umschalten, um neue Wege zu entwickeln (das heißt auch neue Nervenwege!).

3. **AUSNAHMEN:** Man ist nicht bereit, sich auf die Zukunft einzustellen, ist aber zunehmend gezwungen, einzelne Aspekte zu leben. Also macht man mehr und mehr sogenannte Ausnahmen, ohne zu begreifen, daß diese langsam, aber sicher die neue (zukünftige) Realität darstellen. Beispiel: Ein Super-Macho, der nicht wahrhaben will, daß Frauen gleiche Rechte am Arbeitsplatz zugestanden werden sollten, erklärt einzelne Frauen, die er (z.B. als Chefin) akzeptieren muß, zu Ausnahmen, um sein veraltetes Weltbild nicht zu gefährden. Nach einigen Jahren ist er von Ausnahmen umgeben, hält aber immer noch verbissen an seinem (alten) Macho-Gehabe fest, ohne zu merken, daß er völlig out ist...

4. **ZWANG:** Man wird gezwungen und macht mit (z.B. weil man Angst hat, seinen Job zu verlieren). Aber DRUCK motiviert nicht langfristig. Denken Sie beispielsweise an mein Fallbeispiel aus dem texanischen Supermarkt, in dem die Kassiererin sofort aufhörte, den Kunden einen GUTEN TAG zu wünschen, als die Aktion (1 Dollar, wenn sie es vergißt) vorüber war. Das ist typisch für die vierte Variante. Sie SCHEINT Leute in die Zukunft zu führen, es scheint aber nur so. Hört der Druck auf, hört das „zukünftige" Verhalten ebenfalls sofort wieder auf...

5. **PENDELN: ENTWEDER – ODER:** Hier erleben wir die bipolare Logik von Leuten, die eine lange innere Haltung aufgeben, um zum anderen Extrem zu gehen (z.B. Ex-Raucher). Sie deklarieren im Nachhinein ihre frühere Position als falsch und verachten (verurteilen) alle, die sie noch einnehmen, die also aus ihrer Sicht rückwärts gerichtet leben/handeln... Diese Änderung spiegelt kein wirkliches

Wachstum wider, nur den Austausch einer extremen Position gegen eine andere...

6. **SCHICKSAL:** Abrupte Änderungen (schwere Krankheiten, Kriege, Wetter-Katastrophen, Firmenschließungen etc.) können von uns als „die Katastrophe, die unser Leben vernichtete" gesehen werden oder als Chance, neue Wege zu gehen. Die Realität wird sich dadurch nicht ändern, wohl aber, wie wir mit ihr klarkommen. Wer sich weigert, mag zwar überleben, wird aber den Rest seines Lebens LEIDEN. Wer hingegen die Realität akzeptiert und bewußt einen neuen Weg in dieser veränderten Umwelt gehen will, wird nicht nur überleben, sondern hat auch die Chance, wieder neue Lebensqualität zu finden.

Ich fand diesen Denk-Ansatz sehr hilfreich.

MERKBLATT NR. 11: Die Kaiser-Dynastien im Überblick

- Shang-Dynastie (1751 – 1066 v. Chr.)
- Zhou-Dynastie (1066 – 221 v. Chr.)
  - Westliche Zhou-Dynastie (1066 – 770 v. Chr.)
  - Östliche Zhou-Dynastie (770 – 221 v. Chr.)
- Qin-Dynastie (221 – 206 v. Chr.)
- Han-Dynastie (202 v. Chr. – 220 n. Chr.)
  - Westliche Han-Dynastie (202 v. Chr. – 6 n. Chr.)
  - Interregnum des Wang Mang, auch Xin-Dynastie genannt (9 – 23)
  - Östliche Han-Dynastie (25 – 220)
- Zeit der drei Reiche (220 – 280)
  - Königreich Wei (220 – 265)
  - Königreih Shu (221 – 263)
  - Königreich Wu (220 – 280)
- Jin-Dynastie (265 – 420)
  - Westliche Jin-Dynastie (265 – 316)
  - Östliche Jin-Dynastie (317 – 420)
  - Die 16 Königreiche (304 – 439)[1]
- Liu Song-Dynastie (420 – 479)
- Südliche Qi-Dynastie (479 – 502)
- Liang-Dynastie (502 – 557)
- Chen-Dynastie (557 – 583)[2]

- Sui-Dynastie (581 – 618)
- Tang-Dynastie (618 – 906)

- Die Zeit der Fünf Dynastien (907 – 960)[3]
  - Spätere Liang-Dynastie (907 – 922)
  - Spätere Tang-Dynastie (923 – 936)
  - Spätere Jin-Dynastie (936 – 946)
  - Spätere Han-Dynastie (947 – 951)
  - Spätere Zhou-Dynastie (951 – 960)

---

1 Im Jahr 304 gründen nomadische „Barbaren" im Norden 16 Königreiche, die ab 386 sukzessive von den Stämmen der Toba Wei erobert werden. Es bilden sich 5 Reiche, die den Norden Chinas in der Zeit von 386 bis 581 beherrschen: Nördliches Wei-Reich (386 – 550), West-Wei-Reich (535 – 556), Ost-Wei-Reich (534 – 550), Nördliches Qi-Reich (550 – 577), Nördliches Zhou-Reich (557 – 581).

2 Diese vier Dynastien folgten den beiden Jin-Dynastien im Süden. Alle zusammen bilden die sogenannten „Sechs Dynastien".

3 Der 907 an die Macht gekommene Kaiser Tai zu konnte das Reich nicht kontrollieren. Die Folge: Innerhalb von nur knapp 50 Jahren wechselten sich 5 Dynastien ab. Darüber hinaus entstanden im Süden des Landes zehn unabhängige Staaten.

- Die zehn Königreiche (907 – 979)[3]
  - Wu (920 – 937)
  - Wuyue (907 – 978)
  - Südliche Han (907 – 971)
  - Chu (907 – 971)
  - Frühere Shu (907 – 925)
  - Min (909 – 945)
  - Jingnan (924 – 965)
  - Spätere Shu (934 – 965)
  - Südliche Tang (957 – 975)
  - Nördliche Han (951 – 979)

- Liao-Dynastie (907 – 1124)
- (960 – 1279)
  - Nördliche Song-Dynastie (960 – 1126)
  - Südliche Song-Dynastie (1126 – 1279)

- Xixia-Dynastie () (1038 – 1227)[4]

- Westliche Liao (1125 – 1168)[5]

- Jin-Dynastie (1125 – 1239)[6]

- Yuan-Dynastie (1279 – 1368)
- Ming-Dynastie (1368 – 1644)
- Qing-Dynastie (1644 – 1911)[7]

---

3 Der 907 an die Macht gekommene Kaiser Tai zu konnte das Reich nicht kontrollieren. Die Folge: Innerhalb von nur knapp 50 Jahren wechselten sich 5 Dynastien ab. Darüber hinaus entstanden im Süden des Landes zehn unabhängige Staaten.

4 Gegründet von den Tanguten im Nordwesten des Reiches.

5 Nach der Vernichtung der Liao-Dynastie von Teilen des Liao-Volkes gegründete Dynastie in Ostturkestan.

6 Fremd-Dynastie in Nord-China.

7 Am 10.10.1911 rief **Sun Yat-sen** die Republik China aus. Am 11.12.1912 verzichteten die Mandschus offiziell auf den Thron – das Ende der Qing-Dynastie.

Anhang

Literaturverzeichnis

1.* **CHEN, Hanne:** *Kulturschock VR China und Taiwan.* Reise Know-How Verlag Rump
2. **d'AVIS, Winfried:** *Der informierte Mensch.* Edition q im Quintessenz Verlag 1999
3. **DAWKINS, Richard:** *Das egoistische Gen.* Rowohlt, Reinbek 1998
4.* **DENK, Gunter:** *Asien für den Mittelstand. Strategien statt Illusionen.* Olzog, München 2007
5. **DIAMOND, Jared:** *Guns, Germs and Steel: The Fates of Human Societies.* W. W. Norton, New York 2005
6.* **EDERER Günter/FRANZEN, Jürgen:** *Der Sieg des himmlischen Kapitalismus. Wie der Aufstieg Chinas unsere Zukunft verändert.* verlag moderne industrie, Landsberg 1996
7. **ELIAS, Norbert:** *Über den Prozeß der Zivilisation (2 Bände).* Suhrkamp, Frankfurt/Main, 24. Aufl. 1997
8. **FOERSTER, Heinz von:** *Wissen und Gewissen. Versuch einer Brücke.* Suhrkamp, Frankfurt/Main 1993
9. **GELB, Michael:** *Das Leonardo-Prinzip – Die sieben Schritte zum Erfolg.* Ullstein Verlag, München 2001
10.* **GRANET, Marcel:** *Das chinesische Denken. Inhalt – Form – Charakter.* Suhrkamp, Frankfurt/Main, 8. Aufl. 1985
11. **HAMEL, Gary/PRAHALAD, C. K.:** *Wettlauf um die Zukunft.* Ueberreuter Wirtschaft, Frankfurt/Main 1997
12. **HEILMANN, Sebastian:** *Das politische System der Volksrepublik China.* VS Verlag für Sozialwissenschaften, Wiesbaden, 2. aktual. Aufl. 2004
13. **HIMMELMANN, Hermann/HUNGERBACH, Jürgen:** *Das China-Paradox.* Hanser, München 2005
14.* **HIRN, Wolfgang:** *Herausforderung China. Wie der chinesische Aufstieg unser Leben verändert.* Fischer Taschenbuch, Frankfurt/Main, 2. Aufl. 2006
15. **JAMES, Jennifer:** *Thinking in the Future Tense.* Free Press, New York 1997
16. **KOHN, Alfie:** *The Schools Our children deserve.* Houghton Mifflin, Boston 2001
17. **M. KRAUSS, Lawrence:** *Nehmen wir an, die Kuh ist eine Kugel.* dtv, München 1998
18. **KRISTOFF, Nicholas:** *China erwacht. Die zwei Gesichter einer Weltmacht.* Econ, München 1995
19. **LANGER, Ellen J.:** *Kluges Lernen – Sieben Kapitel über kreatives Denken und Handeln.* Rowohlt, Reinbek 2002
20. **LANGER, Ellen J.:** *The Power of Mindful Learning.* Perseus Books, Cambridge 1998
21. **MANN, Thomas:** *Buddenbrooks. Verfall einer Familie.* Fischer, Frankfurt/Main, 55. Aufl. 1989
22. **MIEGEL, Meinhard:** *Epochenwende. Gewinnt der Westen die Zukunft?* Propyläen Verlag, Berlin 2005

23. **PILNY, Karl H.:** *Tanz der Riesen – Indien und China prägen die Welt.* Campus, Frankfurt/Main 2006
24. **REISACH, Ulrike/TAUBER, Theresia/YUAN, Xueli:** *China – Wirtschaftspartner zwischen Wunsch und Wirklichkeit.* Redline Wirtschaft, Frankfurt/Main, 3. Aufl. 2003
25.* **RIENCOURT, Amaury de/GURLAND, Arkadij:** *The Soul of China. Coward-Mac-Mann,* New York 1958
26.* **ROTHACHER, Albrecht:** *Mythos Asien? Licht- und Schattenseiten einer Region im Aufbruch.* Olzog, München 2007
27. **RUSHKOFF, Douglas:** *Die neue Renaissance.* Riemann, 2006
28.* **SANDSCHNEIDER, Eberhard:** *Globale Rivalen. Chinas unheimlicher Aufstieg und die Ohnmacht des Westens.* Hanser, München 2007
29. **SCHIRRA, Bruno:** *Iran – Sprengstoff für Europa.* Econ, Berlin 2006
30. **SCHMIDT, Helmut/SIEREN, Frank:** *Nachbar China. Helmut Schmidt im Gespräch mit Frank Sieren.* Econ, Berlin 2006
31.* **SCHMIDT-GLINTZER, Helwig:** *Das neue China. Von den Opiumkriegen bis heute.* C.H. Beck, München, 4. überarb. Aufl. 1999
32.* **SCHWEIZER, Gerhard:** *Indien und China. Asiatische Wege ins globale Zeitalter.* Klett Cotta, 2001
33.* **SEAGRAVE, Sterling:** *Dier Herren des Pazifik. Das unsichtbare Wirtschaftsimperium der Auslands-Chinesen.* Heyne, München 1998
34.* **SEAGRAVE, Sterling:** *Die Konkubine auf dem Drachenthron.* Heyne, München 1994
35.* **SEEGER, Christoph:** *China. Das Land verstehen – Verhandlungen führen – Konkurrenten abwehren.* Redline Wirtschaft, Frankfurt/Main 2005
36. **SEELAMM-HOLZMANN, Hanne:** *Der rote Drache ist kein Schmusetier. Strategien für langfristigen Erfolg in China.* Redline Wirtschaft, Heidelberg 2006
37.* **SEINITZ, Kurt:** *Vorsicht China! Wie das Reich der Mitte unser Leben verändert.* Ecowin Verlag, 2006
38.* **SEITZ, Konrad:** *China. Eine Weltmacht kehrt zurück.* Bvt Berliner Taschenbuch Verlag, Berlin 2004
39.* **SIEREN, Frank:** *Der China-Code. Wie das boomende Reich der Mitte Deutschland verändert.* Econ, Berlin 2005
40. **SINN, Hans-Werner:** *Ist Deutschland noch zu retten?* Ullstein, Berlin, 3. Aufl. 2005
41.* **SOMMER, Theo:** *Ein deutscher Blick auf Asien.* In: KOSCHYK, Hartmut (Hrsg.): *Deutschland, Korea – geteilt, vereint.* Olzog, München 2005
42.* **SUSBIELLE, Jean-François:** *China – USA. Der programmierte Krieg.* Propyläen Verlag, Berlin 2007

* S. Seite 9.

Weitere Werke von Vera F. BIRKENBIHL, die ebenfalls von Interesse für Sie sein könnten

Bücher

1. *Birkenbihl on Management.* Ullstein, Berlin, 3. Aufl. 2007
2. *Birkenbihl on Service.* Econ, Berlin 2005
3. *Das innere Archiv.* mvg, 4. Aufl. 2007
4. *Eltern-Nachhilfe.* Ariston, Kreuzlingen/München, 2. Aufl. 2007
5. *Intelligente Rätsel-Spiele.* Goldmann, München 2003
6. *Jungen und Mädchen: wie sie lernen.* Droemer Knaur, 3. Aufl. 2006
7. *LERNEN lassen!* mvg, Heidelberg 2007
8. *Trotzdem LEHREN.* mvg, mvg, Heidelberg, 3. Aufl. 2007
9. *Von Null Ahnung zu etwas Chinesisch.* mvg, Heidelberg, 2. Aufl. 2007 (auch als DVD erhältlich)

DVD-Live-Mitschnitte/-Seminare

(erhältlich im Online-Shop – www.birkenbihl.de)

1. *35 Jahre Vera. F. Birkenbihl – Jubiläumsseminar Zukunftstauglichkeit*
2. *Viren des Geistes*
3. *Von Null Ahnung zu etwas Arabisch*
4. *Von Null Ahnung zu etwas Japanisch*
5. *Was wir unbedingt über China/Asien wissen müssen*
6. *Wie die Medien unsere Meinung bilden*

Stichwortverzeichnis

D

E

F

G

H